디지털 세상의
리스크 관리

디지털 세상의
핵심 금융 지침서

디지털 세상의 리스크 관리

서영수 지음

머리말

코로나19 덕분(?)에 지금의 금융투자 세상은 확실하게 바뀌었다. 그로 인해 모바일뱅킹 및 대출, 모바일 트레이딩, 비대면 투자상담 등 디지털 기반의 금융활동이 정착되었고, 심지어 여행지에서조차 계좌이체 등 금융업무를 하는 사람들을 흔히 볼 수 있게 되었다. 또 빅데이터와 AI 등 첨단 IT 기술로 무장한 각종 금융상품이 넘쳐나고 있으며, 디지털 매체를 이용한 일반 투자자들도 빠르게 늘고 있다.

그런데 디지털 활동은 언제 어디서든 접근할 수 있는 장점이 있지만 기기 작동 과정상의 착오 발생, 개인정보 노출에 따른 금융사기 피해 가능성, 특히 모바일을 통한 투자 유인용 스팸 문자에 수시로 노출되면서 자칫 잘못하면 예기치 않은 손실을 당할 수도 있다. 또 언론과 SNS를 통한 투자 성공담이나 주변의 투자경험 등이 자주 거론되자 이에 편승한 과욕 투자자들이 늘어나면서 급기야 국내 주식시장에서는 무리한 신용 레버리지 이용이 성행하고 있으며, 심지어 빚내서 투자한다는 '빚투'라는 신조어가 거리낌 없이 남용되고 있는 현실이다.

한편, 엔데믹 이후에도 신생 핀테크 업체와 기존 금융기관 간의 경쟁은 더욱 치열해졌고 그에 따라 달콤한 수익으로 유혹하는 그럴싸한 금융상품들이 과열 출시되고 있으며, 동시에 이들 상품 속에 있는 리스크를 포장하는 기법도 현란해지고 있다. 그에 따라 기존 아날로그 환경에서는 없었던 새로운 리스크 유형들이 출현하게 되었는데 대표적으로 비대면 활동에 기인한 디지털 비즈니스 리스크, 디지털 송금 및 결제 리스크 등을 들 수 있으며, 특히 블록체인에 기반한 가상화폐와 디지털 토큰 등 가상자산의 리스크와 메타버스, 대체불가토큰(NFT; Non Fungible Token) 등 가상세상의 리스크 유형들이 빠르게 나타나고 있다.

그럼에도 대부분 사람은 아직도 일상에서 리스크와 위험을 혼동하여 사용하고 있고, 또 중장년층 위주의 아날로그 세대는 여전히 주어진 리스크를 무조건 나쁘거나 회피해야 할 대상으로 간주하고 있으며, 결과적으로 리스크를 줄이거나 없애버리는 것이 최선이고 이런 행위나 과정 등을 리스크관리라고 여기고 있다. 이에 디지털 세상에 꼭 필요한 리스크 관리방안에 관한 내용을 체계적으로 정리함으로써 일반 대중들의 높은 관심 유발과 함께 실생활에 바로 활용토록 하고자 이 책을 집필하게 되었다.

본서를 집필하면서 주로 국회도서관과 국립중앙도서관에 비치된 디지털 관련 다양한 서적들을 탐독하였고, 그중 주요 내용을 발췌, 음미하면서 가능하면 쉽게 재구성하였다. 이 자리를 대신하여 관련 자료들의 저자들께 무한한 감사를 드리며, 또 탈고에 깊은 관심을 보여준 한국학술정보에도 심심한 감사를 표한다.

본서는 2022년 교육부주관 K-MOOC(한국형 온라인 공개강좌) 과제로 선정되어 저자가 수행하였던 '디지털 금융 세상의 리스크관리' 강좌의 교안을 토대로 집필, 총 4부로 구성하였다. 1부에서는 주로 디지털과 관련된 새로운 세상을 광범위하게 조망하고, 디지털 금융생태계를 이해하는 데 필요한 핵심 지식을 기술하였다. 2부에서는 리스크관리에 필요한 핵심 내용, 즉 리스크의 실체와 유형 및 성향, 리스크관리 방안에 관하여 기술하였다. 3부에서는 디지털 생활에 수반되는 디지털 일상의 위험관리, 디지털 비즈니스 리스크관리, 디지털 송금 및 결제리스크 관리를 다루었다. 그리고 4부에서는 디지털 투자에 수반되는 투자자산의 리스크관리, 가상자산의 리스크관리, 가상세상의 리스크관리에 대하여 다루었다.

본서를 통해 독자들은 디지털 세상의 다양한 의사결정에 내재된 리스크를 고려하는 습관이 점차 생기게 되고, 이에 따라 어떠한 리스크에 노출되더라도 두려움 없이 차분하게 대응할 수 있는 마인드를 갖추게 될 것이다. 더 나아가 미래 디지털 일상의 불확실성을 사전에 대비하고 응용함으로써 불식간의 손실 노출에 대한 불안감을 해소함으로써 정서적으로 안정된 생활을 할 수 있을 것이다.

재삼 이 책이 디지털 세상에 관심 있는 모든 분께 도움이 되기를 진심으로 바라며 탈고하는 과정에서 많은 사람의 노력과 헌신에도 불구하고 이 책이 독자들에게 지적될지도 모르는 추가적인 오류는 전적으로 필자의 아둔함 때문이다. 마지막으로 아름다운 아내 박성애, 듬직한 아들 승민, 예쁜 딸 유나에게도 고마움과 잔잔한 사랑을 보낸다.

2023년 11월
서울 사이버대 연구실에서
저자 서영수

목차

디지털 생활의 리스크 관리   제3부

제4부　디지털 투자의 리스크 관리

제1부

디지털,
새로운
세상을 열다

제1장

디지털,
새로운
세상을 열다

제1절 디지털 사회경제 활동

1. 디지털 일상

1) 디지털 노마드(Digital Nomad)의 부활

정보기술 업계에서 일하는 A 씨는 하루를 아침 6시에 일어나 컴퓨터를 켜는 것으로 시작한다. 국내외에서 온 이메일을 확인한 후 MP3를 들으며 조깅을 한다. 그리고 식사를 한 후 사무실로 출근한다. 하지만 그가 사무실에 있는 시간은 많지 않다. 무선인터넷이 가능한 곳이면 어디서든 업무를 처리할 수 있기 때문이다. A 씨는 무선인터넷이 가능한 노트북과 휴대전화 기능까지 있는 개인휴대단말기(PDA), 손가락만 한 크기의 외장형 하드디스크, LCD 프로젝터, MP3 플레이어, 디지털카메라 등 각종 전자제품으로 무장하고 있다. 노트북과 PDA를 수족처럼 부리는 덕에 프레젠테이션 준비도 자동차 안에서 뚝딱 해낸다. 퇴근 후 그는 가족이나 친구와 시간을 보낸다. 친구는 대부분 인터넷을 통해 만난 동호회 회원들이고 A 씨는 즐거운 장면과 맞닥뜨리면 자연스레 디지털카메라를 꺼내 든다. 디지털카메라로 찍은 사진을 인터넷에 올려 친구들과 돌려보는 것은 그의 가장 큰 즐거움 중 하나이다.

위에서 묘사한 A 씨의 일과를 보면 크게 낯설거나 이해가 안 되는 부분이 없다. 하지만 위에서 묘사한 A 씨는 약 15년 전에 존재했던 직장인의 모습이다. 위의 글은 디지털 기술과 기기를 활용해 현대적이고 효율적으로 근무하는 직장인을 묘사한 2006년 10월 18일 자 매일경제 기사 일부이다. 약 15년 전의 기사임에도 불구하고 지금 상황과 다른 부분은 A 씨가 사용하는 대부분 장비가 스마트폰 하나로 집약됐다는 점이다. 한 가지 더 있다면 사진을 인터넷에 올리지 않고 모바일에서 바로 페이스북이나 인스타그램으로 올린다는 점이다. 매일경제신문에서는 위와 같이 디지털 장비를 활용해 자유롭게 일하는 현대 직장인을 디지털 노마드라고 불렀다. 코로나 팬데믹 이후 디지털 노마드라는 단어가 다시 부활하고 있다. 디지털 노마드로 일하는 방식의 큰 장점으로 자유로운 노동시간, 워라밸(Work Life Balance) 조율 편리, 직장 스트레스 해방, 비용 절감 등을 들 수 있다. 시대 흐름 또한 점점 워라밸을 중요하게 지키려 하고 불편한 대인관계를 피하고 싶어 한다.

2) 비대면 문화 활동

방탄소년단(BTS)은 2020년 4월 '방방콘'이라는 온라인 행사를 개최했다. '방에서 즐기는 방탄소년단 콘서트'라는 의미의 방방콘은 기존 콘서트와 팬 미팅에서 보여준 콘서트 등을 결합해 스트리밍 형식으로 제공한 행사인데, 재미있는 점은 방방콘은 집에서 보는 '아미'라 불리는 BTS 팬들은 블루투스로 연결돼 음악에 맞춰 자동으로 색이 변화는 형광봉을 흔들면서 마치 다른 팬들과 함께 콘서트에 참여한 것 같은 기분을 낼 수 있다는 것이다. 이러한 방식 외에도 좋아하는 스타와 영상통화를 하고 영상통화한 이미지에 스타가 직접 사인을 해주거나, 코로나 때문에 관객 없이 진행되는 프로스포츠들이 랜선 응원을 도입해 팬들이 집에서라도 비대면으로 응원할 수 있는 등 다양한 형태의 비대면 방식을 활용한 커뮤니티 활동들을 볼 수 있다.

우리가 사는 세상의 주된 통로는 사람과 사람이 만나는 오프라인 공간이었다. 아무리 온라인이 대세고 전자상거래가 유통을 변화시켰더라도 오프라인은 휴먼 터치 포인트, 즉 교감(交感)의 중심이었다. 일터에서 업무를 마치고 나면 오랜만에 친구를 만나 먹고 마시고 쇼핑하고 대화하면서 그동안의 스트레스를 풀었다. 하지만 세상이 하루아침에 변했다. 코로나19 전에는 몸이 아파도 회사에 출근하거나 학교수업을 받는 것이 정상이었다. 하지만 지금은 무조건 집에서 쉬어야 한다. 회사에 출근할지 말지 고민할 필요가 없다는 이야기다. 그동안 절대 바뀔 것 같지 않던 암묵적인 일 중 하나를 코로나19가 단 몇 개월 만에 바꿔 버린 것이다. 비대면 방식은 비록 낯설게 보이지만, 이미 우리 주변에서 오랫동안 존재해왔던 삶의 방식이고 또 비즈니스를 해왔던 방법이다. 다만 새로운 디지털 기술과 혁신적 업무처리 방식들이 적용됐기 때문에 낯설게 보일 뿐이다. 뉴 노멀(New Normal)이란, '시대 상황에 따라 새롭게 편성되는 질서나 표준'을 뜻하는 경제용어이다. 코로나19 이전에는 중요한 비즈니스 업무는 만나서 결정하고 교육은 오프라인에서 받는 것이 정설이었다. 즉, 만남이 면대면으로 이뤄져야만 모든 일을 진행할 수 있었다. 이것이 우리 사회를 지배해오던 중요키워드 중 하나였다. 하지만 지금은 온라인회의를 통한 화상 커뮤니케이션이 새로운 표준으로 인식되고 있다. 결국, 제도나 정치가 아닌 바이러스가 우리의 일상과 문화를 바꾼 것이다.

〈표〉 코로나19 전/후 일상의 변화

구분	연도	~ 2019년 BC (Before Corona)	2020년 ~ AC (After Corona)
일상	외부활동	언제든지 외부활동이 가능함	특별한 경우를 제외하고는 외부활동 자제
	심리상태	개인의 환경에 따라 다름	코로나19 사태로 심리적인 불안감 가중 (일명 코로나 블루)

구분 \ 연도		~ 2019년 BC (Before Corona)	2020년 ~ AC (After Corona)
일상	만남	의무감 · 관계를 위한 만남	꼭 필요하지 않으면 만남보다는 비대면 커뮤니케이션 활용(전화, 채팅 등)
	마스크	기관지 또는 건강이 좋지 않은 사람이 착용	대중교통/공공장소 이용 시, 누구나 착용(마스크 착용은 나와 타인에 대한 배려)
	병원	몸에 이상이 있을 때마다 방문함	크게 아프지 않으면 병원 방문 자제
	집	휴식 공간	멀티 공간(휴식, 업무, 운동)으로 진화 중
	쇼핑	온 · 오프 병행	가능하면 온라인으로 주문, 신선 식품은 새벽 배송 이용
	교육	대부분의 교육은 오프라인에서 진행	특별한 경우를 제외하고는 온라인으로 진행
회사	근무	정시 출퇴근	재택근무, 유연 근무의 대중화
		몸이 아파도 가능한 한 출근함	몸이 아프면 무조건 집에서 휴식을 취함
	일하는 방식	근무 시간이 중요함	근무 시간보다 일의 결과물이 중요함
	업무 미팅	일반적인 거래처 방문 및 회의는 오프라인에서 면대면으로 진행	특별한 경우를 제외하고는 화상회의로 진행
	회식	필요할 때마다 오프라인으로 진행	특별한 경우에만 특별한 방식으로 진행

출처: 박희용 · 장종희 · 양나영 · 김세진, 「언택트 시대 생존방법」, 2020, p.14

3) 리모트 워크(Remote Work) 시대

사무실이 아니라 제3의 장소에서 일하는 원격근무와 집에서 일하는 재택근무를 통합하는 리모트 워크는 이미 여러 조직에서 실행하고 있지만 코로나19 사태로 인해 더 확대될 것이다. 그 이유는 다음과 같이 세 가지로 요약할 수 있다. 첫째, 구성원의 워라밸 중시 가치가 더 커지고 있다. 특히 직장으로 새로이 들어오는 MZ세대와 Z세대로 불리는 지금 20~30대들의 가치관에 부합한다. 지금의 젊은 신입사원들은 높은 연봉보다 삶의 질을 우선시한다. 나를 버리고 조직의 모습으로 바꾸기를 원하지 않는다. 자신의 가치를 느낄 수 있는 곳이 회사로 유일했던 과거와 달리 지금은 여러 활동과 장소, 커뮤니티에서 나의 또 다른 존재를 만들고 성장시킨다. 그런 면에서 리모트 워크는 탄력적이며 유연한 근무제도 형식으로 워라밸을 지향하는 사람들을 지원해준다. 둘째, 기업은 투자 비용을 늘리고 싶다. 사무실을 줄이면 고정비용을 줄일 수 있다. 사무실에 들어가는 임대료와 사무기기 등 제반 비용이 절감되고 리모트 워크 제도가 안정되면 업무에 따라 파트타임, 단기간 근로 등 구성원들의 요구에 따라 근무제의 다양한 활용방안이 생겨 고정임금도 아낄 수 있다. 셋째, 미래조직의 방향이다. 코로나 팬데믹 이후 일시적으로 재택근무를 한다고 생각할 수 있다. 하지만 리모트 워크는 이미 10년 전부터 진행된 미래조직의 방향이다. 리모트 워크는 업무환경의 변화를 통해 업무효율성과 생산성을 높이는 스마트워크의 하나로 빠르게 확산하였다. 조직의 이익뿐 아니라 사회문제 해결을 위해서도 리모트 워크는 장려되는 분위기이다. 일례로 출퇴근하지 않아도 되면 교통혼잡도 줄일 수 있고 차량 이동도 줄일 수 있다. 그로 인한 대기오염, 가스 배출 등이 줄어들고 한편으로 교통사고도 줄어든다. 당연히 일과 삶의 균형을 누릴 수 있는 시간도 늘어난다.

2. 디지털 비즈니스의 확산

1) 디지털 전환(Digital Transformation)의 가속

디지털 기술의 발달로 인터넷과 모바일기기가 보편화함에 따라 오프라인으로 이루어지던 상거래 및 금융거래가 온라인으로 간편하고 신속하게 이루어질 수 있는 환경이 조성되었다. 디지털 전환은 전통적인 방식으로 진행되던 일에 디지털 신기술을 접목해 프로세스를 개선하고 새로운 가치를 창출하는 것이다. 넓은 의미에서는 현재 사업이 디지털 기술에 따라 근본적으로 보완·혁신되는 모든 활동을 말하며 제4차 산업혁명의 실현으로 '아날로그에서 디지털로', '전통적인 것에서 현대적인 것으로', '버튼에서 터치로, 터치에서 생체인식으로' 바뀌는 것을 의미한다. 디지털 전환의 가장 큰 특징은 속도라고 할 수 있다. 이에 따라 개발, 주문, 출시, 배송, 도착까지의 소요시간이 급격히 단축되고 있다. 산지에서 출하된 식품은 로켓배송이라는 이름으로 다음날 소비자의 식탁에 오른다. 디지털 전환은 한마디로 속도혁명이라고 할 수 있다. 디지털 전환은 해도 그만, 안 해도 그만인 것이 아니라 비즈니스의 생태계를 바꾸는 것이다. 영국에는 붉은 깃발법이 있었다. 19세기 말 영국에서 세계 최초로 자동차를 출시했지만, 당시 마차업자들의 항의가 빗발치자 이들의 이권을 보호하려고 만든 법이다. 이 법으로 인해 영국의 자동차산업은 독일과 프랑스 등에 뒤처지는 결과를 초래했다. 한편, 코로나19로 디지털 전환이 가속화되면서 업종 간 경계도 급속히 무너지고 있다. 인터넷기업이 유통, 금융 등과 같은 전통 산업영역으로 진출하고 굴뚝 산업의 영역은 온라인으로 확장되고 있다. 이제는 유통업체가 자체 브랜드를 만들어 생산하고, 물류업체는 제품을 기획하여 판매한다. 콘텐츠배급사는 콘텐츠의 유통뿐만 아니라 제작도 한다. 온라인과 오프라인의 경계도 사라졌다. 오프라인업체는 온라인플랫폼을 구축하고, 온라인회사는 오프라인 플래그십 스토어(Flagship Store)를 만든다.

2) 디지털 비즈니스모델

비즈니스모델이란 크게 가치창출과 이익 실현으로 구성된다. 가치창출은 누구를 대상으로 어떠한 가치를 어떻게 만들어 제공하는가의 문제이고, 이익 실현은 제공된 가치를 어떻게 수익모델로 연결하느냐의 문제이다. 4차 산업 혁명 시대의 비즈니스모델은 사물인터넷, 클라우드, 빅데이터, 인공지능 등의 핵심 원천기술을 이용하여 수익모델을 실현하는 것이다. 이 중 디지털 비즈니스모델은 콘텐츠, 고객 경험, 플랫폼의 세 가지 요소가 결합하여 고객가치를 창출하는 비즈니스모델이다. 디지털 비즈니스 유형을 간략히 살펴보자.

(1) 홈 블랙홀 유형

홈 블랙홀은 코로나19로 사람들이 전염병에 대한 사전 예방, 사회적 거리두기 때문에 모든 활동에 있어 집이 중심이 되는 상황을 말하며, 이와 관련된 비즈니스는 고객이 가장 편한 장소로 여기는 집에서 일어난다. 따라서 다른 장소에서 일어나는 어떤 서비스보다 고객의 라이프스타일과 취향에 맞는 서비스 제공이 더욱 필요하다.

〈표〉 홈 블랙홀 비즈니스 유형

구분	유형
OTT (Over The Top) 서비스 및 여가활동	- 넷플릭스, 유튜브 등 영화, 드라마의 콘텐츠를 제공하는 OTT 서비스 - 고객의 세부적인 취향 파악을 통한 개인 맞춤형 서비스 - 클라우드 게임, 랜선 콘서트
가정 간편식	- 집에서 간단히 조리해 먹을 수 있는 식품 - 집에서 쉽게 먹을 수 없는 이색 메뉴, 야식 메뉴, 프리미엄 제품 개발
마음관리 서비스	- 요가, 명상, 힐링 음악 등의 마음관리 콘텐츠 - 집에서 쉽게 따라 할 수 있는 체계적인 마음관리 프로그램
홈트	- 다이어트, 건강관리를 위한 홈 트레이닝 서비스 - 시간, 장소와 관계없이 이용할 수 있는 개인 맞춤 프리미엄 서비스 - 온라인 콘텐츠 제공과 오프라인 맞춤 트레이닝 서비스
홈 라이프	- 홈카페, 홈가드닝, 홈퍼니싱 등을 위한 셀프 제품과 키트 - 여성을 대상으로 집에서 소확행을 즐길 수 있는 제품 및 서비스 - 가사노동을 줄일 수 있는 생활가전 제품

출처: 박경수, 「언택트 비즈니스」, 2020, p.50

(2) 핑거 클릭 유형

블랙홀처럼 모든 활동을 집 안으로 끌어들인 코로나19는 핑거 클릭과도 연계되며, 이는 언택트로 오프라인에서의 모든 활동이 중단되면서 모바일 과 온라인이 주된 상황을 말한다. 핑거 클릭은 주로 온라인기반 서비스를 바 탕으로 이커머스, 헬스케어, 교육 등 다양한 분야로 확산하고 있으며, 모바일 기반의 서비스까지 통용되면서 더욱 가속화되고 있다.

〈표〉 핑거 클릭 비즈니스 유형

구분	유형
온라인 서비스	- 배달의 민족, 요기요 등 배달 앱부터 쿠팡, 마켓컬리, 오아시스 등 원거리가 아닌 근거리 기반의 이커머스 - 플랫폼 기반의 속도, 가격, 편의성, 킬러 제품 확보
구독경제	- 호텔 · 유통 · 외식 등 프라이빗 서비스, 퍼스널 모빌리티
라이브 커머스	- 셀렉티브, 톡딜 라이브 등 실시간 영상 기반 이커머스 - 고객 참여, 간결한 제품 설명, 쌍방향 커뮤니케이션을 통한 고객 몰입 및 경험의 극대화
원격의료	- 스마트폰 기반으로 우울증, 약물중독, ADHD 등을 치료 - 개인의 생체 및 활동 데이터 확보
홈스쿨링	- 스마트 디바이스를 활용한 교육 콘텐츠 제공 서비스 - 선생님과의 주기적 커뮤니케이션, 수준별 맞춤 콘텐츠 제공, 콘텐츠 몰입 기술 확보
온라인 교육	- 무크(MOOC), 성인교육 플랫폼 등 온라인기반 교육 서비스 - 교육 프로그램의 세분화, 학습 동기부여 방안 확보 - 코칭, 문제해결 기반 교육, 소그룹 및 일대일 맞춤 서비스

출처: 박경수, 「언택트 비즈니스」, 2020, p.88

제2절 데이터 기반의 일상

1. 데이터; 모든 가치창출의 토대

우리는 데이터의 시대에 살고 있다. 대한민국은 이미 1인 1대 이상의 스마트폰을 보유하고 있고, 아침에 눈을 뜨면 스마트폰으로 이메일, 뉴스 기사를 확인하고 카카오톡으로 사진과 문자를 주고받으며 의사소통한다. 생활과 업무의 많은 부분을 온라인에서 처리한다. 이 과정에서 엄청난 양의 데이터를 생산하는데, 전 세계적으로 하루에 발송되는 이메일이 약 3,000억 개가 넘고 국내에서 약 100억 건 이상의 카카오톡 메시지를 주고받는다고 알려져 있다. 더욱 놀라운 사실은 우리가 생산하고 있는 데이터는 시간이 흐를수록 늘어나고 있다는 점이다. 이때 핵심은 피상적인 데이터보다 심층 데이터이다. 예를 들어 온라인쇼핑몰에서 20대 후반 남성이 가방 하나를 구매했다고 생각해 보자. 그러면 남겨진 데이터는 어떤 브랜드의 가방을 얼마에 몇 개를 사들였는가이다. 여기에 성별, 나이, 지역 등의 인구통계학적인 데이터는 기본이며 이 역시 중요하다. 하지만 더 중요한 것은 무엇일까? 구매자가 어떤 과정을 거쳐서 이 가방을 구매했는지다. 더 나아가 구매자가 어떤 상황에 부닥쳤기에 가방을 새롭게 구매했는지도 중요하다. 똑같은 가방을 구매했더라도 취업을 위해서 혹은 기존 가방이 낡아서 구매했을 수도 있다. 브랜드는 어떤가? 이 남성이 쇼핑몰에 어떤 브랜드 가방을 둘러보다가 가방을 구매했는지, 구매 의사결정에 있어 이 가방은 높은 가격이었는지, 낮은 가격이었는지 말이다. 이처럼 고객이 가방을 구매했을 때의 맥락이 더 중요하다.

데이터는 쌓일수록 그 가치가 급격하게 증가한다. 수집과 분석되는 데이터의 양이 축적돼 분석할 수 있을 정도로 충분히 많아지면 사람들의 행동 패턴, 트렌드, 시대의 흐름 등 의미 있는 정보를 얻을 수 있다. 데이터는 대규모의 데이터를 재가공, 분석하여 사용할 때 그 가치가 증가하는 자산이다. 다시 말해 제한된 데이터나 소수의 데이터는 그다지 큰 가치가 없다. 수백, 수천만 명의 사람들이 생성한 데이터를 결합하였을 때 그 가치는 개별 데이터의 가치를 합한 것 이상이다. 수백, 수천만 명의 데이터보다 수억 명의 결합 데이터는 훨씬 더 높은 가치를 갖는다. 데이터의 가치는 그 양에 비례하여 증가하는 것이 아니라 기하급수적으로 증가한다. 즉, 데이터 하나하나의 가치는 미약하나 대규모의 데이터가 모여서 활용될 때는 엄청난 가치를 창출할 수 있는 것이다. 광고 플랫폼과 머신러닝 알고리즘이 효과적인 성과를 내기 위해서는 수백, 수천 수준의 데이터는 의미가 없다. 적어도 수십억 데이터가 결합하여야 그 효과는 엄청나게 증가한다. 대한민국 인구의 10분의 1이 사는 광역시 단위의 지역에서 생성된 데이터보다는 대한민국 국가 단위로 수집된 데이터의 가치가 수백, 수천 배 이상의 가치를 갖는다. 데이터의 가치는 바로 그 규모에 달려 있으며 소수의 데이터는 큰 의미가 없다. 또한, 데이터는 그 자체만으로도 가치가 있지만, 빅데이터 분석, 인공지능, 클라우드, 사물인터넷, 블록체인, 가상/증강현실과 결합하거나 새로운 기술의 구현 과정에서 원재료 역할 또는 기초 자료가 되어 혁신을 끌어낸다. 4차 산업혁명 시대의 핵심은 데이터다. 이제 데이터는 모든 조직이 가장 원하는 자원이 되었으며 데이터가 모든 가치창출의 토대가 되는 세상이 되었다. 결론적으로 주식, 현금, 부동산과 같은 유형자산 그리고 지식재산권, 특허권과 같은 무형 자산들처럼 데이터 역시 가치를 창출하는 하나의 자산이 될 수 있다. 즉 데이터를 자산과 같이 활용해서 부가가치를 창출할 수도 있고 이 자산의 가치가 시간의 흐름 또는 수요의 증가에 따라 증가할 수도 있게 된다.

2. 데이터플랫폼 시대

1) 의의

IT 기술을 기반으로 한 플랫폼 비즈니스의 성장은 과거 소수의 참여자에 의해서 지배되었던 시장의 형태를 누구나 참여할 수 있는 시장의 형태로 구조를 바꾸어 놓았다. 가령, 일반인이 유튜브(YouTube)라는 플랫폼을 통해 미디어 콘텐츠의 소비자인 동시에 생산자로도 활동할 수 있는 것이다. 이런 플랫폼 기반 비즈니스에서 가장 중요한 것은 각기 다른 네트워크 또는 사용자 간의 연결성이 가치창출의 핵심적인 요소로 자리 잡는 것이다. 즉, 온라인기반의 여러 네트워크상에서 생성되는 데이터가 새로운 비즈니스의 가치창출의 원재료가 되는 시대가 되었다는 의미다. 전통적인 비즈니스모델 하에서는 재화와 서비스의 생산, 유통 및 소비 과정 자체가 한 방향으로 이루어지는 형태였다면, 지금은 소비자가 스스로 서비스를 개발하거나 데이터를 생성하고 이것이 다시 공급자에 투입되어 순환되는 구조로 되어 있다. 데이터의 가치는 결국 플랫폼 비즈니스를 토대로 파생된 다양한 데이터를 수집, 가공, 분석하여 기존의 공급자들이 해결하지 못했던 영역의 서비스나 재화를 제공해 부가가치를 창출하는 데 있다. 현재 기업의 가치는 데이터를 얼마만큼 지배한 자와 아닌 자로 갈리고 있다. 이것은 데이터의 가치를 알고 이를 활용하는 기업과 그렇지 않은 기업의 차이가 나타나고 있으며, 데이터가 조직의 생존과 연결되었다는 점을 보여준다.

2) 데이터플랫폼 기업

2022년 5월 기준 전 세계 기업의 시가총액 순위 1위에서 10위 중 5개의 기업(애플, 마이크로소프트, 아마존, 구글, 메타)이 데이터를 다루는 플랫폼 기업이다. 5대 빅테크 기업이 이 시대를 주도하는 이유는 그들의 비즈니스모델이 데이터를 확보하기 가장 유리한 플랫폼 기업이기 때문이다. 모든 데이터는 플랫폼 기업을 통하고 플랫폼 기업은 그 데이터를 소유한다. 간략히 살펴보자. 애플은 전 세계의 개발자들이 개발한 애플리케이션을 자사의 앱스토어를 통해 판매하고 수익을 얻는다. 모든 앱은 앱스토어를 통할 수밖에 없다. 어떠한 앱이 인기 있는지 누가 언제 구매하였는지 등 그 트렌드는 데이터로 고스란히 기록된다. 메타는 자사의 플랫폼인 페이스북, 인스타그램, 왓츠앱을 통해서 사용자들이 무슨 생각을 하는지 어떤 관심이 있는지를 파악하고 세계의 여론을 주도할 수 있다. 20억 명이 넘는 사용자가 나누는 대화, 그들의 생각, 관심사를 관찰할 수 있고 데이터로 보관한다. 아마존은 전 세계 최대 온라인 마켓플레이스인 아마존닷컴을 통해 고객의 구매 내역과 성향을 파악할 수 있다. 엄청난 물류시스템을 구축, 운영함으로써 상품의 이동 내역을 통해 판매 흐름과 물류의 이동, 지역별 인구 분포 등의 데이터를 파악할 수 있다. 이를 활용해서 아마존은 선제적으로 이용자들에게 추천 상품을 제시할 수 있고 전 세계의 트렌드를 파악할 수 있다. 마이크로소프트는 세계에서 가장 강력한 소프트웨어 개발 업체다. 대부분 컴퓨터는 마이크로소프트의 운영체제와 오피스 프로그램을 사용한다. 여기에 아마존 웹 서비스에 이어 두 번째로 큰 클라우드 서비스인 마이크로소프트 애저를 제공한다. 막강한 기존 소프트웨어 보급 파워를 바탕으로 기업과 개인 고객에게 자사의 클라우드 서비스를 이용하게 하고 엄청난 규모의 데이터를 클라우드에 저장하게 함으로써 제2의 전성기를 맞고 있다. 넷플릭스는 국가별, 지역별 관심 분야를 파악하고 맞춤형 콘텐츠 추천과 유행을 좇는 오리지널 콘텐츠를 개발한다. 과거 시청 내역과 선호 장르 분석을 통해 사용자가 좋아할 만한 콘텐츠를 선제적으로 추천한다. 수집된 데이터를 분석해 사용자가 지속해서 콘텐츠를 시청하게 한다. 4차 산업혁명 시대의 가장 중요한 특징은 데이터를 기반으로 한 플랫폼 기업의 등장과 성장이라고 볼 수 있다. 모바일 기기의 보급과 앱 생태계라는 토대 위에서 기존에 없었던 공유경제가 탄생하고, 새로운 금융서비스, 새로운 형태의 헬스케어 서비스 등이 발달하는 것이다. 플랫폼을 기반으로 개발되고 제공되는 다양한 서비스를 사용하는 과정에서 사용자들이 생성하는 데이터를 바탕으로 또 다른 형태의 가치를 창출할 수 있는 확장성을 가지고 있다는 것이 중요한 특징이다. 이런 이유로 데이터를 자유자재로 다룰 수 있는 사람이 세상을 주도할 것이라고 하는 것이다.

3) 데이터 거래플랫폼

블록체인 기반 데이터 거래플랫폼의 한편에는 데이터제공자가 있고, 다른 편에는 데이터수요자가 있다. 예를 들어 인터넷과 연결된 냉장고를 생각해 보자. 동네 편의점 주인은 사람들이 냉장고를 자주 여는지, 냉동고를 자주 여는지 알고 싶어 한다. 그 정보에 따라 편의점의 제한된 진열공간에 냉동식품을 더 갖다 놓을지, 냉장식품을 더 갖다 놓을지 결정한다면 수익을 높일 수 있기 때문이다. 소비자가 냉장고 이용정보를 자발적으로 데이터플랫폼에 올려 거래한다면, 편의점 주인은 원하는 데이터를 얻어 수익을 올리고, 소비자는 데이터 제공에 따른 보상과 함께 더 편리한 쇼핑 기회를 얻을 수 있다. 데이터수요자는 자신들이 필요한 데이터가 무엇이고 어떤 조건으로 구매하려고 하는지 명시한 구매요청을 플랫폼에 넣는다. 이 경우 데이터제공자와 수요자가 합의해야 하는 조건은 '데이터를 무슨 목적으로(연구, 통계자료 작성, 마케팅 등) 사용할 것인지', '언제부터 언제까지 사용하고 폐기할 것인지', '얼마를 지불할 것인지' 등이다. 플랫폼은 데이터제공자의 판매조건과 일치하는 구매요청을 자동으로 매칭한다. 쌍방의 조건이 맞더라도 법규상 위법요소가 있는 거래요청은 플랫폼이 자동으로 걸러낸다. 법적 문제가 없는 한 합의된 데이터 사용조건은 스마트계약에 따라 엄격하게 이행되며, 사용에 따른 보상은 즉각 데이터제공자에게 암호토큰으로 지불된다. 데이터 거래 내역은 블록체인에 기록되어 언제든 검증할 수 있다.

〈그림〉 데이터 자산거래의 구조

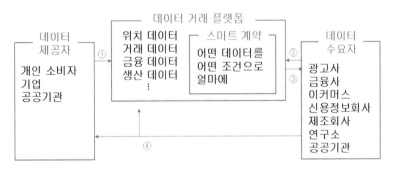

① 개인, 기업, 기관이 자신의 데이터를 스마트 계약과 함께 제공
② 데이터 구매 요청
③ 스마트 계약에 따라 조건에 맞는 데이터 공급과 수요가 자동 매칭 후 데이터 제공
④ 데이터 사용 수수료 지불

출처: 인호 · 오준호, 「부의 미래, 누가 주도할 것인가」, 2020, p.215

향후 법 제도가 정비되면 가장 빠르게 등장할 것으로 보이는 데이터 거래 플랫폼이 건강 데이터플랫폼이다. 의료산업은 환자 개개인을 위한 맞춤형 정밀의료 제공에 초점을 맞춰 발전하고 있다. 그런데 맞춤형 정밀의료를 제공하려면 유전자, 생활환경, 습관, 진료·치료 이력 등 환자의 수많은 정보를 수집하고 분석해야 한다. 하지만 의료 개인정보는 특히 민감정보로 분류되어 아예 가명화 처리대상도 되지 않는 경우가 많다. 그런데 환자들의 관점에서, 이런 정보들이 유출되어 사회적으로 불이익을 당하지 않을까 하는 두려움이 큰 것은 당연하다. 그런데도 환자들의 고통을 덜어줄 더 나은 치료법을 찾으려면 더 많은 데이터 활용이 필요하다. 이때 블록체인 기반 건강데이터 거래소가 해결책이 될 수 있다. 당뇨병 환자라면, 그의 병원 진료 데이터, 손목밴드 등 신체부착 장치를 통해 체크한 혈당·혈압·스트레스 상태와 같은 일상 데이터가 의료기관이나 제약회사에 제공된다. 의료기관과 제약회사는 새 의약품을 개발하거나 인공지능 진단시스템 또는 맞춤형 정밀 의료시스템을 만드는 데 환자의 데이터를 활용한다. 환자에게는 데이터를 제공한 데 대한 보상으로 '헬스 코인'이 지불된다. 환자는 헬스 코인을 병원 진료비로 사용할 수

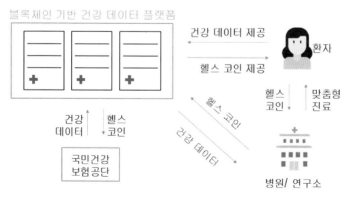

〈그림〉 블록체인 기반 건강데이터 거래구조

출처: 인호·오준호, 『부의 미래, 누가 주도할 것인가』, 2020, p.217

있고, 건강이 좋아지면 남은 헬스 코인을 처분할 수도 있다.

자동차제조 기업은 자동차 센서에서 생성된 익명의 데이터를 공개할 수 있다. 정부는 이를 이용하여 특히 위험한 도로를 찾아내 안전성을 개선할 수 있을 것이다. 이와 유사한 방법을 사용하여 농장과 슈퍼마켓에서 수집한 피드백데이터를 이용하여 식품의 안전성을 향상시킬 수 있다. 온라인학습 플랫폼에서 나오는 피드백데이터를 사용하면 공공교육 부문의 의사 결정력을 향상시킬 수 있으며, 다양한 거래에 사용된 의사결정 지원 데이터는 시장의 거품을 예측하는 조기경보 시스템에 재사용할 수 있다.

제3절 디지털 금융 활동의 정착

1. 의의

코로나19로 언택트 사회 활동이 일상화되면서 생활금융 분야에서도 모바일뱅킹 및 대출, 모바일 트레이딩, 비대면 계좌 및 펀드개설, 비대면 투자 상담 및 자문 등 다양한 디지털 기반의 금융 활동이 확산하고 있다. 또 재택근무가 장기화하자 직장인들을 중심으로 언제 어디서든 주식거래가 가능한 모바일 주식투자 열풍이 학생, 주부, 노년층을 가리지 않고 모든 세대로 확산하면서 동학개미와 서학개미라는 신조어가 일상화되었다. 동학개미는 코로나19가 지속되면서 주식시장에서 금융기관과 외국인에 맞서 국내 주식시장에 참가하는 일반 투자자를 말하며, 서학개미는 해외주식에 투자하는 개인투자자들을 의미한다. 지금은 카페, 식당, 지하철 등 어디서나 모바일트레이딩시스템(MTS)을 조회하는 일반인들을 흔히 목격할 수 있게 됐으며 투자대상도 국내주식, 공모주, 해외주식, 상장지수펀드(ETF), 가상화폐, 메타버스 등으로 확대되고 있다. 그런데 디지털 금융서비스는 언제 어디서든 접근할 수 있는 장점이 있지만, 기기 작동과정 상의 착오 발생, 개인정보 노출로 인한 금융사기 피해 가능성, 혼자만의 시간이 지속되면서 편향된 자기과신 유발 등 여러 형태의 부작용도 나타나고 있다. 또 일부 중장년층을 포함 실버세대의 디지털 환경 부적응이 지속되면서 디지털화 피로감도 빠르게 누적되어가고 있는데, 이는 디지털 세대와 아날로그 세대 간 양극화로 이어질 수 있다는 우려도 있다. 한편, 디지털 기반의 투자 열풍이 지속되면서 주로 유튜브와 SNS를 매개로 한 일부 투자 매체들의 현혹정보 노출, 왜곡된 종목추천 및 투자기법 전수, 심지어는 허위정보를 이용한 투자유인 등 건전한 금융 질서를 교란하는 각종 불건전 행위가 빈번하게 드러나고 있다.

앞으로의 세상은 디지털 금융 능력으로 평가받는 시대가 될 것이다. 디지털과 온라인에 익숙한 사람들은 미래 비대면 사회환경이 현재와 크게 다르지 않을 수 있다. 하지만 휴대폰으로 선물을 받아도 어떻게 처리할지 모르는 사람들, 무인 판매대에서 방법을 몰라 뒷사람 눈치만 보는 사람들, 애플리케이션 설치에만 며칠이 걸리는 사람들은 앞으로의 세상이 반갑지 않다. 지금은 영화관, 식당 등에서 키오스크로 선택하고 결제하는 것이 어려운 분들을 도와주는 직원이 있지만, 비대면이 필수가 되어버려 사람마저 없어지면 그들은 밥 먹기도 힘들어진다. 과거 컴맹이 재앙처럼 느껴졌던 시대가 있었다. 이제는 디지털 문맹이 그러하다. 아무리 이자가 다른 은행보다 높다고 해도 모바일뱅킹에서 가입해야 하는 상품은 알면서도 가입하기 힘들다. 정보화 사회에서는 정보를 알고 모름에 따라 빈부격차가 만들어졌다. 또 디지털 사회에서는 기술을 활용할 수 있는지에 따라 빈부격차가 발생할 것이다. 최근 은행 영업점 축소화로 기존 은행 영업점들이 통폐합되고 있어 전체적으로 은행 영업점이 감소하는 추세에 있다. 특히 지방은행은 다 지점망을 통한 지역민의 영업점 접근성과 대면 서비스가 경쟁력이었으나 최근 영업점 수의 감소세가 두드러지게 이어지고 있다. 비수도권의 은행 주요 고객층인 50대, 60대와 금융소외계층은 여전히 대면 서비스를 선호하고 있지만 지방은행 점포 축소 가속화로 지역민의 금융 접근성이 하락하고 지역 간 금융서비스 불평등이 야기될 수 있다. 디지털 시대로 온라인 서비스 확장에 따른 무인화에 적응하지 못하고 불편함을 겪는 계층을 디지털 소외계층이라 칭하며, 주로 노인, 장애인, 어린이 등이 해당한다. 최근 코로나19로 비대면 수요가 증가하자 점포마다 무인 시스템이 증가하고 있다. 이는 소비자에게는 편의성과 업자에게는 인건비 절감 등의 장점을 가져다주지만 디지털 기기가 익숙하지 않은 이용자들에겐 커다란 장벽처럼 여겨질 수 있다. 특히 상대적으로 디지털 환경에 낯선 고령자, 장애인 등을 중심으로 디지털 소외현상이 가속화되고 있다. 2020년 디지털정보 격차 실태조사에 따르면, 다음 〈표〉에서 일반인의 디지털 정보화 수준이 100%일 때 취약계층 디지털 정보화 수준 평균은 72.7%이며 여기서 고령층이 68.6%로 가장 낮게 나타난다. 연령별 디지털 정보화가 가장 낮은 나이는 70대 이상으로 38.8%이며 다음 60대(78.8%), 50대(99.2%) 순으로 나타났다. 70대의 디지털 정보화 수준은 20~30대와 비교할 때 절반에 못 미치는 수준으로 고령자에게는 디지털 금융서비스, 홈페이지 및 애플리케이션 위주의 예매 시스템, 무인 시스템 등 키오스크 이용이 어려울 수밖에 없다.

〈표〉 취약계층 디지털 정보화 수준(2017-2020)

구분(단위 %)	2017	2018	2019	2020
장애인	70.0	74.6	75.2	81.3
저소득층	81.4	86.8	87.8	95.1
농어민	64.8	69.8	70.6	77.3
고령층	58.3	63.1	64.3	68.6
취약계층 평균	65.1	68.9	69.9	72.7

자료: 한국정보화진흥원(2021), 재인용

실제로 교회에서 알려준 사이트에 클릭해 온라인 예배를 보신 80대 어르신은 데이터 폭탄을 맞았다. 와이파이가 무엇인지, 집에서 가능한 건지, 영상을 보는 게 데이터를 사용하고 있는 건지 몰랐기에 스마트폰 사용요금을 보고 충격을 받았다. 최근 디지털 취약층을 노리는 스미싱 사건들도 부쩍 늘어나 불안해하는 사람들이 많은데 사용법을 잘 몰라 비용까지 발생하게 되면 디지털 기기 사용은 더 두려워진다. 점점 더 디지털과 멀어지는 것이다. 사람이 줄어들고 기술로 대체되는 미래에 부자와 가난한 자는 디지털 능력으로 결정될 것이다.

2. 비대면 금융

　우리는 은행이나 ATM 앞에 가는 횟수가 한 달에 몇 번이나 될까? 또 신용카드회사에 방문하거나 카드사 홈페이지에 접속하거나 고객센터에 전화하는 것은 1년에 몇 번이나 될까? 스마트폰 이전에 일상에서 경험하는 금융서비스는 크게 결제, 송금 그리고 카드사용 내역이나 계좌 거래 내역을 확인하는 정도이다. 그 밖에 대출이나 저축 등의 금융상품을 이용하는 정도가 1년에 한두 차례이다. 모바일뱅킹 이전에는 이런 금융 경험을 하려면 반드시 은행에 가거나 ATM을 찾아야 했다. 또 현대인들이 가장 많이 이용하는 금융서비스는 카드결제인데, 신용카드를 매장의 VAN(Value Added Network) 단말기에 긁기만 하면 바로 결제되기 때문에 큰 불편함이 없다. 이런 카드결제 과정을 좀 더 살펴보자. 일례로 편의점에 가서 물건을 고른 후 신용카드를 점주에게 내밀면 점주는 VAN 단말기에 카드를 꽂는다. 그 순간 VAN 단말기에서 카드를 인식하고, 온라인 지불과 결제를 대행해 주는 PG(Payment Gateway)사에 정보를 넘겨준다. PG사는 국내 주요 신용카드사와 제휴를 맺고 있어 인식된 신용카드가 거래 중지 카드인지 아닌지를, 신용거래가 가능한지 아닌지를 확인해서 승인해주고 승인된 금액에 대한 정보를 신용카드사에 보낸다. 신용카드사는 이렇게 승인된 정보를 기반으로 카드 소유자에게 SMS나 카카오톡으로 승인 내역을 보내준다. 월말이 되면 소유자가 지정해둔 은행에서 신용카드사로 최종 결제할 금액이 정산된다. 이후 VAN사는 신용카드사와 PG사의 수수료를 제하고 남은 금액을 점주에게 결산해준다. 대면 거래의 경우 대부분 소비자와 점주 사이는 가깝지만, 실제 거래가 이루어지는 과정에서 카드사 업무를 대행하는 VAN사, PG사, 신용카드사, 은행의 총 4개 게이트웨이가 존재한다. 점주로서는 이 과정에서 발생하는 수수료에 대한 부담을 안아야 하고 최종결산까지 시간이 걸린다는 불편함이 있다.

지금은 핀테크 서비스를 통해 전혀 불편함 없이 금융거래를 이용할 수 있다. 간편결제 서비스를 예로 들어보자. 오프라인에서 신용카드를 이용해 결제하는 것과 비교할 때, 간편결제 앱의 특징은 결제 주도권이 사용자에게 있다는 것이다. 신용카드를 이용할 때는 결제금액을 본인이 아닌 매장의 점주가 입력하고, 본인은 영수증을 받아 결제 내역을 확인하게 된다. 하지만 간편결제 앱을 이용하면 본인이 직접 결제할 금액을 입력할 수 있으며, 결제 즉시 결제 내역이 담긴 영수증이 간편결제 앱에 자동 기록되어 나중에도 확인할 수 있다. 또 같은 쇼핑몰을 이용하더라도 공인인증서를 이용해 결제하는 것과 모바일 간편결제를 이용하는 것도 다르다. 간편결제를 이용하면 결제 내역을 단지 SMS로만 받아보는 것이 아니라 간편결제 앱을 통해 쉽게 검색하고 관리할 수 있다. 이처럼 주문이나 예약 시 바로 간편결제가 연동되어 서비스되면, 서비스를 제공하는 사업자도 노쇼(no-show)를 걱정할 필요가 없다. 그뿐 아니라 에스크로 시스템 등을 연동해 서비스품질을 유지함으로써 사용자 만족도를 더 높일 수 있다. 에스크로는 구매자와 판매자 간 신용관계가 불확실할 때 제3자가 해당 상거래가 원활하도록 중개해 주는 매매 보호 서비스를 말한다. 한편, 배달주문, 영화예약, 택시비결제 등 오프라인에서 서비스를 경험하면서 실제 결제는 스마트폰으로 사전 또는 사후에 할 수 있다. 또한, 각종 포인트 관리와 사용도 편리하다. 신용카드를 이용하면 매장별로 일일이 포인트를 적립해야 하고 별도의 멤버십 카드를 제시해야 하지만, 간편결제 서비스는 이러한 번거로움을 자동화해준다. 핀테크 기업들이 제공하는 서비스는 메뉴가 상대적으로 직관적이고 단순해서 사용하기 쉽고 구동이 빠르다. 또한, 각종 개인금융 데이터를 활용해서 본인에게 맞는 최적의 금융상품을 자동으로 추천해주어 손실을 최소화하고 다양한 혜택을 받을 수 있도록 해준다.

국내 인터넷은행을 중심으로 비대면 금융서비스를 이용하는 고객들이 증가하고 있음을 알 수 있다. 우선 토스의 금융서비스를 살펴보자. 고객들은 송금할 때 은행 앱을 이용하는 것과 토스 이용을 비교하는데 토스의 송금 속도가 훨씬 빠르고 간편하다는 것을 알 수 있다. 송금할 상대의 계좌번호를 카카오톡에서 복사하고 토스를 실행하면, 토스의 송금계좌 입력창에 복사한 계좌번호가 자동으로 나타나며 송금절차와 메뉴구성도 단순하여서 그만큼 속도가 빠르다. 토스에서 제공하는 해외주식 투자서비스도 마찬가지다. 토스가 자체적으로 제공하는 것이 아니라 외부증권사의 서비스와 연계해서 제공하는 것인데도, 사용자가 확인하고 싶어 하는 것만 명확하게 보여주기 때문에 해당 증권사의 앱을 통하는 것보다 더 편리하다. 카카오뱅크의 금융서비스도 여타 은행과의 차별성이 드러나고 있다. 카카오뱅크는 계좌개설과 적금, 예금, 대출 등을 모두 비대면으로 서비스한다. 카카오뱅크 앱 하나로 기존에 오프라인에서 하던 은행 경험을 대체할 수 있으며, 게다가 더 편리하기까지 하다. 기존 오프라인 점포에서는 먼저 번호표를 뽑아야 하고 금융서비스를 받을 때까지 많은 기다림과 서류가 필요하지만, 카카오뱅크는 그런 시간과 과정이 최소화된다. 또한, 기발한 서비스 경험도 가능하다. 일례로 카카오뱅크의 모임 통장은 동호회나 동창 등의 회비를 관리하는 데 아주 유용하다. 모임 구성원 전원이 카카오뱅크를 이용하지 않아도 회비의 잔액과 사용 내역을 쉽게 확인할 수 있다. 또한, 회비입금일이 되면 회비 입금현황을 한눈에 파악하고, 미입금자들에게 미입금 사실과 입금할 금액을 메시지로 쉽게 전달할 수 있다.

3. MZ세대의 금융 활동

1) MZ세대의 특징

MZ세대는 무엇보다 모바일을 필두로 한 IT 기기에 친화적인 세대로, 태어났을 때부터 인터넷과 IT 기기를 접하면서 자라 디지털 네이티브라고도 불린다. 이들은 자산과 소득이 높지 않은 편이지만, 자신의 취향과 관심사를 투자에 연계하고 재미·간편함을 추구해 주식, 부동산, 가상자산, 저작권, 미술품 등 다양한 투자 활동에 나서면서 트렌드를 이끌고 있다. 또 합리적이고 실용적인 소비를 추구해 짠테크(짠돌이+재테크)라 불릴 정도로 구두쇠 같은 면모를 보이지만, 한편으로는 본인이 중요시하는 부분에 대해서는 돈을 아끼지 않는다. 소위 가성비(가격 대비 성능 비율)와 가심비(가격 대비 심리적 만족도)를 동시에 추구하는 이중적인 측면을 갖고 있는데, 두 가지가 충돌하는 경우 가성비보다는 가심비를 중요하게 꼽는다. 한편, MZ세대는 태어날 때부터 여러 디지털 기기를 이용하면서 수많은 정보와 콘텐츠에 노출되어 자란 세대이기에, 특히 직관적이고 편리하고 재미있는 디지털 금융을 선호한다. 운동화, 미술품, 명품, 음악 등 기존에는 금융의 영역이 아니었던 상품에도 재테크를 하는 등 금융상품에 대한 경계도 불분명하다. 개인화된 맞춤형 정보를 제공받을 수 있다면 개인정보도 기꺼이 제공하는 경향이 있다.

따라서 MZ세대를 공략하기 위해서는 서비스 자체를 극도로 잘 만드는 것이 무엇보다 중요하다. 어떤 기능을 더할 것인지가 아니라 몇몇 핵심적인 기능을 어떻게 완벽하게 잘 만들 수 있을지를 고민해야 한다. 핵심적인 기능을 살펴보자. 첫째, 단순하게 만들어야 한다. 조금만 복잡해도 MZ세대는 서비스를 이탈한다. 화면 하나하나 바로 이해할 수 있게 해야 한다. 집중해야 할 말만 눈에 잘 띄게 배치하고, 터치해야 할 버튼만 최소한으로 노출해 그들의 행동을 유도해야 한다. 혜택도 부수적인 조건이 많으면 MZ세대에게는 오히려 얕은수를 쓰는 것으로 보일 수 있다. '수수료 0%', '캐시백 3%'와 같은 간명한 말로 전달돼야 한다. 둘째, 이 서비스를 써야만 하는 차별화된 이유를 명확히 제시해야 한다. 예를 들어 미국의 에이콘스(Acorns)가 제공하는 잔돈 투자서비스인 반올림 투자는 MZ세대가 일상에서 몇 원이라도 더 모을 수 있게 돕는다. 음원 저작권 투자서비스 뮤직카우는 강다니엘, 지드래곤, 모모랜드 등 유명가수의 음원 저작권을 분할 판매해 투자가 자신이 좋아하는 가수의 가치를 높인다는 점을 홍보한다. 카카오뱅크 모임 통장은 동아리 공용계좌를 모두가 함께 쉽고 편리하게 관리할 수 있도록 도와준다. 셋째, 고객의 수시 접속을 이끄는 요인을 만들어야 한다. 미국의 로빈후드는 신규가입자에게 주식 1주를 무료로 줌으로써 사용자가 실시간으로 변하는 주식가격을 확인하기 위해 로빈후드에 자주 방문하도록 만들었다. 카카오뱅크는 예금이자가 초 단위로 바뀌는 것을 확인할 수 있게 한다. 만약 서비스에 접속했는데 바뀐 것이 없다면 MZ세대는 금세 지루해한다. 마치 게임 속 캐릭터처럼 내 상태에 무언가 계속 변화가 있다고 느끼게 해야 서비스를 접속할 유인이 생기고 자주 관심을 둔다. 카카오뱅크의 경우 고전적인 은행원의 이미지가 전혀 없다. 대신 카카오프렌즈의 라이언이 모든 서비스에 녹아 있다. 카카오페이는 송금할 때 사용하는 봉투에 애니메이션 효과를 주고 있다. 과거 금융회사와 비교하면 파격 그 자체이다. 자산관리 앱 뱅크샐러드도 서비스 초기에는 고객의 소비나 지출 내역을 분석해 '돈을 아껴 써라', '적금상품을 추천한다'라는 식의 코멘트를 제공했다. 그런데 고객이 인스타그램이나 페이스북에 남긴 후기를 보면 '내가 돈 쓰는데 네가 왜 지적질이야?'라는 식의 부정적 반응이 주를 이뤘다. MZ세대는 이를 불편한 참견으로 인식하는 것이다.

2) MZ세대만의 새로운 금융 활동

(1) 직관적으로 이해하고 재밌는 금융 선호

MZ세대는 수많은 정보에 노출되어 자란 디지털 세대로서 짧은 시간에 핵심만 전달하는 숏폼 콘텐츠를 선호하며, 특히 영상으로 정보를 습득하는 경향이 강하다. 이들은 한눈에 직관적으로 이해되지 않으면 지루해하며 건너뛰기 버튼을 누르므로 재미있고 쉽게 이해할 수 있지만 기억에 남는 개성을 강조하기도 한다. EBS '펭수'처럼 B급 감성의 직관적이고 재밌는 캐릭터가 인기 있는 것과 같은 맥락이다. 이는 스마트폰과 SNS의 일상화 속에 자기 영향력을 인지하고, 스스로 판단하는 자기애가 강한 특징이 반영된 결과로 금융도 스스로 판단하고 결정하기 편리하도록 직관적으로 이해되는 서비스를 기대하는 욕구가 강하다.

(2) 자신의 재무상황에 맞는 맞춤형 금융서비스 선호

MZ세대는 집단의 정체성보다 개인의 정체성을 중요하게 생각하며 이에 따라 개인화된 광고를 서비스의 개념으로 용인하고 선호하며 직접 개인정보를 제공하기도 한다. 따라서 고객이 직접 기업에 제공한 데이터와 여타 빅데이터를 기반으로 초개인화된 마케팅이 가능해지고 있다. 특히 MZ세대는 이러한 초개인화된 맞춤형 서비스를 제공하는 딥 리테일 전략을 기대하고 있는데 이의 목적은 단순 광고가 아닌 방대한 상품 정보를 처리·분석해 고객에게 딱 맞는 상품을 찾을 때까지 서비스를 제공하는 것이다. 그러기에 금융에서도 자신의 색깔, 자신만의 독특한 경험을 기대하며, 더 나아가 자신의 재무상황에 꼭 필요한 정보를 제공하는 맞춤형 서비스를 기대하고 있다.

(3) 가치투자, 생활 속 금융 선호

SNS에 익숙한 MZ세대는 수많은 광고와 정보 속에서 자신의 라이프스타일에 맞는 상품을 찾고, 이용하고, 홍보하는 생활이 일상적이다. 즉, 상품 정보를 찾는데 리뷰와 SNS를 적극적으로 참고하며, 자신이 업로드하는 글, 상품 리뷰에 대한 가치를 인식하고, 나아가 자신의 생활을 가꾸는 데 활용하기도 한다. 한편 소확행을 넘어 찰확행을 추구하므로 생활 속 행복과 자신이 추구하는 감성이 녹아드는 소비에 가치를 두고 이를 SNS 등을 통해 세상에 알리는 경향이 아주 강하다. 찰확행은 물리적 시간보다 찰나의 순간에 경험하는 행복을 추구하는 것으로, 이는 일상을 살아가면서 얻는 소소한 성취감을 추구하는 노력으로 연결된다. 이에 금융에서도 자신의 가치에 맞고, 생활 속에서 자연스럽게 이용할 수 있는 서비스를 기대한다.

4. 모바일 금융플랫폼

　최근 모든 세대가 디지털과 비대면 금융서비스로 대표되는 모바일 금융플랫폼을 이용하면서 이를 통한 새로운 투자 경험을 소개하면 다음과 같다. 첫째, 더 쉬워지고 편리해진 금융투자 모바일 앱으로 인해 투자의 진입장벽이 낮아지고 투자 빈도는 더욱 높아졌다. 쉽고 편리해진 금융투자 모바일 앱은 MZ세대 등 투자를 처음 하는 젊은 고객들이 직접투자로 대거 유입되는 동인이 됐으며, 일회성이 아닌 지속적인 투자를 가능하게 했다. 특히 소수점 투자 서비스 등 간편 투자 콘셉트가 소개되면서 투자와 금융이 자연스럽게 생활의 영역으로 스며들고 있다. 둘째, 정보의 불균형이 해소되고, 투자의사 결정에 필요한 다양한 아이디어를 손쉽게 획득할 수 있게 되었다. 몇 년 전만 해도 일일이 찾아봐야 했던 리서치 자료와 뉴스를 맞춤으로 받아볼 수 있고, 통합 검색을 통해 연관성이 높은 종목이나 원하는 종목이 포함된 투자상품도 한눈에 확인할 수 있다. 그뿐만 아니라 같은 주식을 보유하고 있는 고객 간의 종목 커뮤니티까지 제공돼 그동안의 깜깜이 투자에서 벗어나 투자자끼리 실시간 소통까지 가능해진 것이다. 셋째, 인공지능 기술기반으로 내 손안에 프라이빗 뱅킹 서비스를 경험할 수 있게 됐다. 즉 과거 소수의 VIP만을 위한 오프라인 서비스에 이제는 누구나 쉽게 스마트폰으로 접근할 수 있다는 것이다. 예를 들어 AI 알고리즘을 통해 나의 투자패턴을 진단하고 내 포트폴리오의 약점이 발견되면 대안과 함께 스마트폰으로 알림을 보내고 즉시 대응할 수 있도록 해준다. 실제로 미국 자산운용사 뱅가드는 '디지털 어드바이저(Digital Advisor) 서비스'를 통해 매일 고객의 투자 포트폴리오를 체크한 후 개인별 위험 성향 및 시장 상황 등에 맞춰 리밸런싱 하는 등 AI 기반 투자 어드바이저 서비스를 제공하고 있다.

5. 금융플랫폼을 통한 거래

금융플랫폼은 전자적으로 금융서비스를 제공하는 어떤 논리적 또는 가상의 장소로 금융회사나 금융시장을 대신한 디지털 플랫폼으로 정의할 수 있다. 그동안의 금융산업이 기업금융, 대규모 자금, 고액자산가 등의 고객에게 집중했다면 최근의 핀테크 비즈니스모델은 개인금융, 소액대출, 소액자산가 등의 고객에게 집중한다. 이들 잠재고객이 과거보다 더 큰 수익창출의 기회를 마련해주기 때문이다. 특히 금융업 자체가 플랫폼사업이기 때문에 향후 사람, 지식, 자금, 서비스 등을 연결해주는 금융플랫폼의 확산은 필연적이다. 고객은 기본적으로 소비 활동을 위해 현금을 들고 다니기보다는 좀 더 간편하고, 안전한 방법을 원한다. 즉, 서비스를 제공하는 금융사가 어디냐와 무관하게 간편한 결제서비스를 선택하고자 한다. 주거래은행에서 제공하는 저축상품을 선택하기보다는 금리가 높은 저축상품을 먼저 찾고, 해당 저축상품을 제공하는 금융사를 선택하기도 한다. 또 대출받을 때도 이자율이 좀 더 낮은 상품을 찾는다. 이제는 공급자 역할보다는 플랫폼의 역할이 강조되는 금융시장으로 변화하고 있다. 금융플랫폼은 이러한 금융소비자와 금융회사의 니즈를 충족할 수 있다. 금융소비자로서는 여러 금융회사의 웹사이트에 접속하거나 앱을 이용해 금융정보를 개별적으로 조회하는 것보다 금융정보를 한눈에 보여주는 금융플랫폼을 이용하는 것이 편리하다. 또한, 금융플랫폼은 금융회사를 대신하여 새로운 금융소비자를 모집하여 금융회사에 소개해줄 수도 있다. 금융회사 처지에서도 무작위로 마케팅을 하는 것보다 금융플랫폼을 이용하는 금융소비자를 대상으로 마케팅을 하는 것이 더 효과적이다. 또 금융플랫폼은 금융회사 탈중개화를 촉진하는 역할을 한다. 예를 들면, P2P 대출 중개 플랫폼이나 크라우드펀딩 플랫폼은 은행이나 증권사 없이도 자금부족자와 잉여자가 하나의 플랫폼에서 자금융통의 거래를 체결할 수 있도록 중개한다. 또한, P2P 보험플랫폼은 보험사 없이도 개인끼리 서로 보험사고에 따른 손해를 보장해주는 보험서비스를 제공한다. 은행이나 신용카드사 없이도 자금 이체나 지급결제 서비스를 이용할 수 있는 P2P 지급결제 플랫폼도 있다.

〈표〉 금융플랫폼 추진 형태

구분	금융회사	핀테크	빅테크
기반 기술	기존 모바일뱅킹 앱	금융서비스 (송금, 보험 등)	기존 플랫폼 (포털, SNS 등)
융합 서비스	다양한 콘텐츠 (여행, 자동차, 부동산 등)	금융상품 판매 채널 (금융상품 통합 판매 등)	금융서비스 (간편결제, 보험 등)
추진 형태	비금융회사와의 제휴를 통해 금융서비스 제공 및 타 산업의 필요 콘텐츠를 모바일 앱을 통해 제공	송금, 보험 등 금융서비스 제공, 금융상품 추천 및 비교 판매 채널의 플랫폼화	포털이나 SNS 등 기존 플랫폼에 간편결제, 보험 등 금융서비스 추가
기업	은행, 증권사, 보험사 등	페이코, 토스 등	네이버, 카카오 등

출처: 한국핀테크지원센터, 「헬로, 핀테크(자산관리 · 보험)」, 2021, p.247

한편, 금융업에 블록체인 플랫폼을 활용하면 금융거래의 운영절차가 간소화되고, 거래의 인증 및 검증과정에서 중개기관의 역할이 축소되어 청산 및 결제에 필요한 시간이 단축된다. 최초 거래부터 모든 거래 내역이 기록 · 공유되기 때문에 거래상대방에 대한 부정거래와 위험 발생이 감소하며, 거래 과정이 실시간으로 통제되므로 규제 및 감독의 효율성을 높일 수 있다. 이처럼 블록체인이 보안성, 투명성, 확장성이라는 강점이 있으므로 금융 분야에서 블록체인의 활용 가능성은 점차 커질 것이다.

제2장

디지털
금융생태계

제1절 디지털 금융의 기초

1. 금융시장

1) 금융시장의 태동

금융이란 한마디로 '자금의 융통'을 말한다. 자금이란 돈, 화폐, 지폐, 통화 등을 총칭한다. 일상생활에서 흔히 자금이 넘쳐나거나 부족한 사람이 생기게 마련인데 자금 여유가 있는 사람을 자금공급자라 하며, 반대로 자금이 있어야 하는 사람을 자금수요자라 한다. 자금수요자와 자금공급자가 서로 필요해서 거래하는 전부를 금융이라 한다. 그러면 쌍방이 왜 거래할까? 자금공급자는 우선하여 번 돈을 소비하고 남은 돈을 현금 형태로 보관하고 있으면 그에 따른 기회비용 발생과 인플레이션에 의한 화폐 가치 하락을 우려하기 때문이다. 반대로 자금수요자는 빌린 돈으로 투자하여 이자를 갚고도 수익이 남을 거라고 확신하기 때문이다. 쌍방 간에 원하는 자금 규모와 빌려주고 빌려 받는 기간이 일치한다면 큰 문제 없이 거래가 이루어진다. 그러나 현실적으로 다양한 거래조건 및 이해관계자가 존재하기 때문에 누군가 중재하는 사람이 필요해진다. 중재자는 이용하는 금액이나 이용 기간이 달라 거래가 성사되지 못한 경우에 양자 간의 희망 사항을 조율하여 거래할 수 있도록 요구조건을 변환해 준다. 이러한 중재 역할을 하는 곳이 지금의 금융기관이다. 금융기관은 점차 쌍방 간의 중개과정을 표준화하고 다양한 거래를 일괄적으로 중개하기 위해 금융상품을 제공하게 된다. 금융상품은 시간이 흐르면서 예금상품, 금융투자상품, 보험상품, 자산운용상품 등 목적별로 세분되면서 다양한 이해관계자들의 수요를 충족시켜 주었다. 이후 금융기관의 금융상품을 매개로 하는 중개과정이 복잡해지면서 점차 자금공급과 수요에 관계된 모든 이해관계자, 즉 기업, 가계, 정부, 금융기관 등이 한데 어우러진 조직화된 장소라 할 수 있는 금융시장이 형성되었다.

금융시장은 자금 사용 기간에 따라 단기금융시장(money market)과 장기금융시장(capital market)으로, 거래의 책임소재에 따라 직접 금융시장(대표적으로 주식과 채권 등)과 간접 금융시장(대표적으로 예금시장 등)으로, 거래의 범위에 따라 국내금융시장과 국제금융시장으로 구분된다. 또한, 거래되는 금융상품의 형태에 따라 예금과 대출 시장, 외환시장, 파생상품시장 등으로 나뉘며, 거래단계에 따라 발행시장인 1차 시장과 유통시장인 2차 시장으

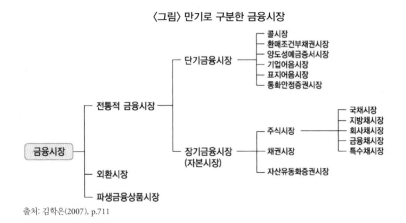

〈그림〉 만기로 구분한 금융시장

출처: 김학은(2007), p.711

로, 거래 절차에 따라 거래소 시장과 장외시장으로 분류된다. 이처럼 금융시장은 분류기준에 따라 다양하다. 위의 〈그림〉은 우리나라 금융시장을 만기로 구분하여 정리한 것이다.

2) 금융시장과 실물시장

18세기 영국의 산업혁명 이후 자본주의가 탄생하기 이전부터 이미 더 넓은 시장이 형성되어 있었는데 바로 생산요소시장과 생산물시장이다. 흔한 표현으로 실물시장이라 하는데 이 시장은 사회에 필요한 수요에 비해 상대적으로 한정된 자원을 배분하기 위해 탄생하였다. 생산요소시장은 가장 기초적인 시장으로 노동, 토지 및 자본의 생산요소가 혼합되어 배분되는 시장으로 고용시장과 원자재시장으로 나뉜다. 생산물시장은 제품이 거래되는 도매시장과 소매시장으로 나뉜다. 생산요소시장과 생산물시장을 통하여 일차적으로 자금이 넘친 사람과 부족한 사람이 생기게 된다. 이 두 부류를 연결해주는 곳이 바로 금융시장이며 이곳에서 궁극적으로 금융자산의 가격과 이자율이 결정되고 신용 창출이 파생되면서 현재의 금융 제도로 정착되었다. 그러므로 금융시장은 생산요소시장과 생산물시장을 활성화하고 유지하는 핵심 역할을 하는 셈이다. 결국, 금융자산에 투자함으로써 얻게 될 미래이득은 실물자산의 투자성과에 달려있다고 할 수 있다. 여기서부터 자본주의 시장은 포괄적으로 금융시장과 실물시장으로 나뉘기 시작했으며 서로 뒤섞이기도 하면서 상호 보완적으로 발전하였다. 그리하여 투자대상에 따라 실물자산과 금융자산으로 자연스럽게 구분되었다. 실물자산이란 토지, 기계 등과 같이 제품을 생산하는 데 필요한 유형자산과 생산과정에 동원되는 인적자원의 지식과 기술 등을 모두 포함한 무형자산으로 나뉜다. 금융자산은 그 자체가 제품을 생산하는 데 직접 사용되지 않고, 실물자산의 이용으로부터 얻어질 미래소득에 대한 청구권을 나타내는 자산을 말한다. 금융자산은 경제발전에 따라 화폐가 본격적으로 유통되면서 주로 금융기관의 일시적인 자금과부족을 메워 주는 화폐 금융자산과 실물 투자에 필요한 자금을 장기로 조달하는 비화폐 금융자산으로 나뉘게 된다.

화폐 금융자산이 거래되는 시장이 오늘날 만기 1년 이내의 단기금융시장으로, 이곳은 주로 금융기관이나 중앙은행이 수익보다는 유동성 거래와 국가의 통화신용정책을 실행하는 곳으로 자리 잡게 되었다. 따라서 시중의 통화량이나 자금흐름 정책을 파악하려면 단기시장에 관한 지표나 관련 통계를 이해해야 한다. 대표적으로 콜[1](call), 환매조건부채권[2](RP; Repurchase Agreement), 양도성예금증서[3](CD; Certificate of Deposit) 등이 있다. 비화폐 금융자산을 흔히 증권이라 부르며, 주식과 채권이 대표적이다. 이러한 자산이 거래되는 시장을 단기금융시장과 구분하여 장기금융시장이라 한다. 흔히 단기금융시장을 화폐시장, 장기금융시장을 자본시장이라고도 한다. 자본시장은 만기 1년 이상인 금융 청구권이 거래되는 시장으로 저축을 장기적인 생

---

1 콜시장은 금융회사 간에 1일 또는 수일 이내의 초단기 자금을 주로 전화 또는 통신망을 통해 차입(call money)하거나 대여(call loan)하는 시장이다.

2 이는 특정한 유가증권 즉 주로 채권을 매매한 뒤 일정 기간 후 매매 당시의 가격에다 소정의 이자를 더한 가격으로 되사거나 되팔 것을 약정한 매매 당사자 간의 계약을 의미한다. 현재 RP 시장은 자금의 원활한 수급조절을 통해 단기금융시장의 자금흐름을 원활히 하고, 수익성이 높으나 유동성이 낮은 채권을 유동화할 수 있다는 장점이 있다. 금융회사 간 RP 거래는 단기자금 과부족 조절을 목적으로 은행, 투신운용사, 증권회사, 보험회사, 상호저축은행 등 콜시장 참가기관이 참여하고 있다.

3 이는 은행의 정기예금에 대해 무기명으로 발행된 증서로서, 금융시장에서 자유롭게 매매될 수 있으며, 주로 은행 간의 자금조절이나 단기자금 조달 수단으로 많이 활용된다. 또한, 법적 성격은 일반예금처럼 일정 기간 소유권을 이전했다가 반환해 오는 계약이며, 권리의 이전과 행사에 예금증서가 필요하므로 상법상 유가증권에 해당한다.

산적 투자로 연결하는 것이 주된 목적이다. 한편, 비화폐성 금융자산은 해당 자산으로부터 실현되는 미래수익의 불확실성 여부에 따라 무위험자산과 위험자산으로 구분된다. 무위험자산이란 미래수익에 대한 불확실성이 없는 자산을 말한다. 가장 대표적인 무위험자산은 만기가 짧은 정부보증 채권이다. 반면에 위험자산이란 미래수익이 불확실한 자산을 말한다. 예를 들어 주식투자에서 얻을 수 있는 수익은 기업의 영업실적에 따라 달라지며, 부동산에 투자하여 얻을 수 있는 수익은 경제 상황에 따라 달라진다.

3) 금융자본주의 시대

시간이 지나고 경제가 발전할수록 개인투자자들이 설비·기계 등 실물자산에 직접투자하는 기회는 줄어들게 되나 금융자산으로의 투자 기회는 증가하게 된다. 장기적으로 볼 때 금융자산에 대한 투자는 국가 경제를 발전시키는 실물자산에 대한 투자를 촉진한다. 예를 들어 어느 기업이 1,000억 원의 자금이 소요되는 공장을 건설하려 할 때 이 기업은 자금을 마련하기 위해 은행에서 차입하거나 자체적으로 주식이나 채권을 발행하려고 한다. 이때 은행에서 차입한 자금은 은행이 판매하는 예금에 투자자들이 투자하는 자금이며, 채권이나 주식을 발행하여 조달한 자금은 투자자들이 해당 증권을 직접 매입한 자금이다. 그러나 자원의 희소성과 개발 여력 한계로 인하여 점차 실물자산에 대한 투자보다는 금융자산 자체 투자가 증가하고, 그 속도가 빨라지면서 서서히 금융자산이 실물자산을 앞지르는, 즉 금융경제가 실물경제를 좌우하게 되는 금융자본주의 시대가 도래된 것이다. 이러한 현상은 시대적으로 불가피할 수밖에 없다는 주장과 오히려 부작용이 많아져 자본주의가 피폐할 수밖에 없다는 비관적인 주장이 지금도 팽팽히 맞서고 있다. 아무튼, 국가가 선진화될수록 금융경제가 상대적으로 발전할 수밖에 없다는 것을 누구나 인정하고 있다는 사실에 주목할 필요가 있다.

2. 주요 금융지표

일반적으로 금융시장에서 인식하고 있는 대표적인 금융경제 지표는 금리, 주가, 환율이라고 할 수 있다. 그 외에 통화량, 물가 등이 있으며 이들 지표에 직간접적으로 영향을 미치는 원자재 가격, 외국인 투자자금 등이 있다. 금융경제지표는 상호 간에 영향을 미치는데 그 미치는 정도는 실로 복잡하다. 또한, 영향을 주는 쪽과 받는 쪽의 순서도 항상 같지 않다. 따라서 금융경제지표 상호 간에 미치는 파급효과나 예상 경로를 파악하는 것은 다분히 어렵다. 그래서 경제주체 중 가장 대표성을 지닌 기업의 경영성적표가 반영된 주가를 중심으로 다양한 금융경제지표 간의 상관관계를 파악하는 것이 오히려 이해하기 쉬우며 이를 응용하는 데도 도움이 된다.

1) 금리와 주가

투자 세상에서 자금을 사용하는 대가로 이자를 지급하는데 이때 사용원금에 대한 이자의 비율을 금리 또는 이자율이라고 한다. 이자율이 변동하는 요인은 크게 경기변동, 인플레이션, 화폐공급, 국제수지, 환율, 국제금리 등 주요 거시 경제변수와 금리자유화, 자본자유화 등 제도적 요인, 그리고 세금 납부, 명절 등 계절적 요인으로 구분된다. 일반적으로 다른 여건이 같다면 금리와 주가는 반비례 관계에 있다. 즉, 금리가 상승하면 주가는 하락하고, 금리가 하락하면 주가에는 긍정적으로 작용한다. 그러나 항상 그런 것은 아니다.

만약 금리와 주가가 같은 방향으로 움직인다면 어떻게 할 것인가? 간단한 판단지표가 Yield Gap이며, 이는 흔히 주식과 채권 중 어느 상품에 투자하는 것이 유리한지도 보여준다. Yield Gap은 다음과 같다.

$$\text{Yield Gap} = \text{채권수익률} - \frac{1}{PER}$$

만약 Yield Gap이 양수이면 주식보다 채권에 투자하는 것이 유리하며, 반대로 음수이면 채권보다 주식에 투자하는 것이 유리하다. 위 식에서 PER(price earning ratio)의 역수는 주식을 매수했을 때 투자자가 이론적으로 얻을 수 있는 이익의 정도를 나타낸다. PER은 주가수익률이라고 불리는데 주식의 1주당 시장가격인 주가와 1주당 순이익의 비율을 말한다. 이 비율이 높으면 회사의 이익에 비해 주가가 상대적으로 높다(고평가)는 의미이며, 비율이 낮으면 주가가 이익에 비해 낮다(저평가)는 의미이다. PER을 달리 표현하면 시가총액을 당기순이익으로 나눈 수치이다. 즉 해당 기업을 현재 주가 수준에서 인수한다면 매년 당기순이익만으로 투자원금을 회수하는 기간을 뜻한다. 예를 들어 PER이 4이면 4년 치 당기순이익만으로 투자원금을 회수할 수 있다는 의미이다. 달리 표현하면 매년 25%($\frac{1}{4} \times 100$)의 투자수익률을 기대할 수 있다는 의미이다. 그러므로 대부분 투자자는 시중금리와 비교해서 상대적으로 PER 값이 낮은 주식을 선호한다. 한편, 금리 스프레드는 장기금리에서 단기금리를 차감한 것으로 장기금리가 단기금리보다 높은 장고단저 현상이 일반적이다. 이론적으로 장·단기 금리 스프레드가 축소되는 경우 혹은 역전되면 경기 침체와 이에 따른 주가 하락 가능성이 커짐을 의미한다.

2) 환율과 주가

일반적으로 환율은 외환시장에서 외환의 수요와 공급으로 결정된다. 그러나 실제로는 각국의 이자율, 물가, 국제수지 등 복합적인 요인에 의해 결정되며 동시다발적으로 영향을 미치기 때문에 환율 예측은 상당히 어렵다. 이러한 환율의 움직임은 주가 변동에 바로 영향을 미친다. 대체로 우리나라처럼 수출주도형 국가에서는 환율과 주가는 같은 방향으로 움직인다. 또한, 우리나라를 포함, 신흥국으로 외국인 투자자금이 국내에 유입되면 해당 주가는 상승하고, 반대로 유출되면 해당 주가는 하락한다. 국내 투자자인 경우에는 주가 등락에만 관심을 가지지만, 외국인 투자자들은 환율을 고려하여 자국 화폐로 환산한 주가에 관심을 두고 투자를 결정한다. 그들은 주가 차익과 함께 환차손익도 중요시한다. 때에 따라서 투자한 주식에서 이익이 발생하고 동시에 이를 해당 국가 통화로 환산하면서 이익이 발생할 수 있기 때문이다. 물론 그 반대일 때도 있다. 그래서 외국인 투자자들은 실시간으로 환율과 주가, 두 가지 요인을 고려하여 국내 시장에 참가하고 있다. 보통 상승장세에서는 주가 상승률이 환율상승률보다 높으면 외국인들의 투자자금 유입이 많아진다. 반면, 하락장세에서는 오히려 환율하락률이 주가 하락률보다 높으면 투자한 주식에서 발행한 손실을 환차익으로 만회하기 때문에 이 경우에도 외국인들의 투자자금 유입이 많아진다.

3) 물가와 주가

물가와 주가는 정부의 물가정책, 물가상승의 요인, 물가상승의 형태 등에 의해 영향을 받는다. 우선 물가가 불안하면 중앙은행은 긴축정책을 구사해 시중의 유동성을 흡수하기 때문에 주식시장에는 부정적인 영향을 미친다. 물가상승 유형에 따른 주가의 영향을 살펴보면 다음과 같다. 우선 완만한 인플레이션 경우이다. 이는 수요가 상승하여 발생하는 완만한 물가상승은 실물경기의 상승을 수반하며 기업수지의 개선과 기업 자산 가치를 증대시킴으로써 전반적으로 주가가 상승한다. 두 번째로 급격한 인플레이션 경우이다. 이런 상황은 금융저축을 위축시키고 투자자로 하여금 부동산 등의 실물자산을 선호하게 하여 주가를 하락시키는 요인으로 작용한다. 세 번째로 스태그플레이션 경우이다. 이는 경기침체하의 물가상승을 의미한다. 이런 상황에서는 공급이 위축되어 기업수지에 악영향을 주어 주가의 하락을 초래한다. 또한, 물가상승으로 인하여 소비자의 실질 소득수준이 감소하여 구매력이 위축됨으로써 주가가 하락하게 된다. 네 번째로 디플레이션 경우이다. 물가가 하락하거나 물가상승률이 둔화하는 시기에는 저물가와 저금리 현상이 동반되기 때문에 민간은 실물자산보다는 예금과 주식 등의 금융자산을 선호하게 되어 주가의 폭등을 초래하는 경우가 대부분이다.

4) 경기변동과 주가

경기변동은 국민경제 전체의 활동 수준이 반복적인 규칙성을 지니고 변동하는 것으로 호황(회복, 활황), 불황(후퇴, 침체) 등으로 구분하며 이는 단기변동, 중기변동, 장기변동 등 세 가지 유형이 있다. 이러한 경기변동에 따라 산업별로 움직이는 방향이 다르다. 주로 경기변동과 같은 방향으로 움직이는 산업은 반도체, 건설, 제조업 등이며, 경기변동에 대한 민감도가 낮은 산업은 음식료품, 의약 등이 분류되고 경기변동과 반대 방향인 산업으로는 주로 열등재, 즉 소득이 높아질수록 수요가 줄어들게 되는 재화 산업 등이 있다. 한편, 경기변동에 따라 기업의 주가가 가장 영향을 크게 받는다. 주가는 대표적인 경기 선행지표이며 약세시장(bear market)에서는 경기후퇴, 강세시장(bull market)에는 경기회복을 의미한다. 대표적인 선행지표로는 종합주가지수, 총유동성, 기업경기실사지수 등이 있으며 경기 동행지표는 산업생산지수, 수출액, 수입액 등이 있으며, 후행지표로는 상용근로자 수, 가계소비지출, 회사채 유통수익률 등이 있다.

5) 통화량과 주가

통화는 통화 범위에 따라 M1, M2, M3로 구분하고 숫자가 커질수록 통화의 범위가 커진다. 일반적으로 통화량과 주가는 같은 방향으로 움직인다. 즉 시중에 통화량이 많아지면 기업·민간 측면에서는 자금 확보가 쉬워져 이를 활용하는 횟수가 많아지고 결과적으로 매출 신장과 투자성과가 나타난다. 이는 주가 상승으로 연결된다. 이를 표현하면 다음과 같다.

- 기업부문: 통화량증가 --〉 자금 확보 --〉 시설투자 --〉 수익성향상 --〉 주가 상승
- 민간부문: 통화량증가 --〉 자금 확보 --〉 투자자 주식매입 증가 --〉 주가 상승

6) 부동산 가격과 주가

이론적으로 주가는 경기에 선행하고 부동산은 경기에 후행한다. 한국의 경우 1990년대 중반까지 대체로 '주가 상승 --〉 경기회복 --〉 부동산가격 상승'의 선순환 사이클을 유지하였다. 일반적으로 부동산 부문은 경기와 밀접한 관계에 있으므로 부동산경기를 조절함으로써 내수경기와 고용을 쉽게 통제할 수 있게 된다. 예를 들어, 주택건설에 1조 원 투자 시 자체 1조 원 이외에 간접적으로 약 1조 1,000억 원이 유발되어 총 2조 1,000억 원의 생산유발

효과가 있고, 약 9,000억 원의 부가가치 창출, 약 24,000명의 고용이 창출되는 효과가 있다. 부가가치와 고용 면에서는 반도체, 자동차, 조선업종보다 월등하다.

7) 원자재 가격과 주가

자원이 풍부한 나라인 러시아, 아프리카, 남미 국가들의 경우에는 원자재 가격과 주가가 같은 방향으로 움직이는 경향이 많다. 그러나 우리나라처럼 원자재가 부족한 나라는 원자재 가격과 주가는 반대로 움직인다. 원자재 가격상승은 바로 국내 물가에 영향에 미쳐 경제 전반의 흐름을 둔화시킨다.

- 원자재 가격상승: 국내 물가상승 --〉 판매량 감소 --〉 주가 하락
- 원자재 가격하락: 국내 물가하락 --〉 판매량 증가 --〉 주가 상승

3. 화폐의 속성

1) 화폐의 등장

《자본의 전략》 저자인 천즈우(Chen Zhu Wu)는 금융의 핵심은 시공간을 초월한 가치교환이고 가치를 지닌 모든 것, 혹은 수입을 다른 시간과 공간 사이에서 효율적으로 운용하기 위한 거래를 모두 금융거래라고 하였다. 그는 금융거래의 실체인 화폐로 인해 시간을 초월한 가치의 저장과, 공간을 초월한 가치의 이동이 가능해졌으며 그로 인해 세계 경제가 혁신적으로 발전했다고 주장한다. 또한, 그는 시간을 초월한 가치교환은 미래에 일어날 일과 관련되어 있다는 것과, 공간이라는 것은 미래에 나타날 많고 적은 이익이나 손실

및 기타 다양한 상황들을 뜻한다고 하였다.

 돈은 화폐 또는 통화라고도 한다. 시중에 돌아다니는 돈은 실로 엄청나며 다양한 역할을 한다. 무엇보다 물건값을 매기고 부자냐 가난한 자냐를 가르는 기준이 된다. 자본주의가 발달하기 전에는 금이나 은이 돈의 역할을 했었다. 현재는 어느 나라에서나 정부가 종이에 인쇄한 지폐나 금속에 무늬를 새긴 주화를 돈으로 쓴다. 이 돈은 옛날처럼 정부가 금, 은으로 바꾸어 주지 않아서 불태환 화폐라고도 한다. 간략히 살펴보자. 1971년 달러를 매개로 한 세계 각국의 통화가치를 금으로 묶어두었던 브레턴우즈 협정이 붕괴하면서 화폐를 금으로 교환할 수 있도록 해주는 안전장치가 사라져버렸다. 그 결과 미국을 포함한 세계 여러 나라는 너무나 자연스럽게 아무런 제재도 받지 않고 화폐를 발행할 수 있게 되었다. 통화발행 시스템 자체가 완전히 바뀌게 된 것이다. 붕괴하기 전에는 해당 통화가치를 절하하고 싶을 때 해당 통화와 금 사이의 교환비율을 낮게 조정해야 하는데 금 보유가 여의찮을 경우 그렇게 할 수가 없었다. 그러나 협정이 붕괴하면서 굳이 금이 필요 없게 되자, 평가절하를 마음껏 할 수 있게 되었고, 덩달아 대내외에 발표할 필요도 없이 반복적으로 할 수 있게 되었다. 사실 이런 화폐가 등장하면서 인플레이션이 탄생하게 된 것이다. 협정 붕괴 이전 체제에서는 인플레이션이나 디플레이션 등의 용어 자체가 존재하지 않았다. 그런데 돈은 한갓 종이 쪼가리여서 정부가 마음만 먹으면 얼마든지 찍어낼 수 있다. 무슨 문제가 있어서 정부가 무작정 돈을 찍어내지 못할까? 바로 인플레이션 때문이다. 돈으로 물건을 살 수 있는데 돈만 찍어내면 상대적으로 물건값만 비싸진다. 심한 경우 빵 한 개 사는데 몇십만 원씩 내야 하는 심각한 상황도 올 수 있다. 그쯤 되면 사람들은 필수품조차도 제대로 못 구하게 되는 어려움에 직면하고, 더불어 돈도 제구실을 못 하게 된다. 돈을 매개로 돌아가는 경제에서 돈이 제구실을 못 하게 되면 그 경제는 붕괴하고 만다. 실제로 세계 경제사에서 정부가 돈을 마구 찍어 쓰는 바람에 국민경제가 파탄 나는 경우도 많았다. 바로 돈 가치 하락과 물가 오름세가 단기에 빠른 속도로 진행되는 인플레이션 공황으로 말이다.

2) 화폐의 신용창조

금융거래는 반드시 돈이 따르게 마련이므로 돈의 흐름, 좀 더 크게는 화폐의 신용 창출 과정을 알아야 한다. 이를 이해하면 바로 자본주의, 특히 금융자본주의에서 왜 투자해야 하는지, 그로 인해 왜 빈부격차가 발생하는지를 한눈에 파악할 수 있게 된다. 화폐란 상품을 매매하고, 채권·채무 관계를 청산하는 일상 거래에서 일반적으로 통용되는 지불수단을 말한다. 따라서 지폐와 동전 이외에 금융기관의 예금을 포함, 다양한 금융자산을 화폐로 볼 수 있다. 한편, 통화란 어떤 특정 경제사회에서만 통용되는 화폐를 의미하고, 어느일정 시점에서 국민경제에 유통되고 있는 화폐량을 통화량이라 하며, 통화량을 측정하는 기준이 되는 지표를 통화지표라 한다. 그런데 통화를 금융상품의 입장에서 보면 자산이지만 금융상품의 발행자 입장에서는 부채가 된다. 따라서 금융기관 입장에서 통화는 '유동성 부채'로 파악되며, 현행 우리나라의 통화는 금융기관별로 유동성의 정도에 따라 분류한다. 우선 본원통화(RB; reserve base)이다. 이는 중앙은행만의 유동성 부채를 통화로 간주하는 것으로 지준예치금과 화폐발행액을 합한다. 다음으로 중앙은행과 예금은행의 유동성 부채를 통화로 간주하는 것으로 M_1(통화), M_2(총통화) M_3(총유동성)으로 나뉜다. 숫자가 커질수록 통화의 범위가 넓어진다. 그만큼 시중에 통화량이 많음을 의미한다.

〈표〉 통화지표의 범위

구분	내용
M1 (통화)	현금통화 + 요구불 예금 + 수시입출식 저축성예금
M2 (총통화)	M1 + 2년 이하 정기 예·적금, 실적배당형 상품, 금융채 + 시장형 상품 + 기타(투신증권저축, 종금사 발행 어음)
M3 (총유동성)	M2 + 만기 2년 이상 정기 예·적금 및 금융채 등 + 한국증권금융㈜의 예수금 + 생명보험회사의 보험계약준비금 등
MCT	총통화(M2) + 양도성예금증서(CD)발행액, 은행 금전신탁(TRUST)

통화공급은 중앙은행에서 처음 발권하는 본원통화에서 시작되며 실제로 눈에 보이는 화폐이다. 이후 각 시중은행에 유통되며, 은행은 다시 일반개인들에게 화폐를 유통한다. 이 과정에서 눈에 보이지 않는 새로운 화폐가 만들어지는데 이를 본원통화와 구분하기 위해 신용통화라 한다. 따라서 시중에 흘러 다니는 통화량은 본원통화와 신용통화를 합친 것을 말한다. 신용통화는 어떻게 만들어지는가? 간단한 예를 들어보자. 우선 중앙은행인 한국은행이 본원통화 1,000원을 시중에 공급하는데 편의상 A 은행에만 준다고 하면 아래 그림처럼 A 은행에 본원적 예금 1,000원이 입금된다. 은행은 고객이 예금한 돈을 가지고 다시 대출할 때는, 일정 비율의 돈을 지불준비금 형태로 금고에 비치해야 하는데 이 비율을 지급준비율이라 한다. 만약 예금에 대한 지급준비율이 10%일 경우, A 은행은 지급준비금 100원을 금고에 예치하고 남은 잔액인 900원을 신규로 대출해 줄 수 있다. 900원을 대출받은 개인이 자기의 거래은행인 B 은행에 다시 예금한다면 B 은행은 A 은행과 마찬가지로 지급준비금 90원을 남겨둔 잔액 810원을 또다시 대출해 줄 수 있다. 810원을 대출받은 개인은 또다시 자기의 거래은행인 C 은행에 예금하는 등 계속해서 예금-대출 과정이 이루어지게 된다. 이런 반복적인 과정을 화폐의 신용창조과정이라 한다.

〈그림〉 화폐의 신용창조과정

A 은행		B 은행		C 은행	
금고 100 대출 900	예금 1000	금고 90 대출 810	예금 900	금고 81 대출 729	예금 810

앞의 예를 일반화해 보자. 중앙은행이 S 원을 발행, 동시에 동일금액이 A 은행에 요구불 예금으로 예치되고, 지급준비율 r을 제외하고는 전액 대출된다고 가정한다. S는 최초로 시중에 유출된 돈이다. 그리고 S(1-r)는 A 은행에서 지불준비금만큼 남기고 또 다른 은행에 대출된 돈이다. 앞의 예처럼 이런 과정이 지속된다면 전체 시중의 통화량은 다음과 같은 식으로 계산된다.

$$통화량 = S + (1-r)S + (1-r)^2 S + (1-r)^3 S + \cdots\cdots$$

위의 식은 두 번째 항부터 (1-r)을 각 항마다 곱한 다음 이를 모두 합하게 되어 있다. 이를 수학적으로 무한한 수가 일정 비율만큼 곱해져 모두 더해졌다고 해서 무한등비급수라 하며 이의 합을 구하기 위한 공식은 다음과 같다. 이에 의하면 전체 합은 처음 항과 공통의 항만 알면 계산할 수 있다.

$$무한등비급수\ 합산\ 공식 = \frac{초항(처음\ 항)}{1 - 공비(공통의\ 항)}$$

공식에 의하면 통화량 전체의 합은 다음과 같이 계산된다.

$$통화량 = \frac{S}{1-(1-r)} = \frac{S}{r}$$

앞의 간단한 예에서 최종적으로 새로 창조된 예금은 위의 공식에 대입해 계산해 보면, 본원 예금 1,000원의 10배인 10,000원 된다. 따라서 신용통화

9,000원이 새로 만들어진 셈이다. 만약 지급준비율이 5%만 되면 신용통화는 20배로 늘어나게 된다. 늘어난 10배 또는 20배를 통화승수라 한다. 통화승수는 본원통화와 광의통화인 총통화금액의 비율로 시중은행이 신용창조를 얼마나 했는지를 나타낸 지표이며, 우리나라의 경우 매월 한국은행에서 통화 유동성 통계지표에 통화승수를 고시하고 있다. 결국, 시중통화량은 통화정책 당국이 통화량에 결정적인 영향을 미치는 본원통화의 지급준비율을 어떻게 결정하는가에 달린 것이다. 한편, 은행의 화폐를 통한 신용창조, 즉 대출금의 창조로 개인들은 빚, 즉 부채가 새로 형성되고, 이 빚은 또 다른 수익을 내기 위해 재투자되거나 단순 소비를 위해 투자되면서 금융거래의 윤활유 역할을 한다. 그러므로 한 나라의 은행은 국가 전반적인 경제 흐름에 상당히 중요한 역할을 하는 셈이다.

〈Tip〉 이자율, 수익률, 할인율

금융시장에서 불태환 통화가 등장하면서부터 금리, 즉 이자율이 중요해지기 시작하였다. 이자율의 상승과 하락으로 인해 통화량의 과부족이 발생하면서 물가에 직접적인 영향을 미치기 때문이다. 이자율은 다양한 종류가 있지만 가장 중요한 것이 명목이자율과 실질이자율이다. 명목이자율은 물가상승률에 따른 화폐구매력의 감소를 보전하기 위한 보상을 포함한 이자율이고, 실질이자율은 물가변동이 없는 순수이자율을 말한다. 물가가 상승하면 실질이자율은 명목이자율에서 물가상승률만큼 차감해야 한다. 저축자나 투자자의 관심은 명목이자율에 있는 것이 아니라 실질이자율에 있으므로 저축과 투자의 결정요인은 실질이자율의 증감이다. 이를 식으로 표현하면 다음과 같으며 피셔방정식이라고도 한다.

$$명목이자율 = 실질이자율 + 기대인플레이션$$

위의 식에서 기대인플레이션이 명목이자율보다 높으면 실질이자율은 마이너스(-)가 된다. 이는 저축을 하면 할수록 손해라는 뜻이다. 반대로 돈을 빌린 입장에서는 이익이 된다. 즉 부채를 보유하고 있는 경제주체는 인플레이션으로 뜻하지 않게 이익을 본다는 의미이다. 그래서 부채과다 보유자는 이러한 인플레이션을 기다리고 있거나 오히려 인플레이션을 유발하는 행위도 조장한다. 결국, 인플레이션으로 인해 이익을 보는 사람과 손실을 보는 사람이 생긴다. 이익을 보는 집단은 주로 주식, 채권, 부동산 등 실물자산을 소유하고 있거나 화폐부채를 소유한 사람들이다. 반면, 손실을 보는 집단은 주로 예금이나 현금 등 화폐자산을 소유한 사람들이다. 인플레이션은 경제 사이클상 필수 불가결하게 나타나므로 승자와 패자 간 수익률 싸움은 불을 보듯 뻔하며, 이로 인한 사회 후생적인 부작용은 이루 말할 수 없다. 한국의 경우 70년대 초반부터 정부 주도의 대대적인 경제개발 사업이 시작되었는데 이후부터 부동산을 통하여 자산증식을 꾀한 투자자는 인플레이션 덕을 톡톡히 봐서 대부분 엄청난 이익을 보았다. 단순하게 보더라도 집값이 계속 상승하다 보니, 그 집을 담보로 빌린 대출금 이자율이 물가상승률, 즉 인플레이션을 초과하였고, 그 차액이 고스란히 이익으로 남게 된 것이었다. 그 대신 은행 등 금융기관에 정기예금이나 정기적금을 꾸준히 불입한 사람들은 인플레이션만큼 손실을 보았다.

한편, 돈을 빌려주는 대신 부동산이나 주식, 채권 등에 투자할 때도 자주 발생한다. 이 경우 투자는 원금보장이 담보되지 않는 대신 실적에 연동하는 사용료를 기대하는 행위를 의미한다. 만약 실적이 좋으면 사용료가 많을 것이고, 반대로 실적이 나쁘면 사용료가 적을 것이다. 이처럼 기대하는 돈의 사용료를 수익이라 하며, 투자금액 대비 수익의 비율을 수익률이라고 한다. 한마디로 수익률은 투자라는 행위에 돈을 사용하면서 기대하는 사용료를 의미한다. 돈을 투자한 시점이 우선인지 혹은 사용료를 받는 시점이 우선인지에 따라 부르는 용어가 달라진다. 수익률은 돈을 사용하는 시점에서 얼마의 사용료를 받게 될 것인가에 주안점을 두고 있다. 반대로 할인율은 사용료를 받는 시점에서 얼마의 돈을 사용했느냐에 우선을 둔 의미이다. 즉 돈을 투자한 시점을 기준으로 할 때는 수익률이라 표현하고, 돈의 사용료를 받는 시점을 기준으로 할 때는 할인율이라고 표현한다. 또, 선(先)이자를 뗄 때 적용되는 이자율을 할인율이라고도 한다. 일반적으로 이자는 만기가 되어 원금을 갚을 때나 매달 또는 정해진 기간이 지난 후 돈을 사용한 대가로 지급하는 게 보통이다. 하지만 가끔은 돈을 빌려줄 때 이자를 먼저 공제하는 경우가 있다. 이 경우의 이자를 '선(先)이자'라고 한다. 즉 110만 원을 빌려주기로 하고 실제로는 100만 원만 주는 것이다. 그런 다음 1년 후 만기가 되면 원금인 110만 원을 받는다. 여기서 차액 10만 원은 선이자로 미리 떼어낸 것이다. 일반적으로 선이자 방식은 어음이나 채권을 받고 돈을 빌려줄 때 많이 사용한다. 그래서 사람들은 이를 어음할인, 할인채(채권)라고 표현하는 것이다.

3) 빈부격차의 발생

결론적으로 화폐의 신용창조로 인해 부자와 가난한 사람 간의 빈부격차가 발생하였다. 만약 돈이 필요해서 부득불 은행을 통하여 돈을 빌렸다면 정해진 때에 은행에서 빌린 돈의 원금과 이자를 갚아야 하며 만약 제때 갚지 못하면 담보로 잡혔던 자산을 은행에 넘겨주어야 한다. 자산을 지키고 싶다면 다른 누군가의 돈, 즉 원금을 가져와야 한다. 시장에 있는 돈은 오로지 원금뿐이기 때문이다. 결국, 이자는 허상일 뿐이고 실제 존재하지도 않는 돈이다. 이런 현상은 의자 뺏기 게임과 비슷하다. 모두 의자에 앉으려 하지만 사람 수만큼 의자는 충분하게 준비되어 있지 않다. 당연히 의자에 앉지 못하는 사람이 생긴다. 전체적으로 항상 빌린 금액보다 갚아야 할 금액이 더 많아지는데 이를 '빚의 무한 순환'이라고 한다. 결국, 이러한 시스템에서는 누군가는 파산할 수밖에 없다. 이는 개인이나 기업, 심지어 정부도 해당한다. 만약 정부가 경기부양을 위해 추가 재정지출을 결의할 경우 재원, 즉 돈이 필요하다. 이 돈은 지금 있는 국민에게서 추가로 세금을 걷거나 혹 여의찮다면 미래의 후손들이 내야 할 세금을 담보로 증권, 즉 국채를 발행하여 돈을 조달한다. 집행될 돈은 누군가 언젠가는 갚아야 할 빚인데 대부분 미래의 후손들에게 떠넘겨진다. 정부 역시 화폐 신용 창조시스템의 단지 일원일 뿐이다. 그렇다면 이런 시스템에서 화폐가 줄어들 경우는 없는가? 두 가지 경우가 있는데, 하나는 누군가 부도가 나서 돈을 갚지 못해 그 액수만큼 돈이 허공으로 날아가는 것이고, 다른 하나는 은행, 엄밀히 말하면 중앙은행이 시중의 돈을 회수하는 것뿐이다. 이 두 가지 모두 금융경제 생활에서는 자주 발생하지는 않는다. 일단 돈은 한번 풀리면 그 나름대로 자생력을 갖추고 흘러가기 때문이며 물리적으로 방해하려고 하면 저항력이 생겨서 마찰을 불러오기 때문이다.

4) 인플레이션

인플레이션은 물가가 지속적이면서 현저하게 상승하는 현상을 말한다. 반대로 물가가 지속해서 하락하면 디플레이션이라고 한다. 한 나라의 경제가 성장하는 과정에서는 일상적인 인플레이션이 발생하는데 이는 경기 사이클상 염려할 필요가 없는 안정적인 단계로 그 나라 경제에 부정적인 것보다는 긍정적인 영향을 더 많이 준다. 한편, 물가가 하락하는 경제후퇴기, 즉 디플레이션은 나라 경제에 부정적인 영향만 미치므로 위정자들이 가장 경계해야 하는 경기사이클이다. 대표적인 예가 일본의 '잃어버린 20년'이다. 한편, 경제성장률이 하락하면서, 즉 경기가 불황이면서 물가가 상승하는 현상이 나타나기도 하는데 이런 특이한 경기 현상을 스태그플레이션(stagflation)이라 한다. 물가는 우선, 물건을 만드는 데 필요한 원자재의 수요와 공급으로 결정된다. 만약 원자재 공급이 어떤 이유로 인해 줄어들게 되면 당연히 물건 개수가 줄어들게 되고 따라서 물건값은 상승하게 된다. 사실 물가의 상승과 하락은 자본주의 경제에서 충분히 예견된 사안인 만큼 어느 경제주체이든지 사전에 충분히 대처할 수 있는 일이다. 더군다나 자본주의 역사상 수많은 시행착오를 겪으면서 축적된 노하우가 있으므로 물가 문제는 대부분 해결할 수 있었다.

그러나 원자재 이외의 요인으로 물가가 상승한다면 문제는 복잡해진다. 가장 대표적인 것이 시중의 통화량이다. 통화량의 많고, 적음으로 인해 물건의 구매력을 나타내는 화폐 가치가 요동친다면 물가 자체의 변동 때보다 훨씬 더 요동을 치게 된다. 만약 물건의 생산량이 화폐량과 같은 속도로 증가한다면 물가는 안정될 것이다. 더구나 소득증가에 따라 사람들이 화폐를 보유하고자 한다면 시중에 돈이 줄어들어 오히려 물가는 점진적으로 하락할 수도 있다. 화폐 측면에서 인플레이션은 화폐증가율이 물가상승률보다 높은 경우에 나타난다. 이는 화폐증가율만 조절하면 충분히 인플레이션을 조절할 수 있다는 의미이다. 그러나 이게 만만치 않다. 밀턴 프리드만(Milton Friedman)은 그의 저서 '화폐 경제학'에서 '인플레이션은 화폐가 직접적인 원인이고 물가상승은 그 결과이다'라고 주장하였다. 그는 단적으로 인플레이션은 화폐량이 생산량보다 더 급속히 증가할 때 발생하는 화폐적 현상이라고 하였다. 그러면서 화폐의 과도한 발행이 가장 큰 문제라고 지적하였다. 그는 인플레이션과 알코올 중독을 교훈적으로 비유하였다. 알코올중독자가 술을 마시기 시작하면 처음에는 기분이 좋아진다. 그러나 다음 날 아침 숙취에서 깨어날 때야 비로소 나쁜 효과가 있었음을 깨닫는다. 그리곤 후회한다. 다시는 먹지 않겠다고 말이다. 인플레이션도 마찬가지이다. 한 나라가 인플레이션 과정에 처음 들어설 때 그 효과는 좋게 보인다. 화폐증가는 그 처분권을 가진 자가 누구건 간에 다른 누구의 지출감소를 강요하지 않고서도 지출을 늘어날 수 있게 해준다. 이에 따라 일자리가 늘어나고 사업이 활기를 띠면서 거의 모든 사람이 행복해진다. 처음에는 그렇다. 사회경제적으로도 좋은 효과이다. 그러나 점차 지출이 증가하면서 물가상승 압박이 나타나기 시작한다. 근로자들은 비록 명목임금은 상승하였지만, 그에 상응한 화폐구매력이 떨어지는 것을 알게 되고, 사업가들은 매출이 증가했더라도 생산비가 상승하여 제품의 가격상승 없이는 예상했던 수지가 맞지 않는다는 점을 알게 된다. 서서히 가격 인상과 소비감소 등 나쁜 효과들이 나타난다. 알코올중독자의 경우처럼 화폐 발행을 더욱 늘리고 싶은 유혹이 생긴다. 더군다나 누구도 화폐 발행 건을 반대하지 않기 때문에 이런 유혹을 물리치기가 절대 쉽지 않다. 인플레이션을 처방하는 방법은 알코올 중독을 처방하는 것과 거의 유사하다. 금주를 결심하는 알코올중독자는 처음에는 거부반응에 대한 심한 통증을 느끼다가, 점차 한 잔 마시고 싶은 욕구를 느끼지 않는 행복한 상태로 된다. 인플레이션도 마찬가지이다. 화폐증가율 감소에 따른 효과로 경제성장 둔화, 일시적인 실업 증대가 나타나지만, 1~2년이 지나면 비로소 인플레이션의 진정, 안정적인 경제성장과 같은 좋은 효과가 나타나기 시작한다.

4. 금융위기

1) 전통적 금융이론의 한계

2008년 미국 서브프라임 사태는 금융에 관심 없는 일반인들조차도 무언가 이상하다고 느꼈었고 이는 금융자본주의 기본원칙마저 믿을 수 없다는 불신으로 확산하였다. 의구심의 종착지는 포트폴리오 이론이었다. 현대 금융이론의 초석은 1952년 해리 마코위츠(Harry Markowitz)가 그의 논문에서 발표하였던 포트폴리오 이론이다. 그는 이 공로로 1990년에 노벨경제학상을 수상하였다. 그의 저서《포트폴리오 선택(portfolio selection)》은 재무관리 발전의 획기적인 전기를 마련하였다는 평가이다. 그가 발견한 것은 리스크가 있는 주식들을 일정한 방법으로 포트폴리오를 구성하면 전체 포트폴리오의 리스크는 그 안에 포함된 개별주식의 리스크보다 작아진다는 것이다. 포트폴리오 이론은 주어진 리스크 하에서 가능한 한 가장 높은 수익률 혹은 주어진 기대수익 하에서 가능한 한 가장 적은 리스크를 얻는 최적의 자산군을 선택하는 것이다. 문제는 포트폴리오 이론에 전제된 두 가지 가정에 있었다.

첫 번째 가정은 오늘의 증권가격은 내일의 증권가격 변화에 영향을 주지 않는다는 것으로, 가격변화들이 서로 독립적이라는 것이다. 이는 오늘 주가는 오늘의 모든 변동요인을 반영하여 형성된 것이고, 내일 주가는 내일의 변동요인들을 반영할 것이므로 오늘과 내일의 주가는 상호 독립적으로 움직인다는 것이다. 따라서 어떠한 기술적 방법에 의한 모든 주가예측은 의미가 없으며, 한마디로 주가예측은 불가능하다는 것이다. 이는 1900년 프랑스 수학자인 루이 바슐리에(Louis Bachelier)가 당시 확률이론 분야에 신기원을 기록

한 랜덤워크(random walk) 이론에 근거한 것이었다. 랜덤워크는 임의의 과정을 통해서 생성된 연속 숫자들을 의미한다. 예를 들면, 가지고 있는 동전을 던졌는데 10회 연속해서 뒷면이 나왔다 하더라도 다음번에 뒷면이 나올 확률은 여전히 50%라는 것이다. 이를 '무작위적 가격변화', '갈지자로 멋대로 걷는 것'이라고도 표현한다. 이 이론은 유진 파마(Eugene F. Fama)가 주창한 '효율적 시장가설[4](EMH; Efficient Market Hypothesis)'을 통해 그 영향 정도에 따라 약형, 중형, 강형 시장으로 변형되어 근래까지 금융시장에 존재하는 모든 상품의 자산가격 모델링의 핵심 이론으로 정착되었다. 그러나 실제 현실에서는 금융자산의 가격변화들이 서로 독립적이지 않다는 것이 속속 드러나기 시작하였다. 〈시장변화를 이기는 투자〉의 저자, 버튼 맬킬(Burton G. malkiel)은 이 책의 부제로 '랜덤워크가 월스트리트에 추락했다'로 인용할 만큼 랜덤워크 이론을 다양한 증명과 함께 부정했다. 시장이 완벽한 랜덤워크는 아니라고 주장하였다. 또한, 효율적 시장이론에 대해서도 부정적인 시각을 나타냈다. 이 이론의 불합리성에 결정적 일침을 가한 사람은 〈프랙털이론과 금융시장〉의 저자 브누아 만델브로트(Benoit B. Mandelbrot)이다. 그는 많은 금융시장에서 결정된 일련의 가격들은 일종의 기억을 갖고 있어, 만약 오늘 가격이 크게 오르거나 내린다면 내일도 그처럼 심하게 움직일 가능성이 눈에 띄게 커진다고 하였으며, 이의 근거로 프랙털[5] 이론을 제시하였다. 예를 들어보자. 어떤 기업이 오늘 하는 일, 예컨대 인수

---

4 이상적인 자본시장에서는 모든 정보가 이미 그날 자본가격에 반영되어 있다는 가설로 자본시장의 효율성 여부를 이용할 수 있는 정보 범위에 따라 약형, 중형, 강형으로 구분된다. 약형 시장의 정보 범위는 역사적 정보, 중형시장은 과거 자료 외에 공시자료까지, 강형은 비공식적인 내부자료까지도 포함한다.

5 눈송이를 자세히 들여다보면 마치 나뭇가지와 같은 형상을 한 것을 알 수 있다. 눈송이를 구성하는 가지를 다시 더 크게 확대해서 보면 역시 비슷한 가지가 나타난다. 이처럼 자기 복제에 의해 부분이 전체를 형성하는 것을 프랙털이라고 한다.

합병, 신제품 개발 등의 일은 그 기업이 지금부터 10년 뒤에 어떤 기업이 될 것인지에 영향을 미친다. 마찬가지로 오늘날 그 기업의 주가 움직임은 내일의 주가 움직임에도 영향을 미칠 것이다. 오늘 어떤 기업에 나쁜 소식이 발생하면 어떤 투자자는 재빨리 반응하는 반면, 이들과 다른 경제적 목표와 좀 더 장기적인 안목을 갖고 투자하는 사람들은 한 달이나 1년 동안 아무 반응을 보이지 않을지도 모른다.

현대 금융이론의 근간인 포트폴리오 이론의 두 번째 가정은 금융시장에서 가격의 변화는 정규분포를 따른다는 것이다. 보통 어떤 사건이 발생할 확률과 그 결괏값은 일정한 분포[6]를 갖는다. 평균적으로 가장 자주 일어나는 사건은 확률이 높지만, 사건의 빈도가 줄어들면 확률도 낮아진다. 이처럼 사건의 빈도와 확률이 일정한 상관관계를 가지는데, 그 중 '종' 모양의 확률분포를 정규분포라 한다. 이는 확률 분야에서 가장 많이 적용되고 실제로 가장 많은 사회현상을 대변하고 있어 금융이론에서도 절대적으로 인용되었다. 대표적으로 랜덤워크, 효율적 시장가설(EMH; Efficient Market Hypothesis), 자본자산가격 결정[7](CAPM; Capital Asset Pricing Model), 리스크 가치[8](VaR; Value at Risk), 옵션가격결정 모델[9](OPM; Option Pricing Model) 등 대부분의 금융모델이 정규분포를 기본가정으로 채택하고 있다. 그러나 결론적으로

---

6 이를 확률분포라 하며 금융 세상에서 자주 사용하는 분포로 균등분포, 정규분포, 로그 정규분포가 있다.
7 CAPM은 시장의 초과수익률만으로 해당 투자안의 수익률을 간단하게 알 수 있는 도구로 투자뿐만 아니라 경영에 수반되는 광범위한 투자의사 결정에도 활용되는 현대금융이론의 초석이다.
8 VaR는 정상적인 시장 여건하에서 주어진 신뢰수준으로 목표 기간에 발생할 수 있는 최대 손실금액을 말하며, 1994년 J.P.Morgan이 리스크 측정기법으로 처음으로 도입하여 사용하였다. VaR 모델의 형식은 다양하지만 그 기초는 리스크 측정 도구로서 표준편차를 공통으로 사용하고 있다.
9 1973년 피셔 블랙과 마이런 숄즈 교수가 발표한 모델로 보유자산의 현재 가격, 가격 변동성, 만기 시 옵션의 권리행사가격 등을 기초로 시장에서 거래할 수 있는 옵션 가격을 산출하는 모델이다.

금융의 가격변화는 정규분포를 따르지 않는 경우가 자주 발생한다. 이에 대한 연구결과는 이미 수많은 학자가 제시하여 더 이상 거론할 필요조차 없다. 이 분포에 따르면 수많은 조그만 변화들은 가운데로 집중하여서 모여있지만, 간헐적으로 발생한 큰 변화들은 분포의 양쪽 가장자리에 모여있음을 알 수 있다. 따라서 대부분 통상적인 가격변화는 정규분포의 평균과 분산을 통하여 가격변화에 대한 가능성을 예측할 수 있으며 다행스럽게도 대부분 잘 들어 맞는다. 그러나 양쪽으로 갈수록, 즉 분포의 꼬리 부분으로 갈수록 이러한 예측은 빗나간다. 문제는 여기서부터 시작된다. 지금까지 발생하였던 대부분의 금융위기는 바로 정규분포상의 꼬리 부분에 있었다. 특히 두터운 꼬리 부분이 가장 중요한데 그만큼 충격이 강하다. 예를 들어보자. 1987년 미국의 블랙먼데이 당시 S&P500 지수는 하루에 무려 20% 이상 폭락하였다. 이를 정규분포에 대입해보면 분포곡선에는 거의 나오지 않을 만큼 맨 왼쪽으로 치우친 곳까지 가야 겨우 확인할 수 있는 위치이다. 그만큼 일어나기 어려운 사건이다. 문제는 이 같은 극단적인 가격변화가 표준모델이 제시한 것보다 훨씬 더 자주 발생하고 그 강도도 커질 것이라는 데 있다. 그러므로 꼬리 부분이 점차 뚱뚱해지는 것을 주목해야 하며, 특히 레버리지를 이용한 포트폴리오에서는 더욱 세밀한 관심을 가져야 한다.

2) 금융위기의 발생원인

금융 세상에서 거품 생성이나 붕괴만큼 극적인 현상은 없다. 금융은 자의든 타의든 순환과정을 거치면서 성장과 축소를 반복한다. 그동안 우리가 알고 있는 대부분의 금융사건은 다음과 같은 순환과정을 거쳐 왔다.

> 상식선의 투자 --〉 지나친 투자 --〉 투기 --〉 광적인 투기 (버블, 거품) --〉
> 거품붕괴 --〉 금융위기 발생 --〉 구조조정 --〉 상식선의 투자

금융거래에서 문제의 발단은 순환과정의 투기단계를 넘어선 광적인 투기에서부터 시작되었는데, 이미 수많은 과거 사례를 통해 투기를 통한 버블 조짐이나 내재한 거품이 결국에는 터졌다는 것을 익히 알고 있다. 그런데도 또 당한다. 금방 이익이 날 것 같은 환상은 그동안 경험하였던 학습효과를 한순간에 마비시켜 버리기 때문이다. 일반적으로 버블은 어떤 이유로 인해 그 자산의 가격이 계속 폭등한다는 것인데, 이에는 마땅히 합리적인 이유가 없다. 그럼에도 굳이 이론적으로 표현하자면 버블은 자산의 내재가치보다 거래되는 가격이 높아지는 현상을 말한다. 《버블 경제학》의 저자 오바타 세키(Obata Seki)는 버블이란 금융이론으로는 설명할 수 없는 가격폭등이라고 지적했다. 흔한 예로 어떤 주식이 고평가되었다, 또는 저평가되었다 할 때 고평가가 버블의 원천이다. 일단 버블이 되면 버블 자체가 상승 동력으로 작용하여 또 다른 버블을 키운다. 이는 '사니까 가격이 오르고, 가격이 오르니 다시 사는' 머니(money) 게임으로 확산하는데 주된 이유는 시장참가자의 군중심리 때문이다.

거품붕괴 후 찾아오는 금융위기는 누구나 피하고 싶어 한다. 금융위기는 주식시장 붕괴, 자산가격의 버블붕괴, 통화위기 및 외채위기 등 다양하게 나타난다. 그 중 자산버블 위기가 가장 흔한 패턴으로 주로 경기부양을 목적으로 시중에 돈을 푼 경우에 나타난다. 그러면 유동성이 넘쳐나고, 이는 다시 신용팽창 및 자산가격 상승으로 이어져 버블을 형성한다. 만일 경제적 충

격이 발생하여 자산가격이 폭락하면, 이는 다수 기업 및 가계 부도를 발생시키고, 이어 은행 및 외환위기로 전이되어 전 세계적으로 엄청난 악영향을 미친다. 한국도 예외는 아니다. 1997년 IMF 외환위기 이후 2002년 벤처 열풍으로 시작된 닷컴버블 붕괴, 2004년 신용카드 사태, 2008년 미국의 서브프라임 사태 및 2009년 동유럽 재정적자로 시작된 유로존의 계속된 재정위기로 인한 국내 외환시장의 불안 등 크고 작은 금융위기가 반복적으로 발생하였다. 이 중 특이한 것은 미국의 서브프라임 사태를 받아들이는 시장참가자들의 반응이었다. 심지어 금융에 관심이 없는 일반 사람들조차 무언가 이상하게 흘러가고 있다는 것을 깨달았다. 이는 점차 지금까지 금융자본주의 근간이 되었던 이론적인 명제나 기본원칙에 문제가 있지 않나 하는 의구심으로 확산하였다. 종국에는 금융 세상에 엄청난 후폭풍을 몰고 오는 계기가 되었다. 2018년에는 국내에 가상화폐 광풍이 일었다. 심지어 학생들마저 공부는 뒷전으로 하고 가상화폐 시장으로 몰려들었는데 혹자는 이를 두고 18세기 네덜란드의 튤립 광풍 시장으로 회귀 되었다고 신랄하게 비판하였다. 금융시장에서 전혀 예상치 못했던 큰 사건을 금융용어로 '블랙스완(black swan)'이라고 한다. 이는 금융 세상에서 수익을 추구하는 투자자들의 노력을 한순간에 물거품으로 만들어 버린다. 블랙스완은 월스트리트의 투자전문가이자 새로운 현자로 떠오른 나심 니콜라스 탈레브(Nassim Nicholas Taleb)가 그의 베스트셀러인《블랙스완》에서 처음 사용하였는데 이는 서구인들이 18세기 오스트레일리아 대륙에 진출했을 때 '검은색 고니'를 처음 발견한 사건에서 가져온 은유적 표현이다. 당시 흑고니의 발견은 백조는 곧 흰색이라는 경험법칙을 완전히 무너뜨린 획기적인 사건이었다.

5. 포트폴리오 이론

포트폴리오 이론의 핵심은 개별종목들을 모아 포트폴리오를 구성하면 개별주식 간에 내재한 리스크가 서로 상쇄되어서 전체적으로는 리스크가 줄어든다는 것이다. 그러나 항상 줄어들지는 않으며 일정한 조건을 충족해야 하는데 이는 개별종목 간 상관관계를 통해 알 수 있다. 상관관계를 알기 위해서는 분산(variance)과 공분산(covariance)을 알아야 한다. 분산은 평균에서부터 얼마나 떨어져 있는가를 나타내는 수치이다. 예를 들어 두 변수 X_1, X_2의 평균과 분산은 다음과 같이 구할 수 있다.

· 평균(기대치): $E(X_1+X_2)=E(X_1)+E(X_2)$
· 분산: $V(X_1+X_2)=V(X_1)+V(X_2)+2COV(X_1, X_2)$

공분산은 두 가지 이상의 변수가 있을 때 그 변수들이 함께 움직이는 정도를 나타내는 숫자로 변수들이 서로 독립일 경우에는 0(zero), 서로 같이 움직이면 숫자가 점점 커지고, 그 반대일 경우 숫자는 마이너스로 바뀐다. 공분산값은 그 자체가 절댓값이기 때문에 높고 낮음을 비교할 수가 없다. 따라서 공분산을 두 변수의 표준편차로 나누어 버리면 두 변수 간의 상관관계를 표준화시킬 수 있는데 이를 상관계수라 하며 산출식은 다음과 같다. 상관계수는 항상 -1에서 +1 사이의 값만 취한다.

$$\text{상관계수} = \rho(X_1, X_2) = \frac{\text{두 변수의 공분산}(COV(X_1, X_2))}{X_1\text{의 표준편차}(\sigma_1) \times X_2\text{의 표준편차}(\sigma_2)}$$

만약 상관계수가 +1이면 즉, 상관관계가 동일한 방향으로 모두 같다면 전혀 분산효과가 발생하지 않으므로 리스크 상쇄 효과는 없다. 상관관계가 1 미만이어야 리스크 감소 효과가 나타나며 점차 숫자가 줄어들수록 그 효과는 커진다. 극단적으로 상관계수가 -1이라면 포트폴리오를 통하여 내재한 리스크 전부를 상쇄시킬 수 있다.

〈표〉 상관계수와 분산투자의 리스크 감소 효과

상관계수	분산투자의 리스크 감소 효과
+1.0	리스크 감소 불가능
+0.5	리스크 감소 약간만 가능
0	리스크 감소 상당 수준 가능
-0.5	리스크 대부분 제거 가능
-1.0	리스크 전부 제거 가능

출처: 서영수, 「투자 리스크 관리 길잡이」, 이담북스, 2013, p.132

금융투자 세상에서 투자자라면 반드시 알아두어야 할 지식으로 최적 자산 배분이 있다. 이는 포트폴리오 기대수익률을 그대로 유지하면서 분산을 최소화하는 방법에서 출발한다. 분산을 최소화하려면 앞의 분산공식에서 공분산 항을 마이너스(-)로 바꿔버리면 된다. 그러면 두 변수의 분산값(리스크)은 각각의 개별 분산값보다 오히려 줄어들게 된다. 그러나 현실적으로 포트폴리오를 통한 분산투자로 투자자산에 내재한 모든 리스크를 제거할 수는 없다. 따라서 분산투자를 하면 리스크의 일부분은 줄일 수 있지만 전부를 줄일 수 없다는 것을 알아야 한다. 한편, 금융시장에서 거래되는 모든 자산은 크든 작든 리스크가 있으며 최소한 무위험자산이 갖고 있는 무위험수익률보다는 높아야 한다. 그렇지 않다면 굳이 위험자산에 투자할 필요가 없다. CAPM은 위험자산의 투자수익률을 시장 전체의 수익률과 비교하여 간단하게 보여 준 식이다. 이에 의하면 위험자산의 초과수익률(위험자산수익률 - 무위험자산수익률)은 시장의 초과수익률(시장 전체수익률 – 무위험자산수익률)과 선형관계이며 이의 기울기를 베타(β)라고 한다. 이를 식으로 나타내면 다음과 같다.

위험자산의 초과수익률 = 베타(β) × 시장의 초과수익률

위의 식에서 베타가 1이면 위험자산의 초과수익률은 시장의 초과수익률과 같아진다. 만약 1보다 크면 위험자산 초과수익률은 시장초과수익률의 증가보다 더 많이 증가하게 되고, 1보다 작으면 그 반대이다. 즉 베타가 크면 클수록 수익률의 변동 폭은 커지므로 그만큼 리스크도 커진다고 할 수 있다.

제2절 핀테크(Fintech)

1. 의의

핀테크는 금융(Finance)과 기술(Technology)의 합성어이다. 우리나라에서 핀테크는 간편송금 서비스에서 시작되었다고 볼 수 있다. 이후 간편결제가 활성화되었고, 로보어드바이저에 의한 간편 투자에 이르기까지 다양한 핀테크 서비스가 출현했다. 이렇듯 핀테크라고 하면 간편이라는 단어가 자연스럽게 따라붙는다. 이제껏 금융서비스는 안전을 위해서는 아무리 복잡한 절차도 감내해야 하는 것으로 인식되었지만 이에 대한 통쾌한 반란이 시작된 셈이다. 핀테크의 핵심 영역은 크게 뱅킹, 보험, 자산관리로 구분할 수 있다. 뱅킹은 결제, 개인금융, 대출, 송금 등이 해당한다. 보험은 주문형 보험에서부터 P2P(Peer to Peer) 보험, 텔레매틱스(Telematics, 자동차와 무선통신을 결합한 새로운 개념의 차량 인터넷 서비스) 등으로 나뉜다. 자산관리에는 로보어드바이저, 포트폴리오관리 등이 해당한다. 한편, 핀테크를 이용하는 대표적인 기기는 스마트폰이며, 여기에 앱을 설치해서 핀테크 서비스를 이용한다. 마치 ATM기기에 카드를 꽂고 비밀번호를 입력한 후 금융서비스를 이용하는 것처럼 ATM은 스마트폰으로, 카드는 지문이나 얼굴 · 패턴 인증으로, ATM

을 통해 제공되던 금융서비스가 앱으로 대체된 것이다. 이는 디지털 기술 때문에 가능해졌다.

핀테크가 은행·카드사 같은 금융기관이 기존 금융서비스에 ICT (Information and Communication Technology)를 접목한 것이라면, 테크핀은 ICT 기업이 독자적인 기술력과 인프라를 바탕으로 차별화된 금융서비스를 제공하는 것을 의미한다. 즉, 서비스의 주체가 금융기관이냐 ICT 기업이냐에 따라 핀테크 또는 테크핀으로 구별된다. 한편, 빅테크(BigTech)는 인터넷 플랫폼 기반의 거대 정보기술기업을 의미한다. 미국의 GAFA(Google, Amazon, Facebook, Apple), 중국의 BAT(Baidu, Alibaba, Tencent), 한국의 네이버와 카카오 등이 해당한다.

〈표〉 핀테크와 테크핀

구분	핀테크	테크핀
주체	금융사	IT 기업
특징	금융서비스를 모바일 앱으로 제공	모바일 사용자에게 금융서비스 제공
고객	금융회사 고객	인터넷, 모바일 사용자
정보기술	외주	자체 보유
장점	신뢰도, 금융 노하우	기술 경쟁력, 글로벌 고객 확보

출처: 한국핀테크지원센터, 「헬로, 핀테크(자산관리·보험)」, 2021, p.348

핀테크 서비스 유형을 간단하게 살펴보자. 90년대에 만화를 보려면 만화방에 가거나 서점에 가서 만화책을 사서 봐야 했다. 하지만 지금은 PC나 스마트폰으로 어디서나 웹툰을 볼 수 있으며 심지어 무료도 많다. 즉, 만화를 보는 사용자의 경험이 바뀐 것이다. 비단 만화뿐만 아니라 음악을 듣거나 영화를 보는 것 또한 변화되었다. 핀테크는 금융서비스를 이용하는 사용자들의 경험을 바꾸고 있으며 시간이 갈수록 더욱 큰 변화가 일어날 것이다. 핀테크 서비스 중 가장 많은 트래픽을 확보하고 사용자 저변이 넓은 것이 간편결제 서비스다. 카카오페이, 네이버페이, 페이코 등은 간편결제에서 시작하여 이제는 송금, 보험가입, 청구서관리, 가계부, 투자, 대출에 이르기까지 다양한 금융서비스를 제공한다. 글로벌 빅테크 기업인 알리페이의 사례를 간단히 살펴보자. 전 세계적으로 가장 발전된 금융서비스를 제공하는 핀테크를 꼽으라면, 단연 중국의 알리페이이다. 아이러니하게도 신용거래와 금융서비스가 가장 낙후된 중국에서 핀테크가 가장 빠르게 진화한 것이다. 그 이유는 정부의 적극적인 부흥정책도 한몫했지만, 불편한 기존 금융서비스로 인한 한계 때문이기도 하다. 신용거래가 일반화된 국가와 달리 신용카드 보급률이 낮고 현금사용 비율이 높은 상황에서 스마트폰 보급이 빠르게 이루어지면서 핀테크가 활성화될 만한 환경이 자연스럽게 갖춰지게 되었다. 알리페이에는 한국의 간편결제나 핀테크 서비스와 크게 다른 점이 있다. 바로 알리페이 자체가 은행이자 카드사의 역할을 한다는 점이다. 알리페이에 계좌를 개설한 후 알리페이 앱을 이용해 온·오프라인에서 결제를 할 수 있다. 이를테면 한국의 카카오뱅크와 카카오페이 그리고 카드사를 통합한 서비스인 셈이다. 알리페이의 결제과정은 다음과 같다.

중국 편의점에서 결제할 때 소비자는 물건을 선택한 후 점주에게 가격을 물어보고, 카운터에 있는 QR코드를 스마트폰의 알리페이 앱으로 찍는다. 그러면 매장의 정보와 함께 결제할 금액을 물어보는 화면이 나타나는데, 결제할 금액을 입력하고 확인을 누르면 그것으로 결제가 끝난다. 알리페이 앱에서 결제하면 곧바로 점주의 알리페이 계좌에 입금된다. 중간에 거쳐야 하는 어떤 게이트웨이도 없다. 소비자의 알리페이 앱에는 이렇게 결제한 내역이

고스란히 쌓이기 때문에 결제 내역도 쉽게 확인할 수 있다. 영수증을 받지 않아도 알리페이 앱에 쌓인 결제정보를 기반으로 언제, 어디서, 얼마를 결제했고, 월간, 연간 가계부도 자동으로 작성되어 어떤 항목에 소비했는지도 쉽게 분석할 수 있다. 이로써 현금이나 신용카드를 이용하는 것보다 훨씬 더 편리하고 유익하다. 또한, 알리페이는 각종 금융상품과 보험상품도 추천해준다. 월급과 각종 소득을 알리페이로 받고 소비할 때도 알리페이를 이용하면, 그렇게 쌓인 정보를 기반으로 알리페이가 최적의 금융상품과 보험을 추천해 준다. 이들 금융서비스를 이용하거나 대출을 받는 것도 간편하다. 굳이 전화로 고객 상담을 받거나 오프라인 은행 등을 방문할 필요가 없다. 이렇다 보니 중국에서는 신용카드가 활성화된 단계가 없었다. 그 단계를 건너뛰고 현금사용에서 알리페이로 금융서비스 경험이 단번에 전환된 것이다. 알리페이를 이용하는 데 익숙해진 중국인들은 현금이나 신용카드를 소지하고 다니질 않는다. 그래서 한국을 방문해서도 현금 이용을 꺼리게 된다. 그렇다면 국내의 면세점, 백화점, 음식점 등 중국인을 받는 매장에서는 어떻게 해야 할까? 이미 알리페이가 현금과 신용카드를 대체한 만큼 중국인을 손님으로 받으려면 알리페이를 지원하지 않을 수 없다. 그래서 국내 면세점은 물론이고 백화점과 호텔, 더 나아가 남대문시장과 노점상조차 알리페이 QR코드가 붙어 있다. 중국인을 손님으로 받으려면 알리페이나 위챗페이를 지원하지 않을 수 없기 때문이다. 심지어 한국 스타벅스에도 알리페이 QR코드가 붙어 있을 정도다.

또 인공지능(AI; Artificial Intelligence)을 통한 핀테크 활용사례는 다양하다. 우선 각종 대출 관련한 심사와 이의 이상 거래를 탐지하는 데 유용하다. AI는 기본적으로 전통적인 금융영역인 대출이나 신용심사, 이상징후 조기탐지, 부정대출 사전예방 등에 사용되고 있다. 사람이 직접 데이터를 들여다보면서 이 같은 문제를 해결하려 하면 정확도도 떨어지고 시간도 오래 걸린다. 반면 AI를 활용하면 거의 실시간으로 정확하게 심사하고 예측할 수 있다. 특히 AI가 주는 최대 강점은 갈수록 성능이 좋아진다는 점이다. 세계적인 패션 브랜드 자라(ZARA)에서는 매장의 주문, 발주, 재고관리를 AI가 수행한다. 매장관리자가 직접 하는 것과 비교하며 초기엔 많은 부분이 부족하겠지만, 시간이 흐르면서 AI의 효율이 극대화된다. 즉, 시간이 갈수록 AI가 인간의 역량을 초월하게 된다. 두 번째로 고객에게 최적화된 상품추천에도 자주 활용된다. 지금의 이커머스에서 AI가 가장 활발하게 사용되는 영역은 상품추천이다. 소비자들이 가장 많이 찾고 구매할 만한 상품을 추정하여 첫 시작 페이지에 배치해야 상품판매량이 늘어나 회사매출에 도움이 되기 때문이다. 더 나아가 개인별로 취향이 달라서 구매할 상품이 모두 같을 수 없는데, 개인별 선호도에 맞춰 상품을 추천해서 보여주는 데 AI가 사용된다. 상품추천에 AI를 사용하는 대표적인 기업이 아마존이다. 아마존의 홈페이지를 방문하면 사용자별로 모두 다른 상품들이 화면에 출력된다. 구매 이력과 장바구니에 담긴 상품특성, 그간 검색하고 살펴본 상품 내역을 기초로 사용자별로 모두 다른 상품을 추천해준다. 이렇게 추천해준 상품의 클릭률과 실제 구매율을 분석해서 AI가 계속 더 나은 상품을 추천해줄 수 있게 된다. 한편, AI는 상품추천을 넘어 수요예측을 하는 데도 활용되어 어떤 상품이 어느 시점에 얼마나 판매될지 추측하기도 한다. 세 번째, 고객 응대와 관리에도 적극 활용된다. 챗봇은 상담에 사용되는 인공지능 로봇을 말한다. 사람이 일일이 고객의 질문에 응답하고 문제를 상담해주려면 상당한 인력이 투입되어야 한다. 상담사를 무한정 배치할 수 없으므로 상담이 몰리면 대기시간이 길어지게 된다. 이런 불편함을 챗봇이 해결해줄 수 있다. 챗봇이 투입되면 대기시간이 필요 없다. 또한, 상담 때 상담사가 모든 것을 알고 있지 않기 때문에 질문사항에 대한 정보를 찾고 상담 이력을 탐색해야 한다. 그러려면 시간이 소요되며 정확도도 떨어질 수 있다. 반면 챗봇은 AI 기반으로 동작하기 때문에 필요로 하는 정보를 빠르게 확인해서 즉각 응답할 수 있다.

2. 페이테크(Paytech)

1) 의의

우리나라 금융기관은 금융결제원이 제공하는 은행공동망을 사용해 금융거래의 편의를 도모한다. 다음 〈그림〉은 각각 다른 은행에 계좌를 가지고 있는 A와 D 사이의 금융거래를 보여준다.

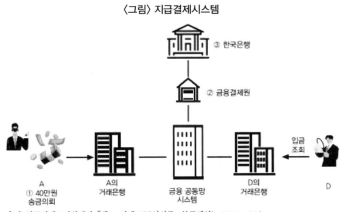

〈그림〉 지급결제시스템

출처: 한국핀테크지원센터, 「헬로, 핀테크(보안인증 · 블록체인)」, 2021, p.204

그림에서 A가 D에게 40만 원을 계좌 이체하면, D의 은행은 A의 은행을 대신해 D에게 40만 원을 지급해 준다. 이 절차를 지급(Payment)이라고 한다. 이때 A 은행은 D 은행에 40만 원을 빚지게 된 셈이므로 이 돈을 갚아야 한다. 금융결제원은 금융기관별로 갚아야 할 금액을 기록해 두는데 이를 청산(Clearing)절차라 한다. 한국은행은 금융결제원의 청산자료를 토대로 각 금융기관이 한국은행에 개설해 둔 당좌계좌에서 최종 금액을 결산하는데 이를 결제(Settlement)라고 한다. 이렇게 지급/청산/결제가 처리되는 시스템을 지급결제시스템이라 한다. 한 나라의 지급결제시스템은 그 나라의 금융 선진화 정도를 보여주는 핵심적인 척도이다. 페이테크는 상거래와 금융거래에서 수행하는 대금결제와 자금 이체 과정에서 정보통신기술을 접목하여 지급행위의 편리성과 효율성을 높이는 핀테크 영역을 말한다. 간편송금과 간편결제 등이 대표적이다. 개인과 기업 등 경제 주체에게 가장 친숙한 금융 행위가 지급결제와 송금이다 보니 페이테크는 핀테크 영역에서 가장 익숙하고 중요한 분야라 할 수 있다.

2) 지급수단

지급수단은 크게 현금과 비현금 지급수단으로 구분된다. 비현금 지급수단은 그 특성에 따라 어음과 수표, 계좌이체, 지급카드 등으로 세분할 수 있다. 계좌이체에는 지로 · 타행환 · ATM · 인터넷뱅킹 등이 있으며, 지급카드에는 신용 · 직불형 카드가 있다. 또한, 장표의 이용 여부에 따라 장표 방식 지급수단과 전자방식 지급수단으로 구분할 수 있다. 장표 방식으로 어음 · 수표와 장표 지로가 있으며, 전자방식으로 인터넷뱅킹, 모바일뱅킹 등을 이용한 계좌이체를 들 수 있다. 최근에는 급격한 지급수단의 모바일화로 모바일 중심의 온라인거래가 많이 늘어나면서 국내외 구분 없이 간편결제 서비스의 시대에 진입하고 있다. 간편결제 서비스는 계좌이체 · 신용카드와 같은 지급수단에 접근 채널 또는 접근장치의 편의성을 대폭 향상시킨 서비스이다. 이런 연유로 간편결제 서비스에는 계좌이체, 신용카드 등의 전자적 지급수단이 항상 탑재되어 있다. 한편, 비트코인 등 가상화폐 거래는 은행을 거칠 필요가 없으므로 수수료 부담이 없으며 거래당사자도 익명으로 유지되는 편의성이 있지만 거래소 해킹이나 사기 등의 문제점도 있다. 또 최근 P2P 거래도 활성화되고 있는데 고객은 P2P 송금회사의 플랫폼을 이용함으로써 낮은 수수료 혜택을 받는다.

3) 간편송금과 간편결제

(1) 간편송금

간편송금 서비스는 기존 송금과정에서 요구되었던 복잡한 보안 및 인증절차를 간소화하여 금융소비자의 송금행위를 보다 신속하고 편리하게 해주는 서비스이다. 이를테면 수취인이 송금인이 이용하는 간편송금 서비스에 미가입 되었거나 수취인의 계좌번호를 몰라도 송금할 수 있다. 또 전화번호, 이메일 정보, SNS 아이디(예: 카카오톡) 등으로 수취인을 특정할 수 있으며 그러면 수취인은 해당 서비스에 가입한 후, 송금액을 수취할 수 있다. 간편송금의 시초이자 국제적 선두주자는 단연 페이팔(Paypal)이다. 1998년 설립된 페이팔은 이메일 계정과 비밀번호 입력만으로 가능한 국내 및 국가 간 간편송금 서비스를 개시하였다. 이후 페이스북 계정연동을 통한 P2P 송금이 가능한 벤모(2009년), 중국의 위챗페이(2013년)와 알리페이(2005년) 등 간편송금 서비스가 국제적으로 보편화하였다. 우리나라에서 간편송금이 등장한 것은 2015년 2월 비바리퍼블리카(VivaRepublica)의 토스가 간편송금 서비스를 출시하면서부터이다. 그리고 2015년 2월 보안 프로그램 설치의무 폐지, 2015년 3월에 국가인증제품 사용의무 폐지, 2015년 6월 사전 보안성 심의제도 폐지 등 보안절차가 간소화됨에 따라 금융회사의 보안카드 및 OTP(One Time Password) 없이 비밀번호를 이용한 간편송금 서비스가 활성화될 수 있는 환경이 마련되었다. 이후 네이버(2015년 6월), 쿠콘(2016년 2월), 카카오페이(2016년 4월), NHN 페이코(2016년 6월) 등이 간편송금 서비스를 출시하였다.

(2) 간편결제

간편결제는 아래 〈그림〉과 같이 인터넷 및 모바일 기기를 접근장치로 활용하여 지급 절차를 간소화함으로써 지급행위가 편리하고 신속하게 이루어지는 지급서비스이다. 간편결제 업자는 최초 1회 거래에서 고객이 입력한 결제 정보를 서버에 저장하여 이후 상거래 결제에 활용함으로써 공인인증서 등 기존의 인증절차를 생략할 수 있다. 간편결제의 시초도 페이팔이라 할 수 있으며, 다양한 분야로 확산하고 있는 사례를 살펴보자.

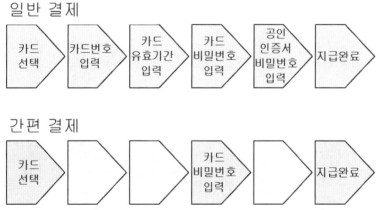

〈그림〉 일반결제와 간편결제 비교

출처: 한국핀테크지원센터, 「헬로, 핀테크(지급결제·송금)」, 2021, p.84

(가) 스마트폰 기반의 차량결제

드라이브스루는 차량에 탑승한 채 음식을 주문할 수 있는 서비스다. 주차장에 차를 세우고 매장으로 들어가 카운터 앞에서 주문하고 음식을 수령하는 것과 비교하면 매우 간편하다. 이렇게 편리하고 빠른 드라이브스루에서 가장 시간이 많이 소요되는 것이 주문과 결제다. 음식을 주문할 때, 그리고 결제를 위해 신용카드를 건네거나 스마트폰을 보여주는 데 시간이 소요된다. 이것을 줄여주기 위해 탄생한 것이 스마트폰 앱을 이용한 주문과 결제다.

(나) 자동차 기반의 결제

이는 스마트폰 없이 자동차 자체를 이용한 결제로, 스마트폰과 무관하게 이루어지기 때문에 더 편리할 수 있다. 주유소에서 결제할 때는 신용카드나 스마트폰을 보여줘야만 한다. 만일 차량결제가 된다면 차량번호를 이용해 주유소에서 인식하고 스마트폰의 간편결제처럼 차량에 등록된 결제 수단으로 간편결제를 할 수 있다.

(다) 사물인터넷 기반의 결제

비단 차량뿐만 아니라 냉장고, TV, 커피머신 등도 결제 수단이 될 수 있다. PC나 스마트폰 내에서 별다른 기기의 도움 없이도 자체적으로 결제가 가능한 것처럼, 이들 기기도 스마트폰 등을 경유하지 않고 독자적으로 결제를 할 수 있게 될 것이다.

3. 로보어드바이저(Robo-Advisor)

1) 의의

로보어드바이저는 사람의 개입이 없는 자동화된 알고리즘 기반의 재무계획서비스를 제공하는 플랫폼으로 이의 명칭은 2002년 3월 미국의 한 잡지사 기자인 코레토(Richard J. Koreto)가 처음 사용했다. 이후 이 명칭은 핀테크 혁신의 성공적인 사례로 소개됐고, 2011년 언론에 재등장하면서 주목받았다. 특히 한국에서는 2016년 3월 이세돌과 알파고의 대국 이후 인공지능에 관한 관심이 뜨거워졌다. 로보어드바이저의 가장 큰 특징으로는 ①저렴한 수수료, ②원활한 사용자 간 온라인 인터페이스, ③알고리즘에 기반을 둔 자동화된 투자솔루션이라 할 수 있다. 영국의 컨설팅회사 Ernst & Young은 로보어드바이저와 전통적 어드바이저의 가장 큰 차이점을 다음과 같이 이야기했다. ①투자고객층이 고액자산가에서 일반 대중으로 변화 ②서비스 구조가 대면 중심의 오프라인 서비스에서 비대면 온라인 서비스로 변화 ③비용구조가 고비용에서 저비용 구조로 변화

한편, 로보어드바이저는 크게 3가지 핵심 기능을 포함하고 있다. 첫째, 자동으로 포트폴리오를 구성할 수 있어야 하며, 둘째, 자동으로 거래를 할 수 있어야 하고, 셋째, 자동으로 재조정, 즉 운용하는 자산의 편입 비중을 재조정할 수 있어야 한다. 로보어드바이저에서 가장 핵심은 포트폴리오 구성 후, 거래와 자산 재조정 과정에서 사람이 개입하여 임의로 변수를 조정한다든가, 매매과정에 개입하는 것 등이 없어야 한다.

2) 서비스 절차

로보어드바이저의 서비스 절차는 ①투자자 분석 ②자산배분 ③리밸런싱의 3단계로 구성된다. 세부적으로는 아래 〈그림〉의 '투자자 프로파일링→자산배분→포트폴리오 선택→투자실행→포트폴리오 리밸런싱'의 절차를 밟게 된다.

〈그림〉 로보어드바이저 서비스 절차

투자자 프로파일링	투자자 위험 성향(고위험. 저위험. 손실 감내 범위 등). 투자 목적(목돈 마련. 은퇴 자금 등)
자산 배분	투자자 성향. 투자 목적에 따른 자산군별 투자 비중 결정
포트폴리오 선택	자산군별 최적의 금융상품 추천 및 선택

포트폴리오 구성 과정

투자 실행	로드어드바이저의 추천에 따른 투자 집행. 투자자의 수동 또는 자동 집행
포트폴리오 리밸런싱	시장과 투자 자산을 모니터링하면서 시장 변동 상황 발생 시 혹은 정기적으로 포트폴리오 자동 조정

출처: 임홍순 · 곽병권 · 박재훈, 「인공지능 인사이트」, 2020, p.188

보다 진화된 형태의 로보어드바이저는 단순한 자산배분 서비스에 머물지 않는다. 빅데이터와 인공지능으로 대표되는 기술의 진보와 자산관리에 대한 다양한 고객수요에 부응하여 그 역할이 다양한 분야로 확대되고 있다.

〈그림〉 로보어드바이저의 절차와 역할

| 절차 | 고객 프로 파일링 | 포트 폴리오 구성 | 자산 배분 | 투자 집행 | 모니터링 | 리밸런스 |

역할
• PB/영업 : 고객과의 접점에서 고객 관리
• 애널리스트 : 주식, 채권, 부동산, 대체 상품 등 금융상품 분석
• 트레이더 : 금융상품 거래/투자
• 펀드매니저 : 액티브, 패시브 등 펀드 성격에 따른 펀드 운용

로드어드바이저 업무 영역

출처: 임홍순·곽병권·박재훈, 「인공지능 인사이트」, 2020, p.200

3) 국내 운영사례

국내에 출시된 로보어드바이저는 서비스 관점에서 크게 상품추천형, 투자 자문형 또는 투자일임형, 정보제공형으로 구분될 수 있다. 상품추천형은 말 그대로 금융회사 등이 금융상품을 판매할 목적으로 단일 금융상품이나 금융 상품 포트폴리오를 추천하는 로보어드바이저다. 대표적으로 은행의 펀드 로 보어드바이저가 이에 해당한다. 투자 자문형은 펀드·연금 등 금융상품 판 매 채널로 활용하고, 상장종목 추천 및 매매타이밍 자문을 제공하기도 한다. 투자일임형은 증권사의 자산관리상품 가운데 하나인 랩어카운트를 관리하 고, 국내외 주식 및 ETF로 투자자산을 관리하는 자산배분 로보어드바이저가 있다. 정보제공형은 금융상품이나 상장종목 등에 대한 정보를 제공하는 로 보어드바이저를 말한다. 국내 대표적인 로보어드바이저 기업으로는 불리오 (Boolio), 에임(AIM), KEB 하이로보(HAI Robo) 등이 있다. 불리오와 에임 은 초보 투자자를 위한 소액투자에 특화된 어드바이저라고 할 수 있다. 불리 오는 '두물머리'라는 기업에서 만들어낸 로보어드바이저로 고객에게 적합한

펀드를 매월 선정하여 알려주는데 이러한 펀드들은 불리오의 알고리즘을 통해 선정된다. 펀드는 장기투자 형식으로 3~10% 정도의 수익률을 목표로 하고 있다.

4. 오픈뱅킹(Open Banking)

1) 의의

오픈뱅킹은 은행 정보를 의무적으로 개방해 다른 금융사나 핀테크 기업이 은행 계좌를 활용한 다양한 금융서비스를 제공하도록 한 제도다. 이에 핀테크 기업은 개별 은행과의 제휴 없이도 이체, 조회 등 은행의 주요 기능을 활용한 서비스를 만들 수 있게 됐다. 이로써 은행의 고객데이터 독점을 배제하고 고객의 자기 데이터 통제권을 보장하므로 고객은 하나의 거래은행을 접점으로 자신이 거래하는 모든 은행의 거래데이터와 금융자산을 원스톱으로 조회하고 각종 금융서비스를 받을 수 있게 된다. 은행의 고객데이터 개방목적은 핀테크 기업이 다양한 금융서비스를 제공할 수 있도록 하여 핀테크 산업을 육성하고, 은행과 핀테크 기업 등의 협력과 경쟁을 통해 금융서비스의 혁신을 유도하여 궁극적으로 금융소비자 효용을 증대시키는 것이다. 오픈뱅킹 시행 전, 국내 일부 금융사는 오픈 API(Application Programming Interface) 센터를 출시했다. 오픈 API는 금융사에 있는 고객 정보나 자신들이 제공하는 서비스 기능을 외부에서 활용해 여러 서비스를 구현할 수 있게 하는 프로그래밍 도구이다. 이체나 조회와 같은 기능도 각 금융사의 오픈 API로 연동하면 해당 금융사 고객에게 서비스가 가능하다. 대표적으로 골드만삭스는 여러 상장사의 재무구조를 분석하고, 위험을 평가하며, 적정가격을 책정하는

API를 외부에 무료로 공개했다. 나아가 자동화된 투자를 하기 위해 데이터를 분석하고, 가격을 추정하고, 거래할 수 있는 기능도 오픈했다. 다만 핀테크 서비스에서 골드만삭스가 제공하는 이 기능을 이용하려면 골드만삭스 계좌와 연동해야 한다. 이를 통해 골드만삭스는 각 플랫폼으로부터 신규고객을 흡수하는 효과를 얻었다. 이런 변화를 '플랫폼으로서의 은행(Bank-as-a-Platform)'이라 표현한다. 은행이 직접 모든 서비스를 다 제공하는 것이 아니라 다른 여러 서비스 제공자가 활용할 수 있는 플랫폼으로 작동하게 한다는 의미이다.

2) 운영사례

오픈뱅킹이 시행되면서 우선 금융소비자의 금융 활동이 훨씬 더 편리해졌다. 다음 사례를 통해 누구든지 일상에서 새롭고 다양한 금융서비스를 손쉽게 이용할 수 있게 되었음을 알 수 있다.

[사례 1] 직장인 F 씨는 매월 급여일마다 4~5개의 은행 앱에 접속하여 월급통장, 생활비통장 등 각종 통장 관리해야 하는 번거로움이 있었으나, 주거래은행 앱 하나로 수수료 없이 타 은행 간 자금 이체를 할 수 있게 되면서 손쉬운 계좌 관리가 가능해졌다.

[사례 2] 평소 지갑을 잘 들고 다니지 않는 대학생 G 씨는 친구들과 함께 점심을 먹을 때마다 채팅 앱에 연동된 더치페이 서비스를 이용하여 현금 없이도 빠르고 간편하게 1/N씩 정산하였다.

[사례 3] 직장인 H 씨는 유학 중인 자녀에게 용돈을 보내고 있는데, 최근 지인에게 추천받은 해외송금 앱을 통해 용돈을 보낼 때마다 2%의 수수료를 절감하였다.

[사례 4] OO도에서 카드형 지역 화폐를 발급받은 주부 I 씨는 실시간 충전이 가능한 지역 화폐 앱을 이용하여, 지역 내 가맹점에서 생필품을 구매하고 편리하게 결제하였다.

두 번째, 금융회사는 오픈뱅킹과 연계하여 간편송금이나 자산관리 등 종합 금융서비스를 제공하는 플랫폼 역량 강화에 집중하면서 다음 사례를 통해서 알 수 있듯이 핀테크 업체와의 경쟁 구도를 갖추게 되었다.

[사례 1] D 은행은 당행이나 타행 계좌 구분 없이 손쉬운 자금 이체, 전 금융사 계좌 중 원하는 계좌만 선택 관리할 수 있는 기능을 추가하는 등 기존 뱅킹 앱을 개편하고, 타행 계좌의 자금으로 당행 금융상품 가입 시 특별금리 제공 등 각종 이벤트를 통해 신규고객을 유치하였다.

[사례 2] E 카드사는 최근 자사 앱에서 타 카드사의 결제일까지 한 번에 관리할 수 있는 통합 결제 알림 서비스와 결제대금 부족 자금에 대한 결제계좌 금액보충 기능을 출시하였다.

세 번째, 핀테크 기업은 오픈뱅킹 생태계를 통해 기존 서비스 확장 외에도 다음 사례에서처럼 혁신 아이디어를 접목한 특화 서비스까지 출시하여 기존 금융회사와의 차별성을 넓혀 나갔다.

[사례 1] 가계부관리 앱을 운영하는 핀테크 A사는 개별제휴 비용에 대한 부담으로 일부 금융사에 한정된 서비스를 제공하고 있었으나, 오픈뱅킹 출범 이후 기존 앱을 개편하여 전 금융사에 대한 서비스 제공 및 자산관리 등 기능을 확장하였다.

[사례 2] 핀테크 스타트업 B사는 최근 젊은 세대를 중심으로 소액투자의 수요가 많다는 점에 착안하여, 커피 등 상품 구매 시 잔돈(1,000원 이하)을 적립하고 매주 적립된 잔돈을 해외주식에 투자하는 잔돈 투자서비스를 런칭하였다.

[사례 3] 지역 생활 중심의 중고거래 플랫폼인 C사는 회원들 간에 거래가 성사되면 실제 거래대금 지급을 현금이나 별도 앱을 통해 송금하고 있는 불편함을 개선하기 위해 앱 내에서 간편결제 서비스를 제공하였다.

제3절 마이데이터와 개인신용 관리

1. 마이데이터

1) 의의

국내에서도 데이터의 경제적·사회적 가치가 커지고 정보 주체의 개인정보 자기결정권에 대한 목소리가 높아지면서 2020년 데이터 3법 개정과 함께 금융 분야 마이데이터가 도입됐다. 이후 정부 가이드라인 마련 및 시스템 준비 기간을 거쳐 2022년 1월 5일부터 마이데이터 사업이 본격 시행됐다. 데이터 3법[10]의 핵심은 가명 정보 도입이다. 국회는 개인을 식별할 수 없도록 비식별 처리하고 가명 정보를 만들어서 이 데이터는 개인의 동의 없이 활용할 수 있게 했다. 안전하게 비식별 처리된 가명 정보는 기존에 개인정보 문제로 활용할 수 없었던 여러 데이터를 기업들이 새로운 서비스나 기술, 상품을 개발하는 데 활용된다. 마이데이터는 민감한 개인정보를 다루고 고객 이익을 침해할 우려가 있다는 이유로 법령을 통해 몇 가지 의무를 부여하고 있다. 마이데이터 사업자는 이해 상충 방지 내부관리규정 마련, 스크린 스크레이핑

---

10 데이터 3법은 '개인정보 보호법', '신용정보의 이용 및 보호에 관한 법률(신용정보법)', '정보통신망 이용 촉진 및 정보보호 등에 관한 법률(정보통신망법)'의 개정안을 말한다.

(화면에 보이는 데이터를 자동으로 수집하는 것) 금지, 전송비용 부담, 전송 내역 기록 작성 및 보관, 전송기록 정보 주체 통지, 손해배상책임, 이행 책임 보험 또는 준비금 적립 의무를 지며 전송요구 강요나 부당하게 유도하는 행위 등을 해서는 안 된다.

이제 마이데이터 사업자는 금융권이나 공공기관에 산재한 고객의 여러 신용정보를 통합해 일괄적으로 조회 및 관리할 수 있게 하는 서비스를 제공할 수 있게 됐다. 그에 따라 사업자가 잊지 말아야 할 중요한 두 가지 기본원칙은 다음과 같다. 첫째, 개인정보 자기결정권의 보장이다. 고객의 개인정보 자기결정권 행사를 실질적으로 보장하는 것이야말로 마이데이터가 탄생한 이유이자 핵심 개념으로, 고객의 개인정보 자기결정권 행사를 최대한 보장하는 것을 원칙으로 모든 절차를 진행해야 한다. 둘째, 고객 이익 우선이다. 마이데이터 사업자는 고객의 전송요구에 따라 개인신용정보를 대량으로 수집할 수 있으며 또한 고객으로부터 개인정보 자기결정권의 행사도 위임받을 수 있다. 그에 따라 마이데이터 사업자와 고객 이익이 상호 충돌할 우려가 있으므로, 마이데이터 사업자는 마이데이터 서비스를 운영하면서 고객 이익을 가장 우선시해야 한다.

고객의 입장에서 마이데이터를 이용하면 은행의 예금계좌 입출금 내역, 신용카드 거래 내역, 보험 계약 정보, 증권 투자 내역 등 각종 금융정보를 한 곳에서 통합해 조회하고 관리할 수 있다. 나아가 고객의 금융정보를 빅데이터, 인공지능 기술로 분석함으로써 고객의 신용 또는 재무 상태에 맞는 재무 컨설팅과 금융상품을 추천받을 수도 있다. 예를 들어 데이터 원 소유주가 A 통신사, B 은행, C 카드사에 자신의 정보를 D라는 마이데이터 업체에 제공하라고 요청하면, A, B, C는 관련 정보를 D에게 제공하고 D는 고객의 통신료 납부 내역, 은행 거래 내역 및 예·적금 정보, 대출 정보, 카드사용 내역 등을 통합 분석해 고객의 통합 재무 현황이나 맞춤 투자상품 추천 등의 새로운 형태의 서비스 제공이 가능하다.

2) 활용방안

마이데이터 사업으로 다양한 데이터를 활용할 수 있게 되었다. 기본적으로 고객의 금융상품 사용현황을 모두 받아볼 수 있는데, 계좌, 대출, 카드, 보험, 보험대출, 증권계좌, 금융투자상품, 전자지급수단 등 사실상 모든 금융정보가 대상이다. 이를 통해 마이데이터 사업자는 다양한 자산관리서비스를 제공할 수 있게 된다. 예컨대 저축이나 재테크 방법을 제공할 수 있고, 절세방법이나 카드사용 시 혜택받는 방법 등을 알려줄 수 있다. 또 대출이자를 내거나 보험료를 납부하거나 세금을 내야 할 때 미리 알려주는 것도 가능하다. 마이데이터를 이용하여 다양한 금융상품을 추천할 수도 있다. 예를 들어, 고객의 현재 소비습관이나 금융서비스 이용정보를 토대로 가장 큰 혜택을 받을 수 있는 상품을 추천한다. 미래 현금흐름을 추정하고 생애주기별로 필요한 상품을 제시할 수도 있다. 특히 대출상품의 경우 고객이 충분한 대출한도를 보장받고 있지 못하거나 높은 금리를 부담하고 있다면 다른 대출상품으로 갈아탈 것을 권할 수도 있다. 보험상품은 고객이 가입 중인 보험을 분석해서 납입액이 더 저렴하거나 보장범위가 넓은 상품을 권할 수 있다. 향후 마이데이터 사업 범위가 금융에서 건강, 의료, 제조 등으로 넓혀진다면 제공할 수 있는 사업 범위는 훨씬 다양해진다. 예를 들어 바이오 정보, 보험정보 등을 연계하면 스마트 헬스케어 사업이 가능해지고, 소비정보와 제조정보를 연계해 스마트

공장 사업을 착수할 수도 있다. 또 자산정보와 거주데이터를 연계하면 매물 상담과 주택담보대출 상품연계도 가능하다.

한편, 마이데이터로 인해 개인정보 침해 가능성도 커질 것이다. 만약 사용자가 마이데이터 서비스를 여러 곳에서 이용할 경우, 굉장히 귀찮아지는 일이 발생할 수 있다. 예를 들어 항공사에서 카드결제를 했다고 하자. 이때 은행에서는 '여행을 가기 위한 예산을 설정해보고 필요한 경우 저렴한 신용대출을 받아봐라.', 카드사에서는 '여행할인 혜택이 있는 카드를 발급해 보라', 보험사에서는 '여행자보험 상품에 가입하라', 핀테크 서비스에서는 '이 모든 걸 쉽게 비교해 보라'라는 압박성(?) 메시지가 동시다발적으로 날아올 수 있다. 또한, 마이데이터 서비스에서 고객 정보가 유출되거나 고객 계정 정보를 해킹당하면 그 피해는 엄청날 것이다.

3) 관리방안

개인 관련 데이터 산업은 고객 정보 수집 및 처리 과정에서 개인정보 보호 및 보안 위험에 노출되어 있으며, 특히 데이터 이동에 필요한 호환성은 데이터보안 침해의 위험을 증폭시킬 수 있다. 또한, 개인정보 이동권의 요구에 따라 금융기관에서 제3자로의 데이터 전송과정에서 정보유출 및 프라이버시 침해위험이 있다. 이에 OECD는 2013년에 프라이버시 보호를 위해 개인 데이터에 대한 수집 제한의 원칙, 데이터 품질 원칙, 목적 명확화의 원칙, 이용 제한의 원칙, 안전성 확보의 원칙, 공개의 원칙, 개인 참여의 원칙, 책임성의 원칙 등의 가이드라인을 제시한 바 있다. 해당 기업은 데이터 산업의 활성화 과정에서 발생할 수 있는 개인신용정보의 유출 및 오남용 방지를 위해 내부

관리체계 또는 내부통제를 강화해야 한다. 또한, 사고 발생 시 이해관계자 간 법적 책임 관계 등에 대해서도 명확히 해야 하며 개인정보를 유출하거나 규정을 위반한 기업에 대한 합리적 수준의 처벌 규정도 마련해야 한다.

마이데이터는 고객의 입장에서 한꺼번에 금융자산을 편리하게 관리할 수 있다는 이점을 제공하지만, 그렇다고 필수적으로 이용해야만 하는 서비스는 아니다. 여러 금융기관에 다양한 금융자산을 보유하고 있으면서 자주 금융자산을 관리해야 한다면 마이데이터가 특히 유용하고 편리할 수 있겠지만, 그게 아니라면 가입에 신중할 필요가 있다. 무엇보다 해킹당할 시 모든 금융자산 정보가 한꺼번에 유출될 수도 있기 때문이다. 또한, 원치 않는 상품추천이나 마케팅 등에 활용돼 오히려 불필요한 정보를 받거나 시간을 낭비할 수 있으므로 마케팅 동의에도 신중할 필요가 있다. 디지털 세상에서는 편리함이 증가하면 더불어 보안 위험도 함께 커진다. 보안성과 편리성은 트레이드 오프(Trade-off) 관계에 있다는 걸 기억해야 한다. 마이데이터의 시스템 구조상 마이데이터 사업자가 고객의 금융정보를 여러 기관에서 받아오는 과정이 필연적으로 요구된다. 이 과정에서 예상치 못한 보안 문제가 발생할 수 있다. 어쨌든 마이데이터 사업자가 금융정보를 수집한다는 것은, 나의 금융정보를 이용하는 업체가 하나 더 늘어나는 것이기 때문에 여러 마이데이터 서비스에 가입하기보다는 꼭 필요한 서비스만 골라서 사용하는 것이 좋다. 특히 본인의 금융정보가 어떻게 보호되고 어떤 범위까지 활용되는지 반드시 숙지할 필요가 있다. 기업은 어떻게든 개인정보로 수익을 올리려는 욕구가 강하므로 개인의 주의가 필요한 분야이다.

2. 개인신용 관리

1) 신용의 의미

신용은 미래의 예상소득을 현재 시점에서 미리 차용하여 소비할 수 있는 능력을 말한다. 그런데 개개인의 미래소득이 다르므로 사람마다 신용이 다를 수밖에 없다. 개인이 사용할 수 있는 신용한도는 개인의 현재 소득과 미래 예상소득의 현재가치의 합계이며, 이 신용한도 내에서 신용이 발생한다. 개인의 신용유형은 크게 세 가지로 나뉜다. 첫 번째 유형은 은행 등 여신기관으로부터 가계소요 자금을 차입할 수 있는 대출 신용을 말한다. 두 번째 유형은 재화와 서비스를 구매한 후 그 대금을 일정 기간에 나누어 지급하는 할부구매 등의 판매신용을 말한다. 세 번째 유형은 판매신용의 포괄적인 개념으로 관리비, 통신서비스 등 미래의 일정 시점에서 결제되는 서비스 신용을 말한다.

2) 신용정보

국내 신용정보법은 개인신용 정보를 개인에 관한 신용거래정보, 신용도 판단정보, 신용거래 능력정보, 공공 기록정보, 개인신용 평점 정보, 그리고 이들과 결합한 개인식별정보 등 6가지로 구분하고 있다. 신용거래정보란 신용정보 주체의 거래내용을 판단할 수 있는 정보를 말하는데, 대출이나 보증거래 및 예금거래 등에 관한 정보가 해당한다. 신용도 판단정보는 신용정보 주체의 신용도를 판단할 수 있는 정보를 말하는데, 연체나 부도 등의 정보가 해당한다. 신용거래 능력정보란 신용정보 주체의 신용거래 능력을 판단할 수 있는 정보를 말하는데, 개인의 재산이나 채무총액 등에 관한 정보가 해당한다. 공공 기록정보란 법원의 재판이나 행정처분 또는 조세 등과 관련된 정보를 말한다. 개인신용 평점 정보는 개인의 신용상태를 평가하기 위해 새로이 만들어지는 정보로서 점수나 등급으로 표시된 정보를 말한다. 개인식별정보란 다른 신용정보와 결합하여 신용정보 주체를 식별할 수 있는 정보를 말하는데, 개인의 성명이나 주민등록번호 등이 해당한다.

개인신용정보는 이용할 가치가 있는 정보이면서 동시에 보호할 필요가 있는 정보이기도 하다. 금융기관이나 기업 등이 개인 고객과 거래할 때 고객에 대한 신용정보를 잘 파악할 수 있어야 금융거래나 상거래의 신뢰성이 확보되어 건전한 거래환경이 조성될 수 있다. 해당 개인으로서는 신용평점이 좋으면 그만큼 낮은 금리로 대출받을 수 있기 때문에 개인신용정보의 이용 가치는 크다. 반면에 신용정보 파악 대상이 되는 개인은 이용되는 신용정보가 잘 관리되고 있는지가 관심 대상이 된다. 만약에 개인신용정보가 잘 관리되지 못하여 유출된다면 그런 정보가 금융사기나 기타 범죄에 이용될 수도 있고, 개인의 비밀이 노출되어 사생활 침해를 일으킬 수도 있어 해당 개인이 피해를 볼 수 있다. 이런 점에서 개인신용정보의 보호도 이용에 못지않게 중요하다.

3) 신용평가

이는 개인신용 평가기관이 개인의 채무상환 능력과 채무상환 의지를 평가하여 개인의 신용평점을 산출하고 개인의 신용등급을 부여하는 것을 말한다. 신용평점과 등급은 개인의 신용에 관한 모든 정보를 종합하여 계산한 신용도를 숫자로 나타낸 것으로서, 은행, 보험사, 신용카드사 등의 금융회사에서 고객의 대출한도와 금리 등을 정하기 위한 참고자료로 사용된다. 신용평점은 신용조회회사가 개인에 대한 신용정보를 수집한 후 이를 통계적 방법으로 분석하여, 향후 1년 이내에 90일 이상의 장기 연체와 같은 신용위험이 발생할 가능성을 1점에서, 1,000점으로 수치화한 지표이며, 평점이 높을수록 연체가 발생할 불량률이 낮다는 것을 의미한다. 신용평점 계산에 반영되는 항목은 연체 건수, 총대출 잔액, 신용카드 한도 소진율, 신용거래 기간 등이 있다. 연체가 없고, 대출 잔액이 적고, 신용카드를 한도의 30% 이내로 적게 쓰고, 오랜 기간 신용거래를 해왔으면 높은 신용평점을 받을 수 있다.

〈표〉 신용평가 시 반영요소

긍정적 반영요소	부정적 반영요소
- 대출금 상환 이력	- 대출금 연체
- 신용카드 사용금액 및 기간	- 신규대출 및 대출 건수 증가
- 연체상환 및 연체상환 후 경과 기간	- 제2금융권 대출
- 통신비·공공요금 성실납부 실적	- 과도한 현금서비스 이용

출처: 이하일, 「알기 쉬운 실용금융」, 2020, p.532

〈표〉 개인 신용평점 산출(예)

평가 항목	배점 구간	배점
연체 건수	0건	300
	1건	80
	2~5건	20
	5건 이상	0
총대출 잔액	1천만 원 미만	200
	1~5천만 원	100
	5천만 원 이상	0
신용카드(한도) 소진율	0~30%	300
	30~90%	200
	90% 이상	50
신용거래 기간	20년 이상	200
	10~20년	100
	10년 미만	0

출처: 한국핀테크지원센터, 「헬로, 핀테크(개인신용·정보관리 및 활용)」, 2021, p.126

신용등급은 1~10등급까지 분류하며 2020년부터 등급제에서 점수제로 전환되었다. 통상 1~3등급은 우량등급으로 부채를 갚지 못할 가능성이 매우 낮은 사람들이다. 4~6등급은 연체 가능성이 상대적으로 높으며 일부는 단기적으로 연체 경험이 있거나 비우량 금융회사로부터 대출받은 경험이 있는 경우이다. 7~10등급은 저신용자로 연체 경험을 여러 번 가지고 있으며 부실 위험이 크다고 할 수 있다.

〈표〉 신용등급과 신용평점 분류기준

신용등급	신용평점	분류
1등급	942~1,000점	
2등급	891~941점	우량 신용자
3등급	832~890점	
4등급	768~831점	
5등급	698~767점	보통 신용자
6등급	630~697점	
7등급	530~629점	
8등급	454~529점	저신용자
9등급	335~453점	
10등급	0~334점	

출처: 한국핀테크지원센터, 「헬로, 핀테크(개인신용정보관리 및 활용)」, 2021, p.127

4) 신용관리 방안

기본적으로 주거래은행을 만들어 거래실적을 많이 올리면 대출받을 때 금리와 한도에서 유리하다. 이는 개인의 신용을 평가할 때 해당 은행과의 거래 실적이 중요하게 반영되기 때문이다. 따라서 신용카드 대금결제, 급여 이체, 공과금 이체 등 금융거래를 1개 금융회사로 집중하는 것이 유리하다. 또 마이너스통장에서 단기간에 현금서비스를 여러 번 인출하면 신용점수가 떨어진다. 마이너스통장 한도가 줄어들수록 신용조회회사가 고객이 절박한 상황에 있는 것으로 오인하게 만들어 연체 가능성이 크다고 판단하기 때문이다. 따라서 신용카드의 현금서비스는 꼭 필요한 경우에만 이용한다. 더불어 자동이체를 최대한 이용한다. 각종 공과금, 대출금, 통신요금은 자동이체를 이용해야 부주의에 의한 연체를 방지할 수 있다. 주거래은행은 자동이체 고객을 선호하므로 신용평점도 올릴 수 있다. 만약 통장 잔액이 없다면 연체될 수 있기 때문에 이를 주기적으로 확인해야 한다. 한편, 건강보험료, 통신요금, 신용카드는 단 하루도 연체해서는 안 된다. 일정 금액 이상의 연체정보는 금융기관들이 공유하기 때문에 연체 시 불이익을 받을 수 있기 때문이다. 그리고 연체 기간이 짧더라도 연체기록이 쌓여 신용등급이 낮아질 수 있기 때문에 연체하지 않는 것이 무엇보다 중요하다. 합리적인 금융소비자는 자신의 주어진 소득의 범위 내에서 지출하고 계획적인 소비생활을 한다. 그러나 대부분 금융채무 불이행자는 자신의 주어진 소득보다 더 많은 소비지출을 하고 있다. 절약하는 것이 기본이고 현명하고 계획적인 소비생활만이 빚으로부터 멀어지는 길이다.

한편, 대한민국 국민 대부분은 자신의 개인정보, 신용정보가 유출되어 불순한 의도를 가진 자에게 넘어가서 소중한 재산이 강탈당하는 일이 발생하지 않을까 우려하고 각종 스팸 문자 및 보이스피싱 등에 사용되지 않을까 걱정한다. 그런데도 대부분 사람은 특정 서비스를 이용할 때마다 정보 활용에 동의하는 수많은 팝업창과 마주하며 거기 쓰여 있는 깨알 같은 글자들을 제대로 읽어보지도 않은 채 기계적으로 '동의함'이라는 단추를 누른다. 개인정보 유출이란 고의·과실 여부를 불문하고 개인정보처리자의 관리범위를 벗어나 개인정보가 외부에 공개, 제공, 누출, 누설된 모든 상태를 말한다. 일단 개인

정보가 유출되었음을 알게 되었을 때는 통지의무가 발생하며 유출된 개인정보의 수량, 종류, 시기 등은 따지지 않는다. 따라서 단 1건의 개인정보가 유출되었더라도 해당 정보 주체에게 그 사실을 통지해야 한다. 개인정보 침해에 따른 피해는 다양하다. 먼저 개인의 경우 정신적 피해뿐 아니라 명의도용, 보이스피싱에 의한 금전적 손해, 유괴 등 각종 범죄에의 노출 등을 들 수 있다. 기업의 경우는 기업의 이미지 실추, 소비자단체 등의 불매운동, 다수 피해자의 집단적 손해배상에 따른 타격 등이 있다. 이처럼 광범위한 개인정보 유출에 따른 피해를 막기 위해서는 무엇보다 정보유출을 예방하는 것이 중요하다. 일례로 2014년 약 1억9,600만 건의 개인정보 및 신용정보가 유출된 카드 3사 신용정보 유출사태는 역대 최대의 개인정보 유출 사건으로 우리 사회에 엄청난 파문을 일으켜 개인정보 및 신용정보와 관련한 규제를 강화하게 된 계기가 되었다. 그런데 이 사건은 아이러니하게도 외부 해킹으로 개인의 신용정보가 유출된 것이 아니라, 카드 3사에 소속된 용역직원이 고의로 신용정보를 빼낸 것이었다.

제4절 자산의 디지털화

1. 자산의 증권화

1) 증권화의 의의

대부분 사람은 주택 구입 시 일정 금액을 은행에서 대출받는다. 이 경우 은행은 개인이 보유한 주택을 담보로 하여 대출해주고 이후부터 원하는 날짜에 이자를 정기적으로 받으며 만기가 되면 원금도 돌려받는다. 이때 은행은 이자와 원금을 돌려받는 권리를 확보한 셈이며, 이 권리를 가지고 있으면 돈이 제때 들어오니 돈이 되는 권리, 즉 자산이라 할 수 있다. 그러나 일반시중에 유통되는 자산과는 달리 당장 돈으로 바꿀 수는 없다. 만기까지 묶여 있기 때문이다. 해결 방법은 만기 전에 다른 사람이 살 수 있도록 새로운 증권을 만들면 된다. 이를 간단히 증권화라 하는데 이를 통해 다양한 금융비즈니스가 탄생하였고 금융투자시장은 더욱 활성화되었다. 더불어 금융투자상품이 한층 복잡해졌다. 자산의 증권화는 1980년대 채권의 증권화부터 시작되었다. 이후 금융시장에 증권화를 통한 채권시장이 활성화되었으며 2000년대 들어와서 증권화의 붐은 그 당시 정크본드를 가장 인기 있는 채권으로 둔갑시켰는데 수익률이 높았기 때문이었다. 이후부터 리스크테이킹(risk taking)이란 말이 일반화되었고, 고수익/고위험의 금융상품이 쏟아지게 되었다. 높은 수익을 보장하면서도 그에 상응한 고위험은 회피해버리는 금융비즈니스가 등장한 것이다. 점차 증권화의 기술은 계속 새롭게 진전되었으며, 리스크를 전매하는 조직도 우후죽순으로 생겨났다. 자산보유자로부터 유동화 자산을 양도받아 이를 기초로 유동화 증권을 발행하는 유동화 전문회사가 대표적이다. 그러나 고정된 자산을 유동화하여 살아 움직이는 증권으로 변환시키는 참신하고 획기적인 금융기술이 궁극적으로는 치명적인 독으로 다가왔다. 미국의 서브프라임모기지 사태의 근본 원인은 증권화 때문이었다.

2) 증권화의 속성

2008년 미국 금융위기의 주범이었던 서브프라임모기지 대출채권은 다른 대출채권에 비하여 태생적으로 연체율이나 부도율이 높을 수밖에 없었다. 대출대상 자체가 신용도가 하위인 계층에다 담보비율도 대출의 100%까지 이르러 본래부터 신용 리스크가 높은 채권이었다. 그런데 당시 투자자들은 이러한 대출채권이 증권화라는 금융기술을 통하여 리스크가 낮아질 거라고 믿고 샀다. 미국의 경우 2003년부터 2007년 초반까지만 해도 금융공장에서 증권화 상품을 만들어 시장에 내놓기만 하면 없어서 못 팔 정도로 인기가 높았다. 증권화의 속성을 알았더라면 이런 상황은 오지 않았을 것이다.

첫 번째 속성은 증권화를 통해 액수가 큰 대출채권을 가능한 한 많이 모아서 한데 묶은 다음, 이것을 다시 소액채권으로 만드는 것이다. 소액이면 누구든지 손쉽게 투자할 수 있기 때문이다. 특히 주택가격은 거래단위가 최소한 몇억 원이기 때문에 이런 금액을 그대로 증권화하면 일반 투자자들이 구입하기에는 상당히 부담된다. 대출상품담당자는 이런 점에 착안하여 소액으로 재조립한 것이다. 그러면 노출 자산이 적어지므로 리스크 금액도 소액으로 바뀐다. 하지만 전체 리스크는 전혀 줄어들지 않고 같다. 단지 금액만 조정됐을 뿐이다. 예를 들어 증권화 전에는 1명이 리스크 전체를 부담했다면 이것을 10명에게 분배했다는 의미이다. 10명이 느끼는 리스크에 대한 충격이나 강도는 변하지 않았는데 노출된 자산의 규모만 소액으로 변경됐을 뿐이다. 보통 액수가 작고 남들도 하면 대부분 사람은 따라 하기 마련이다.

두 번째는 증권화를 통해 소액으로 쪼개지만, 여기에 순서를 매긴다는 것이다. 바로 선순위, 중간순위, 후순위이다. 이를 트렌치(tranch)라 하는데 각각의 트렌치에는 순서가 매겨진 채권들로 구성된다. 이 채권의 본질은 똑같은데 단지 순서만 다르다고 해서 투자은행들이 성격이 다른 채권으로 구분하고 판매하였다. 미국의 경우 보통 모기지채권은 통상 약 30% 정도가 제때 이자를 못 내는 연체채권이다. 만약 순서를 매기지 않고 그대로 동일하게 증권화해서 판매한다면 투자자는 구입하려고 하지 않는다. 혹시 내가 구입한 모기지채권이 30% 안에 포함돼서 이자를 받지 못할 수도 있다고 생각하기 때문이다. 이를 착안해서 대출상품개발자는 순위를 매긴 것이다. 그리하여 100%에서 연체율 30%를 제외한 70%는 안전하게 이자를 받을 수 있기 때문에 선순위 채권에 배정한다. 이는 최상위 트렌치 채권으로 가장 안전한 신용등급(예를 들어 AAA등급)을 받고, 대신 그에 상응한 낮은 금리를 적용받는다. 나머지 30%가 연체채권인데 이것이 동시에는 발생하지 않을뿐더러 그중에 과거 실적 등을 통해 거의 연체하지 않을 거라고 판단되는 20%를 걸러내 중간순위 트렌치[11]에 배정하고 상위 트렌치보다는 약간 높은 금리로 판매한

---

11 이를 흔히 메자닌(mez-zanine) 트렌치라 한다. 메자닌은 원래 건물 1층과 2층 사이에 있는 라운지 등의

다. 나머지 10%로 구성되는 연체채권은 최하위 트렌치로 구분하고 판매하는 데, 주로 모기지채권에서 발생하는 모든 손실을 부담해야 한다. 그래야만 애초 예상했던 30%의 연체율이 소화되기 때문이다. 이렇게 순위를 매긴 모기지채권을 모기지담보부증권(CMO; Collateralized Mortgage Obligation)이라 한다. CMO는 간단히 말하면 채권과 유사한 지급구조를 갖추면서, 전체 리스크 스펙트럼(risk spectrum)을 투자자의 구미에 맞도록(risk appetite) 적절히 배분한 채권이다.

일반적으로 투자자는 양극단이 비대한 투자구조를 선호한다. 즉 리스크 스펙트럼의 양극단에 투자하고 싶은 성향이 강하다. 예를 들어 보유자금이 1,000만 원 있다고 하자. 이 중 900만 원은 가장 안정적인 자산에 투자하고, 나머지 100만 원은 높은 이익/높은 리스크 자산에 넣고 싶어 한다. 이런 형태의 대표적인 투자상품이 근래 펀드 시장에서 인기가 높은 주가지수연계 상품인 ELS(Equity Linked Securities)[12]이다. 최초의 모기지 상품은 이런 양극단의 중간 정도에 해당하였다, 즉 가장 안전한 자산에 투자하는 사람들 처지에서는 그다지 안전해 보이지 않았고, 고수익을 추구하는 사람들에게는 "요거다." 하는 높은 수익을 제공하지도 않는 말 그대로 어정쩡한 상품이었다. 이런 문제가 증권화를 통해 순서를 매기고 여타조건을 가미하면서 해결되자 이상품은 폭발적으로 인기를 끌게 되었다. 당시 CMO는 대단한 금융발명품이었고 대출채권시장에 엄청난 영향을 끼쳤다. 순식간에 모기지대출과 모기지

───────────

공간, 즉 '중간 방'을 의미하는 이탈리아어로 자본시장에서는 담보와 신용 사이 혹은 부채와 자본 사이의 경계를 의미한다.

12 이는 개별주식의 가격이나 주가지수에 연동하여 수익률이 결정되는 상품으로 투자원금 중 일부는 우량채권 등 안전자산에 투자하여 만기에 투자원금 상환에 충당하고, 일부는 옵션복제 재원으로 사용하여 수익을 추구하는 파생결합증권이다.

담보부채권 판매가 돌고 도는 선순환이 계속되면서 대출 시장 전체는 급격히 확대되었다.

　그런데 시장이 과열되면서 문제가 터졌다. 누구나 달려들면서 대출영업 경쟁이 치열해지고 대출구조도 복잡해졌다. 구조가 복잡해지다 보니 자꾸 정도를 벗어난 무늬만 현란한 상품들이 등장하였다. 더불어 전산시스템이 갈수록 고도화되면서 CMO 공장에서는 아무도 이해할 수 없는 별의별 트렌치로 조합된 상품을 무작위로 만들어 낼 수 있었다. 이런 형태의 상품들은 아무리 구조가 복잡해도 이자 지급 원천은 모기지 풀(mortgage pool)에 모두 담겨야 한다. 그러다 보니 높은 신용등급의 멋있는 선순위 트렌치를 많이 뽑아낼수록, 밑에 있는 최하위 트렌치에서는 그만큼 모든 손실을 떠안아야 한다. 최하위 트렌치는 정크본드 수준을 넘어 가히 엄청난 뇌관을 안고 있는 핵폭탄으로 변했다. 더욱 문제는 최하위 트렌치에 투자한 사람이 많았다는 것이다. 만약 시장 상황이 좋아져서 애초 예상했던 연체율이 30%가 아니라 20%였다고 하자. 그러면 원래 30%로 예상하고 배정됐던 트렌치에서 10%의 이익이 발생한다. 이 모든 이익을 바로 최하위 트렌치가 다 가져간다. 물론 반대로 손실이 나면 모든 손실도 책임져야 한다. 이것은 일종의 도박이다. 그리고 정크본드 타입의 채권은 엄청 저렴하게 살 수 있었기에 더욱더 매력적이다. 순식간에 몇백 %의 수익률을 낼 수 있는 전형적인 투기상품이다. 주식보다 오히려 더 화끈한 상품이다.

　더더욱 문제는 2007년 당시 최하위 트렌치에 미국의 간판 투자은행인 베어스턴스, 리먼브러더스, 메릴린치, AIG투자, JP모건 등이 투자했다는 점이다. 그들은 엄청난 규모의 자금을 조성하여 그에 맞는 헤지펀드를 수십 개 운영하고 있었는데 이 펀드들의 대부분이 최하위 트렌치에 배정되는 채권을 엄청나게 보유하고 있었다. 왜냐하면 싸게 구입해서 비싸게 팔 수 있어 과거처럼 엄청난 수익을 안겨다 주기 때문이었다. 이때마다 최고경영자나 펀드 운영자들은 그에 상응한 인센티브로 엄청난 보너스를 챙겼다. 가장 최악의 문제는 헤지펀드 대부분이 자기 자금은 별로 들이지 않았다는 점이다. 당시 모기지 상품에 투자한 헤지펀드들은 통상 자기자본의 5배 또는 10배의 레버리지를 일으켰다. 당시에 베어스턴스나 리먼브러더스는 모기지의 최하위채권에 집중 투자하여 단번에 고수익을 노리다가 상황이 악화하자 바로 파산해 버렸다. 직접적인 원인은 레버리지 때문이었다. 결론적으로 이런 방식의 투자는 여차하는 순간에 손실이 눈 덩어리처럼 불어나는 아주 치명적이고 위험한 투자라는 것이다.

세 번째, 증권화로 인해 여러 채권을 모을 때 성격이 다른 자산, 즉 이질적인 채권을 함께 의도적으로 묶는다. 예를 들어, 서브프라임모기지 담보채권에 미국 동부의 뉴욕 저택과 서부 캘리포니아의 주택담보대출을 섞으면 상대적으로 리스크가 분산되는 효과가 나타난다. 그 이유는 뉴욕의 금융업 경기가 나빠져도 서부의 IT산업이 해외 신흥국의 수요로 인해 좋을 수도 있기 때문이다. 물론 이것은 현실과 맞지는 않는다. 다만 단순히 그냥 묶는 것보다는 이렇게라도 하는 것이 리스크 관리 차원에서 현명한 대응이다. 모기지 담보 상품 개발자는 아무리 신용이 나쁘고 담보도 약하면서 소득 확인조차 안 되는 대출채권들만 모았다 하더라도 이들 대출이 동시에 연체되거나 부도가 발생하지 않을 거라는 논리를 주장했다. 통계학적으로 보더라도 대수의 법칙을 적용한 충분히 합리적인 판단이라 할 수 있다. 그러나 실제로는 대부분이 불량한 대출채권이어서인지 한꺼번에 문제가 터져 미국의 서브프라임 사태가 발생한 것이었다.

결론적으로 증권화로 인한 리스크 축소는 책상에 앉아 계산하는 방식대로 되지 않는다는 것이다. 아무리 과학적이고 합리적인 통계 모델을 사용하더라도 현실과 맞지 않는다는 것을 분명 인식해야 한다. 증권화로 인한 리스크를 쪼개거나, 순위를 매겨 그 정도를 달리하거나, 의도적으로 다른 지역을 섞어 분산을 유도해도 리스크는 전혀 축소되지 않는다. 리스크가 이쪽에서 저쪽으로 옮겨 갔을 뿐이지 그 자체가 없어진 것은 아니다. 하지만 두 번째에서 지적했듯이 리스크 순서를 바꿔서 조합하면 그렇지 않을 때보다 훨씬 고객의 취향에 맞는 다양한 상품을 제공할 수 있다는 것은 상당히 매력적이다.

2. 자산의 디지털 토큰화

1) 의의

자산의 토큰화란 실물자산의 가치를 반영한 블록체인 기반의 디지털 토큰을 발행하는 것이다. 블록체인 기반 토큰은 이중 지불과 위변조의 위험으로부터 안전하고, 얼마든지 작은 가격 단위로 쪼갤 수 있으며, 시공간 제약 없이 글로벌 차원에서 거래할 수 있다. 자산가치를 반영한 토큰을 자산토큰이라고 한다. 특히 자산소유권과 연동된 자산토큰을 증권토큰이라고 한다. 일반적인 주식이 기업의 가치를 분할해 부분적인 소유권을 표시한 것이라면, 증권토큰으로 발행할 수 있는 자산은 이론상으로는 한계가 없다. 즉 토지, 건물, 슈퍼카, 대형선박, 천연자원, 미술작품, 주식, 채권, 저작권, 문화 콘텐츠, 데이터 등 자산가치가 있는 것이라면 무엇이든 토큰으로 전환될 수 있다. 자산에 근거해서 증권토큰을 발행하는 것을 STO(Security Token Offering)라고 하며 일반적인 암호화폐 발행, 즉 ICO(Initial Coin Offering)와 차이가 있다. ICO가 토큰 이용 비즈니스의 미래 전망을 근거로 암호토큰을 발행한다면 STO는 부동산, 미술품, 천연자원, 채권 등 이미 자산가치를 인정받은 실물에 근거해 토큰을 발행하는 것이므로 투자가치가 훨씬 안정적이다.

그렇다면 자산을 디지털 토큰으로 바꾸는 것은 어떤 이점이 있는가? 첫째, 거래를 분할할 수 있다. 고가의 자산을 소액토큰으로 쪼개어 거래하면 유동성을 증대할 수 있다. 둘째, 거래 신뢰를 높인다. 블록체인을 이용하면 데이터 위변조를 막고 이해관계자 누구나 거래 내역을 확인할 수 있어서 거래 투명성이 확보된다. 셋째, 거래비용이 감소한다. 블록체인으로 중개자 역할을 없애거나 상당한 부분 대신하면 중개자 몫인 수수료를 최소화할 수 있다. 넷째, 거래 속도가 향상된다. 스마트 계약을 이용해 서류작성과 확인 및 공증에 드는 시간을 단축하고, 거래와 관련된 법규제도 블록체인에 프로그래밍하면 자동으로 준수하도록 만들 수 있다. 다섯째, 거래범위가 글로벌 차원으로 확대된다. 블록체인 플랫폼은 국경의 제약을 넘어 지구 어디에서나 접속할 수 있다.

2) 자산거래의 자동화

이는 자산시장의 모든 과정, 즉 자산소유권을 판매자로부터 구매자로 이전하는 것, 소유권 지분에 따른 수익권을 행사하는 것 등이 스마트 계약으로 자동화된다는 의미이다. 따라서 거래당사자들 사이에 제3자가 끼어야 할 필연적인 이유는 없다. 서로에 대한 신뢰를 보장할 수 없었기에 중개자가 필요했던 것인데, 신뢰를 보장하는 기술인 블록체인을 이용하면 거래는 기본적으로 당사자들이 직접 계약하는 행위가 된다. 그러나 자산거래 과정은 자산가치 평가, 소유권 이전, 계약금과 잔금 지불, 정부 당국에 소유권 등기 등 매우 복잡한 과정을 거친다. 즉 우리나라에서 부동산 스마트 계약 플랫폼이 나온다고 해도, 국가의 등기 대장에 등록되지 않는 한 플랫폼 안에서 아무리 거래에 합의하더라도 소유권 이전은 확정되지 않는다. 결국, 법 제도의 변화가 필요하다. 한편, 스웨덴은 토지등기까지 온라인에서 원스톱으로 처리하는 시스템을 개발해 실험 중이다. 또 아랍에미리트 두바이에서는 토지등기를 비롯한 각종 공공서비스를 블록체인으로 통합하여, 중개인을 가장해 부당수익을 올리는 토지 브로커들의 개입을 줄여나가려고 한다.

3) 글로벌 자산거래 플랫폼

글로벌 플랫폼에서는 유무형의 모든 자산이 거래된다. 유형자산, 즉 눈에 보이는 자산으로 부동산, 광물자원, 기계나 차량, 농산물, 예술작품 등이 거래될 수 있고, 무형자산, 곧 보이지 않는 자산으로는 특허권, 지식재산권, 브랜드 가치, 음악, 콘텐츠, 데이터 등이 거래될 수 있다. 이 플랫폼에서는 더 이상 국경의 물리적 제약도, 시간의 제약도 없다. 한국에 앉아서, 또는 세계를 여행하면서 아프리카 수단에서 태양광발전 사업에 필요한 토지를 매입하고, 바로 헝가리 부다페스트의 지하철개발 사업에 투자할 수도 있다. 지금까지라면 도심의 고급아파트, 대형빌딩, 펜트하우스를 평범한 직장인이 소유하는 것은 꿈도 못 꿀 일이었다. 하지만 디지털 토큰 경제가 일반화되면 고가부동산이 소액으로 유동화되어 상시로 거래된다. 수백억 원 하는 고가부동산의 토큰을 구매함으로써 평범한 직장인도 공동소유자가 되고, 지분에 따라 임대

수익이나 양도 수익을 얻는다. 토큰을 처분하면 상승한 시세에 따른 수익도 얻는다. 블록체인 기반의 글로벌한 거래플랫폼 덕분에 한국에 앉아서 도쿄의 100만 원어치, 미국의 호텔 200만 원어치 하는 식으로 토큰을 구입해 투자 바구니를 만들 수도 있다.

3. 디지털 조각투자

1) 의의

최근 MZ세대를 중심으로 리셀테크(재판매+재테크), 짠테크(짜다+재테크), 소수점 투자 등 과거와 다른 새로운 투자행태가 등장하면서 투자상품도 다변화되고 있다. 특히 블록체인, 가상자산 등의 기술 발전을 바탕으로 실물자산을 분할하고 비용을 절감하면서도 투명성을 갖춘 소액의 대체투자로 조각투자가 주목받고 있다. 또 금전적으로 여유롭지 않은 MZ세대를 중심으로 조각투자에 관한 관심이 집중되었으며, 최근에는 40~50대를 비롯한 타 세대도 참여하면서 대중적인 투자로 확산하고 있다. 다만 일각에서 조각투자 플랫폼이 통신판매업자로 사업을 영위하는 행위에 대해 자본시장법 위반 여부, 투자자 보호 등에 대한 논쟁이 발생하고 있어 귀추가 주목된다. 국내 조각투자 시장은 2017년 소개된 이래로 꾸준히 확대되었으며, 2020년 이후부터 큰 폭으로 성장하고 있으며, 2022년 초 기준 뮤직카우를 제외한 누적 공모금액은 약 2천억 원 규모로 추산된다. 또한, 부동산, 미술품 등을 중심으로 조각투자 플랫폼이 확대되고 있으며, 콘텐츠, 현물 등에 관한 관심도 확대되고 있어 관련 시장은 꾸준히 성장할 전망으로 보인다.

2) 주요 유형

국내 조각투자는 음원 저작권료 조각투자 플랫폼인 뮤직카우가 가장 활성화되었으며, 이는 좋아하는 가수에 대한 팬심의 효과인 것으로 판단되며 투자자 간 거래를 포함한 저작권료 참여권 누적 거래금액은 2022년 기준 3,399억 원 규모로 추산된다. 또한, 부유층 투자 전유물로 여겨지던 부동산과 미술품에 대한 조각투자도 점차 활성화되는 추세로 이는 소액으로 부동산·미술품(수익권)의 조각을 구매할 수 있기 때문이다. 해외에서도 부동산에 대한 증권형 토큰 공개(STO)가 가장 활발하며, 카사의 경우 싱가포르 금융청의 인가를 받아 2022년 상반기부터 현지 거래소에 진출할 계획으로 알려졌다.

〈표〉 국내 조각투자 대상과 운영 플랫폼

투자 대상	운영 플랫폼
음악	뮤직카우
미술품	아트앤가이드, 테사, 데일리뮤지엄, 아트투게더, 피카프로젝트 등
부동산	카사, 비브릭, 소유, 펀블
현물 등 자산	피스, 트레져러
한우(송아지)	뱅카우
콘텐츠(영상 등)	펀더플

출처: 하나금융경영연구소, "조각투자 이해하기", 2022년 14호

3) MZ세대의 조각투자

조각투자는 MZ세대가 선호하는 특징을 보유해 향후에도 이의 투자가 꾸준히 이어질 전망이다. MZ세대는 자본주의 키즈라고 언급될 만큼 자본주의 생리에 익숙하고 투자를 생활 일부로 생각하는 특징을 보유하고 있다. 이는 '영끌'하지 않고는 시드머니조차 모으기 어려운 MZ세대와 부를 이전받아 투

자할 곳을 찾는 양극화된 두 부류의 MZ세대 모두 투자처를 찾기 때문으로 판단된다. 특히 덕업일치(좋아하는 일과 생업이 일치)를 선호하는 MZ세대에게 좋아하는 가수의 음악, 사고 싶은 시계, 소장할 가치가 있는 미술품 등에 소액으로 투자할 수 있는 조각투자는 생활형 투자로서 소위 입맛에 맞는 투자로 인식되고 있다. 이는 자신이 선호하는 가치와 일치한다면 소비가 아깝지 않고, 일상에서 소소한 행위를 통해 보람을 찾는 MZ세대의 특성이 반영되었고, 이에 따라 소액의 자본으로 단기 고수익이 기대되면서 좋아하는 가수 · 현물 등이 투자대상인 조각투자 열풍은 향후에도 지속될 전망이다.

제2부

리스크
관리 개요

제3장

리스크의
실체

제1절 기초지식

1. 정규분포

통상 수집된 데이터의 속성을 일목요연하게 나타내는 대표적인 방법은 그래프를 사용하는 것이다. 그래프는 모양에 따라 다양한 분포가 만들어지는데 금융시장에서 사용하는 대표적인 분포로 정규분포가 있다. 정규분포는 좌우대칭이며 종 모양의 형태로 실제 가장 많은 현상이 정규분포를 따르며 웬만한 다른 분포함수들도 시행 횟수가 커지면 커질수록 정규분포를 따른다. 또한, 표본 크기가 커지면 분포함수와 관계없이 정규분포를 따르는데 이를 중심극한정리라고 한다. 한편, 정규분포는 다음 〈그림〉과 같이 평균값, 최빈값, 중앙값 모두가 일치한다. 따라서 평균값은 종의 중앙에 위치하므로 관측값의 50%는 양 구간 중 어느 한쪽에서 발생한다. 그리고 정규분포는 평균과 표준편차만 알면 분포의 특성을 알 수 있는데 표준편차로 인해 특정한 범위에서 자료의 비율이 얼마인지를 측정할 수 있다.

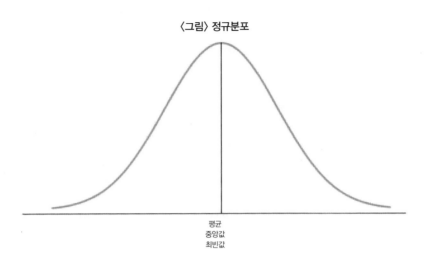

〈그림〉 정규분포

평균
중앙값
최빈값

다음 〈그림〉에서처럼 평균과 표준편차 1 사이의 거리 안에는 모든 관측값의 68.3%가 포함된다. 또한, 95.4%의 관측값들이 표준편차 2의 범위에서 발생하게 되며, 99.7%는 표준편차 3의 범위에서 발생한다. 따라서 평균과 표준편차를 알면 어떤 샘플의 관측값들의 발생비율이 특정한 값보다 위인지 아

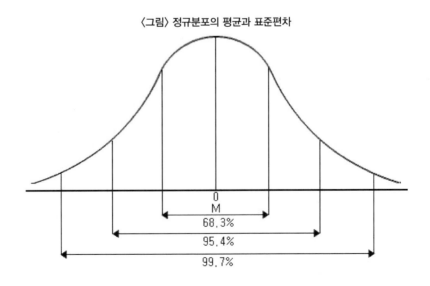

〈그림〉 정규분포의 평균과 표준편차

0
M
68.3%
95.4%
99.7%

래인지 또는 두 값 사이에 있는지를 측정할 수 있다. 이런 이유로 정규분포
는 리스크 관리에 아주 유용하다. 예를 들어 어떤 사건이 표준편차 3의 바깥
쪽에서 발생한다면 그 사건은 발생할 가능성이 희박하다는 의미이다. 리스크
측면에서 손실 가능성이 거의 없다고 판단할 수가 있다.

2. 변동성

변동성은 주어진 데이터들의 변하는 정도를 말하는데, 이를 통해 미래 예
측이 가능하므로 금융 세상에서는 아주 중요하며 이는 가격변동성과 변화율
의 변동성으로 나뉜다.

1) 가격 예측

가격 예측은 자산가격 자체가 임의 보행한다는 확률모형이 주로 사용되는
데 이는 물리학의 기하학적 브라운운동(Geometric Brownian Motion)에서
인용되었다. 확률모형의 핵심 가정은 분산이 전체 기간에 걸쳐 일정하고 가
격변화는 시간에 독립적이라는 것이다. 그러므로 주식의 경우 오늘 주가수익
률은 내일 주가수익률과 서로 독립이며, 주가수익률들은 서로 동등한 분포함
수를 따른다고 할 수 있다. 여기에 주가수익률이 정규분포를 따른다는 가정
을 포함하면, 정규분포의 가법성을 이용하여 주가수익률과 변동성은 다음과
같이 쉽게 구할 수 있다.

$$E(R_2) = E(R_1 + R_1) = 2E(R_1)$$
$$V(R_2) = V(R_1 + R_1) = 2V(R_1)$$

위 식에 따르면 두 기간의 수익률과 변동성은 단위 기간에 2를 곱하면 된다. 따라서 모든 기간의 수익률과 변동성은 서로 독립이며 동일하므로 전체 변동성을 구할 수 있다. 단, 위 식을 활용하려면 반드시 주가가 서로 독립, 즉 추세가 존재하지 않는다는 가정이 전제되어야 한다.

2) 변화율 예측

첫 번째가 동일가중 이동평균법이다. 이는 가장 간단하며 널리 이용되는 방법으로 일정 기간(1개월, 3개월 등)을 이동 기간으로 설정한 다음, 변동성을 추정하는 방법으로 최근 자료와 오래된 자료를 동일비중으로 간주하므로 기간 변화에 따른 변동성의 변화를 적절히 반영하지 못하는 단점이 있다. 두 번째가 첫 번째 단점을 보완한 지수 가중 이동평균법이다. 통상적으로 대부분 금융변수는 기간별로 분산이 작은 구간이 있는가 하면 분산이 큰 기간이 있으므로 분산이 일정한 것이 아니라 시간에 따라서 변하는 이분산성을 가지고 있다. 따라서 이동평균모형의 단점을 보완하기 위해 최근 자료에 가중치를 더 부여하는 모형이 지수 가중 이동평균모형이다. 흔히 주가 등 금융변수 변화율의 확률분포는 두꺼운 꼬리(fat-tail) 형태를 취하며 정규분포보다 평균에서의 빈도가 높다. 그리고 미약하나마 자기 상관성을 가지며 그 제곱은 매우 높은 자기 상관성을 갖는다. 통상 시계열 자료가 독립적이지 못할 경우를 자기 상관성이 있다고 표현한다.

3. 포트폴리오 효과

이의 핵심은 개별종목들을 모아 포트폴리오를 구성하면 개별주식 간에 내재한 리스크가 서로 상쇄되어서 전체적으로는 리스크가 줄어든다는 것이다. 그러나 항상 줄어들지는 않으며 일정한 조건을 충족해야 하는데 이는 개별종목 간 상관관계를 통해 알 수 있다. 만약 상관계수가 +1이면 즉, 상관관계가 동일한 방향으로 모두 같다면 전혀 분산효과가 발생하지 않으므로 리스크 상쇄 효과는 없다. 상관관계가 1 미만이어야 리스크 감소 효과가 나타나며 점차 숫자가 줄어들수록 그 효과는 커진다. 극단적으로 상관계수가 −1이라면 포트폴리오를 통하여 내재한 리스크 전부를 상쇄시킬 수 있다.

〈표〉 상관계수와 분산투자의 리스크 감소 효과

상관계수	분산투자의 리스크 감소 효과
+1.0	리스크 감소 불가능
+0.5	리스크 감소 약간만 가능
0	리스크 감소 상당 수준 가능
−0.5	리스크 대부분 제거 가능
−1.0	리스크 전부 제거 가능

출처: 서영수, 「투자 리스크 관리 길잡이」, 이담북스, 2013, p.132

제2절 리스크란 무엇인가

1. 의의

1) 리스크의 정의

사람들은 어떤 일을 시작하면서 한 번쯤 전혀 예기치 않는 엄청난 수익, 즉 대박을 기대하곤 한다. 하지만 그 반대로 쪽박을 찰 수도 있음을 알아야 한다. 앞으로의 일에 위험도 도사리고 있지만 그 이면에는 좋은 기회도 존재한다. 이처럼 불리한 위험과 유리한 기회가 동시에 존재하는 상황을 리스크에 노출 됐다고 한다. 리스크는 '손실이나 불이익을 당할 가능성'과 '이익이나 유리한 상황을 얻을 가능성'을 동시에 지니는데 어느 쪽이 우세한지는 알지 못한다. 그래서 어느 쪽인지에 대한 가능성을 확률이라는 수단으로 해결하고자 한다. 그러나 금융투자 세상에서는 좁은 의미로 미래의 이익을 제외하고 미래 손실 이 날 가능성만 리스크로 간주하며, 이를 계량화하고 통제할 수 있는 각종 수 단을 만들어낸다. 이런 모든 행위를 리스크 관리라 한다. 리스크는 미래 발생 할 손실을 관리하기 때문에 당장 급하지는 않다. 그래서 늘 의사결정 우선순 위에서 밀려난다. 당연히 리스크 관리가 소홀해질 수밖에 없다.

일반적으로 리스크라고 하면 수익을 창출하기 위해 불가피하게 발생하는 위험, 광의적으로 투기위험을 리스크라고 하는데 협의적으로 그중 이익을 제외하고 미래의 손실 가능성만을 리스크라 정의한다. 리스크란 결론적으로 말하면 불확실성의 노출로 손실 발생 또는 수익의 기대수준 미달 등과 같이 불리한 결과가 발생할 가능성을 의미한다. 만약 불리한 결과의 발생 가능성이 크다 하더라도 모두 예상이 가능하다면 이는 회피가 가능하므로 진정한 의미의 리스크는 아니다. 따라서 리스크는 두 개의 요소를 갖는다. 하나는 불확실성이고 다른 하나는 불확실성에 노출되는 것이다. 지금 돌이켜보면 IMF 외환위기라고 누구나 비명을 지르던 그 시절 대부분 자산가격은 굉장히 매력적이었다. 도대체 왜 그때 그 주식을 매입하지 않았는지, 왜 그때 원화 선물을 왕창 사두지 않았는지, 왜 국채나 금을 수집하지 못했는지, 심지어 왜 그때 그 싼 골프장 회원권을 덥석 못 샀는지 후회하고 또 후회하는 사람들이 태반이다. 투자자 대부분이 값싼 자산을 매수하지 못했던 이유는 간단하다. 바로 불확실성 때문이다. 불확실성은 어떤 결정에 따라 두 가지 이상의 결과가 예측될 때 나타난다. 이론적으로는 각각의 결과에 대한 발생확률이 알려지지 않거나 아예 각각의 결과가 서로 균등한 중요도를 갖는 경우를 말한다. 불확실성은 해당 변수들에 대한 과거 정보가 부족하거나 불안정한 상태가 지속될 때 자주 나타난다. 심지어 발생 결과 자체를 아예 알 수 없는 상태도 불확실하다고 하는데 이러면 심리적인 불안감을 초래하기도 한다. 노출이란 불확실성에 직접 영향을 받는 것을 의미한다. 예를 들어 마술전문가가 마술공연을 하고 있다고 치자. 이 사람은 마술공연 때 자칫 실수할 수 있는 불확실성에 노출되어 있으므로 리스크를 부담하고 있다. 그러나 그 공연을 관람하고 있는 관객은 마술공연의 실수로 인해 망칠 수 있는 불확실성을 함께 공유하고 있지만, 그 불확실성에 직접 노출되어 있지는 않다. 따라서 리스크를 부담하고 있지 않으며 리스크에 노출되어 있지도 않다.

리스크는 시간의 흐름에 따라 변화한다. 또한, 시대발전에 따라 리스크 원천은 다양하게 확산하여 그 처음과 끝이 어딘지 모를 정도로 복잡하게 되었다. 그러다 보니 본인 주변에 있는 모든 상황이 리스크를 유발하는 요인으로 보이기도 한다. 리스크는 눈에 확 띄는 금융거래에 국한되지 않고, 어느 정도 불확실하거나 손실 가능성이 있는 모든 시도나 행위 자체를 포함한다. 관건은 이런 상황이 본인한테 어느 정도 연관되어 있는가이다. 개인마다 처한 상황에 따라 리스크를 보는 시각이 달라지기 때문이다. 그뿐만 아니라 본인이 속한 조직이나 국가에 따라 달라지기도 한다. 그리고 시간이 지남에 따라 언제든지 변하므로 미래 흐름도 고려해야 한다.

2) 리스크 프리미엄

예를 들어보자. 만약에 당신한테 여윳돈이 1,000만 원이 있는데 투자할 수 있는 상품은 두 가지, 즉 국채와 회사채이고 만기는 1년, 이자율도 5%로 동일하다면 전혀 고민하지 않고 국채를 선택할 것이다. 왜냐하면, 돈을 떼일 염려가 회사채보다 덜하기 때문이다. 이런 상황이라면 금융투자가 전혀 어렵지 않고 또 고민할 필요도 없다. 그런데 만약 국채의 이자율은 3%이고 회사채는 5%라면 고민이 된다. 욕심 같아선 5%의 이자를 준 회사채를 선택하고 싶다. 그러나 만기 1년 동안에 그 회사가 부도나면 한 푼도 못 받을 수도 있지 않을까 하는 의구심 때문에 망설여진다. 이럴 때 두 부류로 나뉜다. 최악의 경우 그 회사가 망할 가능성은 있지만, 그 가능성이 희박하다고 판단하는 사람은 회사채를 구입할 것이고, 아무래도 불안해서 2%의 초과 수익을 포기하고 그냥 편안하게 투자하겠다고 판단하는 사람은 국채를 구입할 것이다. 그렇다면 왜 회사채는 국채보다 이자를 더 많이 주는 걸까? 회사채가 국채보다 부도날 가능성이 크므로 국채보다 더 높은 수익을 제시하지 않으면 살 이유가 없기 때문이다. 이는 손실 가능성이 큰, 즉 리스크가 높은 상품은 그만큼 높은 수익률을 제시해야 거래가 된다는 의미이고 달리 표현하면 손실을 떠안을 가능성을 짊어진 고통만큼의 대가로 추가수익을 제공하겠다는 의미이다. 앞의 간단한 예시에서 제시했던 회사채의 2%만큼 초과수익률을 리스크 프리미엄이라고 한다.

3) High risk-high return, Low risk-low return

이 말을 액면 그대로 해석하면 높은 수익을 추구하려면 높은 수준의 리스크를, 낮은 수익을 원하면 낮은 수준의 리스크를 부담해도 된다는 것이다. 아주 간단해 보이지만 이 원칙은 금융 세상에서는 절대불변의 원칙으로 작용한다. 동서고금을 막론하고 현존하는 모든 금융상품에는 이 원칙이 적용되며 단언컨대 이 원칙을 벗어난 금융상품은 없다.

앞의 예를 통해 리스크 프리미엄이 무엇인지 이해하였다. 이를 확장해 보면 충분히 우리는 절대불변의 원칙을 이해할 수 있게 된다. 위의 예에서 국채와 회사채가 아니라 회사채 하나만 투자한다고 해보자. 같은 회사채로 분류되는 상품이라 하더라도 발행회사가 부도가 날 가능성은 회사마다 다르다. 건실한 회사도 있지만 불안한 회사도 있다. 현재는 괜찮지만 다가올 미래에는 장담하지 못하는 회사도 있다. 이처럼 다양한 회사들이 회사채를 발행한다면 발행 시점에서 상대 회사보다 경쟁력이 떨어져서 재무구조가 취약한 회사는 더 많은 이자를 주어야만 투자자를 모을 수 있다. 투자한 사람 처지에서도 높은 수익에 대한 기대가 없는데도 굳이 손실 날 가능성이 큰 회사에 투자할 리는 만무하다.

만약에 여러분이 어떤 금융상품을 추천받았을 때 만약 그 상품이 여타상품과 비교해서 높은 수익을 제시하고 있다면 그 상품은 다른 상품에 비하여 손실이 발생할 가능성이 더 큼이 틀림없다. 어떤 은행에서 3%대의 예금이자를 주는데 내가 거래하는 금융기관에서는 두 배에 가까운 이자를 준다고 하면 이는 손실 날 가능성도 두 배라는 의미이다.

4) 무위험자산

기본적으로 모든 투자대상은 크든 작든 위험, 즉 리스크를 가지고 있다. 근데 그중 어떤 위험이 없는 투자자산이 있다고 해보자. 이를 편의상 무위험자산이라고도 한다. 통상적으로 무위험자산은 위험이 없기에 앞으로 예상되는 기대수익률은 늘 실제로 실현된 수익률, 즉 실현수익률이 된다. 이를 전문용어로 무위험수익률이라고 한다. 현재 시장에서 거래되는 모든 위험이 있는 자산수익률은 무위험수익률보다 높아야 한다. 그렇지 않다면 사람들은 굳이 위험자산보다는 더욱더 안전한 무위험자산에 투자할 것이기 때문이다. 시장에는 무수히 많은 위험자산과 무위험자산들이 섞여 있는데 위험자산수익률은 항상 무위험 자산수익률보다 높아야 한다. 따라서 무위험자산대비 위험자산의 초과수익률을 비교해 보면 투자자산의 적정수익률을 알아낼 수 있다. 이를 잘 설명해 주는 것이 바로 CAPM 모델인데 동 모델은 위험자산의 초과수익률은 무위험자산대비 시장의 초과수익률이고 이를 설명하는 정도를 베타라고 표시한다. 만약 베타가 1이라면 위험자산의 초과수익률은 시장의 초과수익률과 같아진다. 그리고 베타가 1보다 크면 시장의 초과수익률이 증가할 때 위험자산의 수익률은 더욱 많이 증가하고, 반대로 감소하면 더욱 많이 감소한다. 수익률이 출렁이는 정도가 더욱 커지기 때문에 그만큼 위험도 커진다. 이러한 의미에서 베타에 의해 설명되는 수익률은 위험에 의해 설명되는 수익률이라 하고 위험보상 수익률이라 한다.

2. 리스크와 불확실성

1) 불확실성의 의미

투자자 A 씨는 모처럼 화창한 주말에 머리도 식힐 겸 근교 산을 찾았다. 역시 산에 오기를 잘했다고 생각하면서 천천히 산을 오르기 시작했다. 주변의 경관도 구경하면서 산 중턱에 오르자 갈림길이 나타났다. 다행히 이정표가 있어서 쉽게 정상으로 가는 길을 선택했다. 만약 이 상황에서 이정표가 없다고 치자. A 씨는 어떻게 할까? 먼저 주변 사람들에게 물어볼 것이다. 그런데 한참을 기다려도 근처에 등산객이 없다고 하면 어떨까? 더군다나 날이 비가 올 것 같다. 점차 불안감이 몰려온다. 이런 감정은 누구든 예외 없이 생긴다. 세상을 살아가면서 누구든지 불확실한 상황에 맞닥뜨린다. 그리고 되도록 이러한 상황에 노출되지 않았으면 하고 바란다. 그런데도 불확실한 상황에 부딪히게 되면 평소에 나타나지 않던 여러 현상이 나타난다. 무엇보다 찜찜하고 개운하지 않다. 좀 심하면 불안해지면서 당황하게 된다. 왜 이럴까? 이런 상황에서 무언가를 결정해야 하는데 혹시라도 상황 파악을 잘못할 수 있다는 상황에 노출되었기 때문이다. 미국 서브프라임 사태 이후 금융이론의 전설이었던 포트폴리오 이론이 그 한계를 드러내자 점차 투자자들은 동요하기 시작하였다. 투자 전에 가지고 있던 투자원칙이나 기대수익률에 대한 확신이 무디어졌다. 또 기대하였던 금융 흐름보다는 예기치 않았던 금융 사건들이 곳곳에서 자꾸 터지자 이런 불안감은 더욱 확산하였다. 결과적으로 미래 금융 환경에 대한 투자자들의 불확실성은 전례 없이 확산하고 있었다.

불확실성의 반대는 확실성이다. 확실성이란 우리가 어떤 결정을 할 때 한 가지 가능한 결과만이 존재하고, 이러한 결과가 누구에게든지 정확히 알려지는 상황을 말한다. 사전에서도 확실성은 '의심의 여지가 없는 사실, 확실한 전망이나 절대적 확신'이라고 기술하고 있다. 만약 하나의 결정에 대해 두 가지 이상의 결과가 발생할 수 있는 경우에는 상황은 달라진다. 불확실성은 어떤 결정에 따라 두 가지 이상의 결과가 예측될 때 나타난다. 이론적으로는 각각의 결과에 대한 발생확률이 알려지지 않거나 아예 각각의 결과가 서로 균등한 중요도를 갖는 경우를 말한다. 불확실성은 해당 변수들에 대한 과거 정보가 부족하거나 불안정한 상태가 지속할 때 자주 나타난다. 심지어 발생 결과 자체를 아예 알 수 없는 상태도 불확실하다고 하는데 이러면 심리적인 불안감을 초래하기도 한다. 불확실성에 대처하는 현명한 방법은 우선 다양성을 확보하는 것이다. 다양한 관점, 다양한 기법, 다양한 재능과 같은 다양성이 예측할 수 없는 사태에 대응할 수 있는 버팀목이 된다. 다양성이 풍부한 사람일수록 긴급사태가 발생할 때 이에 대처하는 힘이 의외로 강하다. 두 번째, 불확실한 세상에서 실패는 피할 수 없다. 그러니 불확실성에서 비롯된 실패는 너그럽게 받아들일 줄 알아야 한다. 오히려 그런 실패를 반면교사로 삼아 적극적으로 활용할 필요가 있다. 불확실성 때문에 실패하는 것은 결코 잘못이 아니다. 중요한 것은 실패로부터 배우고 수정하는 힘이다. 실패하지 않는 것보다 실패를 겪은 뒤 이를 수정하고 보완하는 자세가 훨씬 더 중요하다.

2) 리스크와 불확실성

어떤 금융 현상에 대하여 리스크가 있다 혹은 없다는 기준은 불확실성에서 출발한다. 리스크는 정확한 결과를 알 수 없지만, 대체로 결과가 어떻게 분포할 것인지는 알 수 있다. 반면에 불확실성은 결과를 알 수 없을 뿐만 아니라, 그 결과물의 분포조차도 감을 잡을 수 없다. 따라서 카지노에서 대부분 도박 게임은 '리스크가 있다'라고 하고, 전쟁의 결과는 '불확실하다'라고 말하는 것이다. 리스크는 언제나 손실이라는 뉘앙스를 품는다. 반면에 불확실성에는 손실 가능성이 포함되지 않을 수도 있다. 단지 알 수 없거나 확정 지을 수 없다는 의미이다. 우리는 왜 리스크와 불확실성을 구분해야 하는가? 가장 큰 이유는 투자가 기본적으로 확률에 근거를 두기 때문이다. 모든 투자자는 투자 전에 투자대상의 예상수익과 손실을 따지는데 이는 과거 수익률을 근거로 계산한다. 이것은 확률에 근거한 계산 값이다. 따라서 확률적인 사고와 이의 접근법이 아주 중요하다.

3. 리스크와 확률

1) 확률의 등장

인간은 태초부터 불안감이 내재한 불확실성을 없애고자 수많은 방법을 시도하였는데 지금까지 가장 과학적으로 발명되어 활용하고 있는 수단이 확률이다. 확률은 불확실성을 어느 정도 확신할 가능성으로 바꾸어 주는 주요 도구이다. 확률의 사전적 의미는 '개연성이 있는 사물이나 사건의 모든 가능한 경우에 비추어 딱 떨어지는 경우의 비율로 측정되는 어떤 사건이 발생함 직한 정도'이다. 수학적으로 표현하면 확률은 어떤 사건의 발생 가능성 또는 상대적 빈도수를 나타내는 것으로 특정 사건의 실제 발생횟수를 전체 사건들의 실제 발생횟수로 나누어서 계산된다. 만약 어떤 사건의 발생이 확실하다면 그 발생확률은 1이 되고, 반대로 사건이 발생하지 않을 것이 확실하다면 그 확률은 0이 된다. 그러므로 확실과 불확실성을 제외한 모든 경우는 발생확률이 0과 1 사이의 값을 가지게 된다. 일상생활에서도 미래의 불확실한 현상을 확률에 근거하여 판단하는 사례가 자주 나타나는데 금융투자 세상에서도 미래현상을 예측할 때 확률이 가장 포괄적으로 사용된다. 세상을 살면서 최소한 한 번이라도 어떤 투자의사 결정에 대하여 심각하게 고민했던 사람이라면 상승이냐, 하락이냐로 투자결과를 예측할 수 없다는 사실을 충분히 잘 알고 있다. 만약 아주 친한 사람이 이 종목에 투자하면 상승할 확률이 100%라고 강력히 권하면 가지고 있던 모든 재산을 당연히 투자하여야 한다. 그러나 세상 물정 모르는 아주 순진한 사람들 빼고는 그런 일은 있을 수 없다는 것을 잘 알고 있다. 신(神)이 아닌 이상 미래를 예단하는 것 자체가 잘못이다. 그렇다면 친구의 말을 듣는 사람은 당연히 스스로 80%이든, 60%이든 투자했을 때의 상승 가능성을 예측해 보고, 어느 정도 투자할지를 결정해야 한다. 그래서 만약 상승확률이 80%라고 판단이 서면, 나머지 20%는 하락할 확률이므로, 이때 발생할 손실이 얼마이고 과연 내가 감당할 수 있는가를 가늠해 보는 것이다. 투자 세상에서 확률론적 사고는 필요할 수밖에 없다. 확률은 불확실한 상황과 관련이 있지만 리스크의 개념과는 다르다. 불확실한 상황을 설명할 때 확률을 이용하기는 하지만 확률이 곧 불확실성의 정도 즉 리스크의 크기를 나타내지는 않는다. 즉 확률의 크기에 따라 리스크의 정도가 결정되는 것은 아니다. 확률이 크다고 리스크가 큰 것도 아니고 작은 것도 아니다. 확률은 단지 리스크를 측정하는 과정에서 사용되는 하나의 도구 혹은 수단일 뿐이다. 리스크의 정도란 객관적인 불확실성의 크기를 말하며, 통계적으로 측정이 가능한 부분을 말한다. 불확실한 상황에 대하여 개인이 느끼는 심리적 불안, 근심, 의혹의 정도 등은 사람마다 그 크기가 다르고 측정하기도 곤란하므로 리스크의 정도에 포함되지 않는다. 따라서 리스크의 정도를 측정하기 위해서는 통계적인 도구들이 많이 이용되는데, 일반적으로 리스크는 변동성(volatility)으로 측정하며 이는 통계학에서 말하는 표준편차(standard deviation)를 의미한다.

2) 확률론적 투자

간혹 투자세미나에 참석해 보면 이런 질문이 당연히 나온다. "그렇다면 앞으로 어디에 투자하거나, 어떤 종목을 사야 하나요?" 대부분 전문가라면 다음과 같이 말한다. "불확실한 요소가 많아서 자신 있게 권해 드릴 수는 없습니다. 그럼에도 원하신다면 이런 종목을 권해 드립니다. 다만 확률적으로 보았을 때 대략 80% 정도는 승산이 있을 거라 예상합니다." 그런데 이런 대답은 전문가일수록 더욱 많이 사용한다. 그러나 일반 대중들은 "이 종목에 투자하면 돈을 법니다."라는 말을 듣고 싶을 뿐이다. 설령 투자결과가 예상을 빗나가더라도 당장은 투자할 때 나타나는 마음속의 불안감을 해소해 줄 그런 말이 필요한 것이다. 이런 상황은 일반인뿐만 아니라 전문가들이 모인 투자회사에서도 종종 나타난다. 투자분석 회의 때 상사가 투자전망을 질문하면 펀드매니저가 "여러 상황을 최종적으로 고려할 때 상승할 확률은 80%이며, 하락할 확률은 60%입니다."라고 대답하면 상사는 "그래서 어쩌란 말인가? 투자하라는 건가? 하지 말라는 건가?" 전문가들 회의에서조차 나타나는 이런 현상의 주된 원인은 투자결과에 대한 확신이 없기 때문이다. 그러나 생각해 보라. 어느 누가 앞으로의 불확실한 미래를 자신 있게 주장하겠는가? 상사는 있을 수 없는 답을 요구하고 있는 것이다. 물론 상사도 질문에 대한 답이 뻔한 것을 알고 있다. 이럴 때 할 수 있는 최선의 방안이 바로 확률적인 접근방법이다. 좀 더 올바른 투자의사 결정은 어떤 종목이 오르고 내리고를 판단하는 것이 아니라 상승할 확률이 몇 퍼센트인가를 살펴보고 회의를 주재하여 투자 여부를 판단하는 것이다.

확률론적 투자자는 "지금 나의 예측이나 기대가 과연 맞는 것인가, 만약 잘 못되었다면 어떤 일이 일어날 것인가, 손실은 얼마이고, 감당할 수 있을까? 그리고 내 가족이나 주변에 어떤 영향을 미칠 것인가?"와 같은 질문을 수도 없이 반복하면서 어떤 사태가 어느 정도의 확률로 발생할 것인가를 되도록 객관적으로 예측한다. 그리고 투자 이후 일어날 수 있는 다양한 시나리오와 그에 따른 이익과 손실을 예상하여 최종적으로 의사결정을 내린다. 한편, 이런 타입은 다소 냉소적일 수 있으며 더구나 논리적이어서 따분할 수 있다. 주로 좌뇌형 사람들이 해당한다. 반면, 우뇌형 사람들은 자신의 직감이나 동물적인 감각에 더 우선하여 판단하곤 한다. 사실 어떤 경우든 그 결과가 본인이 예측한 대로 나오면 전혀 문제없다. 그러나 지금의 세상은 우리가 생각한 것보다 훨씬 복잡하다. 앞으로는 더욱 그러할 것이다. 그만큼 세상의 한정된 자원은 고갈되어 가고 시간이 갈수록 원하는 목표수익률 경쟁은 치열해질 수밖에 없기 때문이다.

한편, 세상에는 굳이 확률론적 사고가 필요 없는 경우도 많다. 일상적이며 단순한 사항에 대해서는 확률론적 사고가 오히려 비효율적일 수 있다. 이런 경우에는 비확률론적 사고가 상당히 유효하며 문제해결에 도움이 된다. 예를 들어, 한 방을 노리는 단기적인 투자를 한다면 굳이 확률론적 사고를 할 필요가 없다. 어차피 한 번에 승부수를 띄워 결판을 내야 한다. 필요한 것은 넉넉한 자금과 두둑한 배짱뿐이다. 하지만 원하는 대로 성공해서 대박을 내고도, 결국에는 큰 손해를 보고 그때까지 벌었던 이익을 모조리 날려버리는 경우가 허다하다. 주식시장에서 이런 사람들이 자주 목격된다. 주변에 일시적으로 성공을 거둔 사람은 많지만, 오랫동안 꾸준히 이익을 남긴 사람들은 흔치 않다. 비즈니스 세계에서도 주식투자와 마찬가지로 일시적이고 단기적인 성공을 원한다면 굳이 확률론적 사고는 필요 없다. 대부분 기업은 단기적인 성공이 축적되면 장기적 성공으로 이어진다고 믿고 있다. 그러나 과거 경험에 비추어보면 장기적인 성공은 단기적인 성공의 연속이 아니라 발상의 전환에서 비롯됨을 알 수 있다. 장기적인 성공기업들의 비전이나 경영방침들을 살펴보면 역시 다르다.

3) 확률에 기초한 장기투자

불확실한 세계에서는 모든 현상이 확률을 동반한다. 올바른 방식으로 올바른 결과가 나오는 것도, 실력이 있는 쪽이 이기는 것도 모두 확률적인 현상이다. 하지만 늘 그렇게 되는 것은 아니다. 단기간으로 보면 확률대로 결과가 나오지 않는 일은 비일비재하다. 확률은 횟수가 거듭되어야만 비로소 모습을 나타내므로 단기적인 일보다 장기적인 일에서 안정되게 나타난다. 그러므로 불확실한 세상에서는 장기적인 관점으로 접근해야 한다. 일반적으로 실력이 있는 사람이 단기전에서는 이길 수 없는 때도 있지만, 장기전에서는 거의 실력대로 결과가 나온다. 시간이 흘러가면서 수많은 우연이 생겨나지만 서로 그 영향을 상쇄하기 때문에 차츰 불확실성의 안개가 걷힌다. 투자자라면 그때부터 비로소 투자의 맥을 느끼기 시작한다. 시장에서 타이밍(timing)을 알아 간다는 의미이다. 사실 시장의 타이밍은 투자에 있어서 가장 논란을 불러 일으켰던 화두이다. 시장에 내로라하는 투자전문가들이 투자 경험을 이야기 할 때 빼놓지 않는 부분이 투자 타이밍이다. 이익과 손실에 직결되는 부분이 기 때문이다. 전설적인 금융가의 한 사람인 존 모건(J. Pierpont Morgan)은 시장을 예측해 달라는 질문에 "앞으로 시장은 등락을 거듭할 것입니다."라고 만 대답하였다. 시장 움직임에 타이밍을 잡아 저렴한 가격으로 주식이나 채 권을 구매하고 비싼 가격에 되팔기란 모래밭에서 바늘 찾기처럼 참으로 어렵 다. 그런데 이 어려움은 투자자의 지식이나 근면함이 모자라서가 아니라 시 간의 틀을 잘못 짜고 있기 때문에 주로 발생한다. 단기적인 시간의 틀 속에서 시장의 타이밍을 잡으려 한다면 인간으로서 느끼는 감정 때문에 이성적으로 올바른 방향에서 벗어나는 행동을 하게 된다. 더불어 단기간에 나타나는 다 양한 금융경제 통계는 무작위인 경우가 많아 매수 또는 매도에 일정한 방향 성을 잡는 데 방해될 뿐이다. 그런데도 투자자는 투자의 타이밍을 잡기 위해 부단히 노력해야 한다. 방법은 장기적인 시각을 가지는 것이다.

4. 리스크와 위험

우리는 불확실한 미래를 준비하면서 마음속으로나마 스스로 확실할 것이 라고 위안한다. 그래도 불확실성은 언제나 사람 마음을 부담스럽게 한다. 혹 여 나한테 불리한 결과가 나타날지도 모르기 때문이다. 흔히 주변 사람들과 어떤 일을 의논할 때 '이건 나한테 좀 부담되는데'라는 말을 듣곤 한다. 근본 이유는 그런 일들이 혹시 자기한테 불리하거나 부정적인 결과를 가져올 거라 는 불안감 때문이다. 이런 불안감이 누구에게든지 예외 없이 발생하는 현상 으로 질병이나 사망, 전쟁, 자연재해, 사업도산, 가족해체 등을 들 수 있는데,

이런 사건은 가능하면 누구든지 피하고 싶어 한다. 바로 이런 것들을 위험이라 하며 리스크와 구별시킨다. 특히 금융투자 세상에서는 더욱 구별해야 한다. 리스크를 단순히 우리말로 번역하면 위험이 된다. 위험은 미래의 불확실한 시간 속에 존재하는데 이는 보통 수익이 수반되지 않는 일방적인 손실을 의미하며 정확히 순수위험이라 한다. 그런데 여러 위험 중 그 발생 결과가 손실 또는 이익이 되는 일도 있는데 이를 투기위험이라 하고 순수위험과 구분하고 있다. 이런 투기위험이 리스크에 해당한다.

금융권뿐만 아니라 일상생활에서도 대부분 사람은 위험과 리스크를 혼동하여 사용한다. 가장 큰 이유는 영어를 잘못 번역해서 초래되었다고 생각한다. 보통 위험을 영어로 옮기면 risk와 danger가 되는데 두 용어는 분명한 차이가 있다. risk는 예상(기대)보다 달라질 가능성을 표시하므로 결과가 예상보다 더 좋을 가능성과 더 나빠질 가능성 모두를 포함하는 반면, danger는 예상보다 결과가 더 나빠질 가능성만을 의미한다. 또한, risk는 부담하는 대가로 기대수익이라는 보상을 받게 되지만, danger는 부담함으로써 받게 되는 대가가 거의 없다. 결국, risk가 리스크이고 danger가 위험이다. 따라서, risk는 좋거나 나쁨을 평가할 수 없고 다만, 좋아하느냐 또는 싫어하느냐를 따지는 대상인 데 반해, danger는 오로지 나쁘고 싫어하는 대상일 뿐이다.

5. 리스크와 위기

리스크는 앞서 말한 대로 미래 불확실성에 노출되어 자기한테 불리하거나 혹은 유리할 수도 있는 상황에 노출되는 경우를 말한다. 그러나 위험은 항상 불리한 경우만 발생한 경우를 말한다. 위기는 사전적 의미로 어떤 현상에서 위험한 고비나 시기를 말하는데 불리한 위험이 실제로 나타난 상태를 의미하며 주로 인간이 초래하는 인재가 대부분이다. 통상 위기가 발생하는 근본 원인은 개인과 조직이 한정된 자원을 가지고 서로 경쟁하기 때문이다. 경쟁은 필연적으로 위험한 상황을 초래하고 누구든지 이러한 상황을 피해 갈 수는 없다. 그러나 이런 상황을 자기한테 유리하게 바꿀 수는 있다. 위기를 어떻게 대처하느냐에 따라 긍정적인 기회로도 활용할 수 있다는 것이 바로 위험과 다르다.

대부분 위기는 처음에 조그만 일로 시작하지만, 그것이 차곡차곡 쌓여 감당하기 어려운 상황으로 퍼진다. 보통 이런 상황이 전개되면 일반개인이나 조직은 당황하게 되고 무조건 정보를 감추려는 속성을 보인다. 이것은 위기 상황을 미리 준비하지 않는 조직에서 더 심하며 이에 따라 통제 불능 상황으로 치닫는다. 또한, 위기는 그 진실성 여부에 상관없이 소문에 의해 퍼지는 경우가 허다하다. 발 없는 말이 천 리를 가듯이 소문의 위력은 대단하다. 이로부터 개인이나 조직을 보호하는 유일한 해법은 평소에 자기의 신뢰를 쌓아가는 것이다. 주변인들과 좋은 인간관계를 가진 사람만이 소문에 대응할 여러 가지 방편을 마련할 수가 있다. 이런 경험이 있는 사람이라면 평소에 주변인들과 좋은 관계를 유지하는 것이 얼마나 중요한지 느낄 것이다. 굳이 위기 관리를 위해서가 아니라 인생을 살아가면서 좋은 인간관계는 본인에게 무한한 도움을 주는 요인이다. 비즈니스 사회에서는 더욱 그러하다. 이러한 사실을 알고 있으면서도 실천하지 못하는 사람들이 얼마나 많은가?

투자 세상에서 위기는 또 다른 의미를 내포하고 있다. 위험과 기회를 동시에 가진 위기를 필자는 굳이 리스크라 표현하고 싶다. 투자에서의 리스크는 위험이 아니라 기회라고 간주할 수 있기 때문이다. 나한테 유리한 기회, 즉 수익이 나는 기회가 있으며, 동시에 불리한 기회, 즉 손실이 나는 기회가 존재한다. 바꾸어 말하면 리스크를 가져오지 않으면 아예 수익을 낼 수가 없다는 의미이다. 물론 손실도 없기는 마찬가지이다.

6. 리스크와 수익

사람은 나이를 먹으면서 점차 세상살이가 어렵고 곳곳에 위험이 도사리고 있다는 것을 느끼게 된다. 직접 경험해 본 사람이라면 더욱 와 닿는다. 더욱이 수많은 이해관계가 얽혀 있는 비즈니스 세계에서 이런 현상은 비일비재하다. 금융시장은 더하다. 매 순간 수익추구를 위해 치열하게 싸움이 벌어지는 아주 위험한 곳이다. 특히 주식시장은 더욱 그렇다. 그런데도 주식시장은 항상 사람들로 넘쳐 난다. 왜 그럴까? 이익과 손실이 공존하기 때문이다. 주식을 거래하다 보면 손실이 나거나 수익이 미미하더라도 언젠가는 큰 이익이 날 수 있다는 기대나 희망이 있기 때문이다. 금융시장만큼 이익과 손실이 극적으로 발생하는 곳은 없다. 동서고금을 막론하고 금융투자 역사에서 배워야 할 분명한 교훈은 수익이 있는 곳에는 반드시 리스크가 존재한다는 것이다. 리스크와 수익은 불가분의 관계이다. 높은 수익률을 얻고 싶다면 반드시 그에 상응한 높은 리스크를 부담해야 한다. 투자자산의 안전을 바란다면 그럭저럭한 수익률에도 푸념해서는 안 된다. 본인이 원하든 또는 원하지 않든 반드시 추가적인 리스크를 부담할 때만 더 높은 수익률을 얻을 수 있다. 또한, 더 높은 수익률을 원하면 이따금 상당한 손실도 각오해야 한다. 이런 현상을 금융 세상에서는 '하이 리스크-하이 리턴(high risk-high return), 로우 리스크-로우 리턴(low risk-low return)'이라 한다. 높은 수익을 추구하려면 높은 수준의 리스크를, 낮은 수익을 원하면 낮은 수준의 리스크를 부담해야 한다는 것이다. 이처럼 수익과 리스크는 동전의 양면과 같은 속성을 지니고 있으며 이를 '상반 관계(trade off)'에 있다고 말한다. 상반 관계란 예를 들어 맛있는 케이크를 먹고 있는데 옆에 있는 피자도 먹고 싶다면 손에 쥔 케이크를 버려야 한다는 의미이다. 만약 둘 다 먹고 싶다면 그만큼 추가비용을 부담해야 하거나 그에 상응한 무언가를 해야 한다. 실제 대부분 사람이 나름대로 투자하기 전에 직간접적으로 사전지식을 습득하거나 해당 정보를 얻어 최선의 수익을 내고자 노력한다. 그런데도 대부분 좌절하게 되는 이유는 투자의 가장 기본적인 전제인 수익과 리스크가 함께 한다는 당연한 진리를 잊어버리기 때문이다.

이제 수익을 내기 위해서는 리스크를 감수하는 것 이외에는 어떠한 방법도 없다는 것을 인정해야 한다. 그러면 어느 정도까지 리스크를 감수해야 하는 걸까? 이는 얻을 수 있는 기대이익과 리스크의 크기를 비교하여 자신이 만족할 균형점을 찾는 데서 해결된다. 보통 균형점은 각자가 안고 있는 리스크 성향에 따라 다르다. 이를 〈그림〉으로 나타내면 다음과 같다.

〈그림〉 리스크 성향별 유형

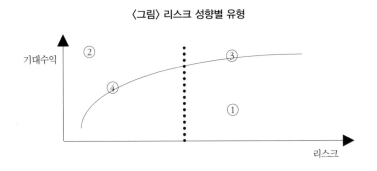

① 유형은 상당히 바보스러운 사람이다. 기대수익은 낮으면서 그에 상응한 리스크는 많이 부담하기 때문이다.

② 유형은 공짜점심만 기대하거나 그것이 아니면 거의 투자사기에 가깝다. 리스크가 낮으면서 동시에 기대수익이 높은 투자는 현실적으로 존재하지 않기 때문이다.

③, ④ 유형은 아주 합리적인 유형이다. 금융의 근본 속성인 고위험과 고수익 또는 저위험과 저수익을 추구하기 때문이다.

7. 리스크, 무조건 나쁜 것이 아니다

이 세상에서 특히 금융 세상에서 리스크를 좋아하는 사람은 거의 없다. 손실이라는 말만 들어도 오금이 저린다. 높은 산에 올라가서 낭떠러지 바로 앞에 서 있기만 해도 실로 다리가 후들거린다. 리스크는 이런 상황과 똑같은 것이다. 그렇다면 리스크가 높은 상품은 무조건 나쁜 상품이란 말인가? 만약 리스크에 대한 반대급부로 높은 수익이 전제되지 않는다면 리스크가 높은 상품은 당연히 나쁜 상품이고 아예 처다볼 필요가 없다. 하지만 리스크가 높은 상품은 대체로 그에 상응하여 수익이 높으므로 리스크가 높다고 해서 무조건 나쁘다고 치부해 버리면 안 된다. 대신 위험은 몹시 나쁜 것이다. 위험은 미래의 불확실한 시간 속에 존재하는데 항상 그 결과가 누구에게나 손실을 입히는 상태를 말한다. 그러므로 이러한 미래의 일들에 대해서는 가능한 한 사전에 피해야 한다. 간혹 주변에 내기나 도박 같은 것을 좋아하는 사람들이 있다. 대체로 도박하는 사람들은 더 큰 이익을 얻기 위해서 어느 정도의 손실을 감수하겠다는 자발적인 의지가 강하게 나타난다. 이런 종류의 위험은 그 자발적인 속성으로 인해서 도박자에게는 심각한 위험으로 인식되지 않는 경우가 대부분이다. 하지만 위험은 자발적인 의지가 작용하는 때도 있지만 많은 경우 자기 의사와 상관없이 무차별적으로 발생한다. 이런 위험은 무조건 피해야 한다. 화재, 홍수, 지진, 환경오염, 공해 등은 살아가면서 누구에게든지 나타나는 자연재해이다. 이런 위험은 살아가면서 전혀 도움이 되질 않는다. 그러므로 최대한 사전에 대비해야 한다.

이런 위험도 있다. 사람들은 담배가 신체에 해롭다는 사실을 알고 있다. 즉 담배는 위험하다는 인식을 하는 것이다. 그런데도 담배를 피움으로써 얻는 편익이 있으므로 위험을 감수한다. 즉 위험이 가져다주는 편익이 있다면 이를 저울질해야 하는 상황에 직면한다. 이런 위험은 사람마다 취하는 형태가 다양하다. 대표적인 것이 흡연, 과식 등이다. 이런 위험은 정신적, 육체적인 상태에서 적정하게 사용하면 큰 문제가 없다. 즉 어느 정도 편익을 주는 가에 따라 상대적으로 판단해서 대처해야 한다. 무조건 피해야 하는 위험과는 다르다.

제3절 리스크의 측정지표

1. 표준편차

예를 들어보자. 아래 〈표〉의 A 펀드와 B 펀드의 연평균수익률은 9%로 같다. 하지만 5년 동안 매년 수익률을 비교해 보면 상당히 다르다는 것을 알 수 있다.

〈표〉 펀드의 연 수익률 비교

수익률	A 펀드		B 펀드	
		편차		편차
1년 전	-2%	-11%	8%	-1%
2년 전	11%	2%	10%	1%
3년 전	-5%	-14%	9%	0%
4년 전	5%	-4%	8%	-1%
5년 전	36%	27%	10%	1%
평균	9%	0%	9%	0%
표준편차	0.02132%		0.00008%	

〈표〉를 보면 알 수 있듯이 A 펀드와 B 펀드의 연평균수익률 9%가 산출되는 과정이 다르다. A 펀드는 매년 수익률의 편차가 크지만, B 펀드는 매년 고른 수익률을 보였다. 이런 경우 지금 투자하여 1년 뒤에 9%의 수익률을 올릴

가능성이 큰 펀드는 당연히 B 펀드이다. 다만 명심해야 할 것은 앞으로 예상되는 기대수익률이지 실제 실현된 수익률이 아니라는 것이다. 실제로 1년 후 실현수익률이 9%보다 높을지 낮을지는 아무도 모른다. 단지 과거의 운용 경험에 비추어볼 때 B 펀드가 상대적으로 9%를 실현할 확률이 높다는 것이다. 이는 표준편차로 알 수 있다. 위의 〈표〉에서 표준편차를 계산해보면 A 펀드는 0.02132%이며, B 펀드는 그보다 훨씬 적은 0.00008%이다. 따라서 보유 자산의 각각이 동일한 기대수익을 갖더라도 해당 자산의 변동성, 즉 표준편차가 낮은 것이 리스크가 작다는 것을 알 수 있다. 한편, 리스크는 다음 식에서처럼 노출된 순익스포저와 그 금액의 과거 변동성(표준편차)만 알면 쉽게 계산할 수 있다. 대부분 사람이 주식이나 채권 또는 부동산 등 자기 적성에 맞는 자산에 투자하는데 이의 리스크를 계산하려면 선택한 자산의 과거 수익률의 변동성, 즉 표준편차만 구하면 구체적인 숫자로 자산별 리스크를 상호 비교할 수 있게 된다.

리스크 = 순익스포저 금액 × 변동성(표준편차)

2. 빈도와 심도

리스크를 계량화하기가 어렵다면 심도와 빈도를 이용해서 정량화하면 된다. 심도는 주로 재무적 영향 즉, 재무상태, 시장점유율, 영업이익 혹은 주가에의 영향 등으로 인한 재무적 손실금액을 나타낸다. 그리고 빈도는 확률적인 발생횟수를 말한다. 심도와 빈도를 이용하여 리스크를 정량화하는 예를 다음 〈표〉에 나타냈다.

심도	빈도
재무상태의 영향을 무시해도 좋은 경우 → 대략 몇백만 원	25% 미만의 발생 가능성
재무상태에 대한 작은 영향 → 대략 5천만 원 이하	25% ~ 50% 발생 가능성
재무상태에 대한 큰 영향 → 대략 5천만 원에서 몇억 원 내외	50% ~ 75% 발생 가능성
재무상태에 대한 중대한 영향 → 대략 몇십억 원 내외	75% 초과 가능성

위의 〈표〉에서 해당리스크는 심도와 빈도를 곱하여 산출한 다음, 금액순서대로 리스크 관리 우선순위를 결정하면 된다. 또한, 다음 〈그림〉처럼 시각적 도구를 이용하여 리스크를 산출하면 어떤 리스크가 중대한지 아닌지를 결정할 수도 있다. 이는 지금 당장 중대한 리스크가 무엇인지 알 수 있기 때문에 리스크 관리를 더욱 효율적으로 할 수 있게 해준다. 이런 절차가 없다면 단지 관리하기 쉽다는 이유로 낮은 리스크에 중점을 두고, 어려운 리스크는 뒷전에 놓기가 십상이다. 대체로 인간의 속성은 낮은 리스크를 선호하게 마련이다.

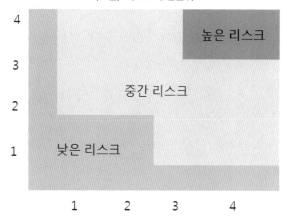

〈그림〉 리스크 우선순위

3. VaR(Value at Risk)

1) 포트폴리오 리스크

투자자의 투자자산은 대부분 한 종목 이상으로 구성되는데 이 경우 리스크를 측정하기 위해서는 리스크별 분산효과를 고려해야 한다. 즉 포트폴리오를 구축하면 개별자산의 리스크를 합한 것보다 포트폴리오를 통한 전체 리스크는 더 작아진다는 것이다. 이를 계산하기 위해서는 개별종목별 상관관계를 미리 알고 있어야 하며, 만약 보유종목이 열 개 이상이면 전산시스템으로 해결해야 한다. 이 방법은 지금껏 가장 오랫동안 광범위하게 사용되었던 리스크 관리 수단이었다. 다만 완벽하지 않다는 게 단점이다. 실제로 투자에 따른 포트폴리오 효과를 고려한다는 것은 여러 제약조건을 미리 가정한 것이기 때문에 실제 산출된 값과 애초 예상된 값과는 차이가 날 수밖에 없다. 그런데도 포트폴리오는 지금까지 투자 세계에서는 가장 강력한 투자전략으로 꼽힌다.

포트폴리오 리스크를 측정하기 위해서는 우선 개별종목별로 리스크를 측정해서 이를 합산해야 한다. 그러나 투자대상별로 리스크 측정기준이 달라서 이를 합산할 수가 없었다. 특히 금융기관, 그중에서도 은행의 경우에는 대상 상품마다 적용 방법이 달랐다. 즉 예금과 대출에는 ALM 기법인 금리갭이나 만기갭이 적용되었고, 채권에는 듀레이션 기법, 주식에는 베타기법이 적용되었다. 그 결과 각각 산출 단위가 달라 이를 종합적으로 합산할 수가 없었다. ALM은 금액 단위이고, 주식은 숫자 단위로, 채권은 년(年) 단위여서 전체 리스크를 파악하고 싶어도 합산할 수가 없어서 불가능하였다. 이를 해결하기 위해 개발된 리스크 측정수단이 VAR였다.

2) VaR란 무엇인가?

VaR는 '정상적인 시장(normal market) 여건하에서 주어진 신뢰수준 (confidence level)으로 목표 기간(target period)에 발생할 수 있는 최대 손실 금액(maximum loss)'으로 정의한다. VaR의 정의를 구체적으로 살펴보면 첫째, 정상적인 시장이다. 이는 누구나가 인정하는 보편적인 시장을 의미한다. 예를 들어, 9.11테러로 인해 미국을 포함 세계 주식시장의 폭락은 정상적인 시장이라면 발생하지 않아야 한다. 그러므로 비정상적인 상황에서 VaR는 유익하지 않은 리스크 측정기법이다. 두 번째가 신뢰수준이다. 신뢰수준이란 관찰값의 분포에서 특정 관찰값이 포함될 확률을 의미한다. 예를 들어 99% 신뢰수준을 사용하면 관찰값 전체의 99%가 이 범위 안에 포함됨을 의미한다. 다음 〈그림〉의 손익분포는 정규분포를 가정한 것으로 50%의 이익분포와 50%의 손실분포로 구성되어 있다. 99% 신뢰수준을 적용하면 〈그림〉에서 평균이 0인 손익의 분포에서 '50%의 이익 발생확률 + 49% 손실 발생확률'에 해당하는 값을 구하겠다는 의미이다. 만약 95% 수준이라면 '50%의 이익 발생확률 + 45% 손실 발생확률'에 해당하는 값이다.

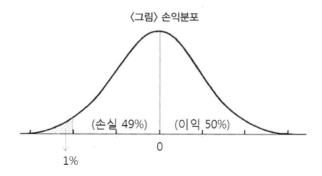

〈그림〉 손익분포

(손실 49%) (이익 50%)

0

1%

따라서 신뢰수준이 높으면 그만큼 통계적으로 정확하다는 의미가 될 수 있으나 더 넓은 범위를 포괄하게 되어 VaR값은 당연히 커지게 된다. 대부분 금융기관은 95% ~99% 사이의 신뢰수준을 선택하고 있다. 세 번째가 목표 기간이다. 이는 해당 자산 또는 포트폴리오의 보유 기간으로 통상 금융기관은 영업일 기준으로 계상한다. 일주일은 영업일 기준으로는 5일이며, 1년은 250일이다. 목표 기간은 보유 포지션의 헤지 기간이나 계약해지 기간 등 원래 포지션의 유동성과 연관하여 설정하는 것이 좋다. 예를 들어 한 달 후에 투자자금이 필요하다면 목표 기간을 1개월로 정하면 된다. 네 번째 최대 손실액이다. 이는 측정된 리스크 금액으로 최종적으로 얻고자 하는 값이다. 이 금액을 가지고 확률적으로 투자 여부를 판단한다. 만약 투자를 원하면 최대손실액을 부담할 만큼 자본금이 있는지 없는지를 확인해야 한다. 만약 자본금을 초과한 상태에서 투자를 감행한다면 실제로 리스크가 발생하였을 때는 바로 파산이다.

VaR를 이용하면 또 다른 리스크, 즉 시장 리스크에 노출된 시장 VaR, 금리 리스크에 노출된 금리 VaR, 신용 리스크에 노출된 신용 VaR, 기타 운용 리스크에 노출된 운용 VaR 등을 전부 합하여 금융기관 또는 개인에게 노출된 전체 리스크 금액을 합산할 수가 있어 훨씬 간단하게 투자의사 결정을 할 수 있게 된다. 가령 신규 투자할 때 신규 리스크와 기존 리스크 노출 금액을 합한 금액이 자본금을 초과한다면 한도 내로 적정하게 줄여서 추진할 방법을 찾아야 한다. 이런 방법은 기존의 투자 결정 방법에 비하여 훨씬 간단하면서 공정하여서 다양한 이해당사자들을 쉽게 이해시킬 수 있다. VaR 산출식은 정의에 따라 다음과 같다.

$$VaR = Exposure \times 신뢰수준 \times 변동성(\sigma) \times \sqrt{기간}$$

한편, VaR는 통계적인 리스크 측정치이므로 그 값을 구하기 위해서는 보유자산이나 포트폴리오의 과거 손익분포를 알아야 한다. 만약 실제 손익분포를 알지 못한다면 통계적으로 가장 유용한 정규분포를 사용하면 된다. 정규분포는 실제 현상에서 가장 많이 나타나고 웬만한 다른 분포함수들도 시행 횟수를 많이 하면 정규분포를 따르기 때문에 가장 무난한 분포이다. 정규분포를 이용한 방법을 모수[1]적인 방법이라 한다. 예를 들어 99% 신뢰수준에서 VaR는 다음 〈그림〉에서처럼 하위 1% 부분에 해당하며, 이는 평균값에서 하위 1% 확률까지의 거리이다.

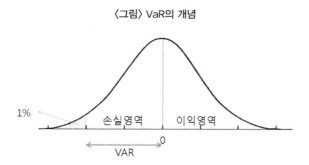

〈그림〉 VaR의 개념

다행히 실제 손익분포를 알고 있다면 굳이 정규분포를 가정할 필요가 없다. 따라서 VaR 값도 실제 값과 오차가 작아진다. 또한, 손실분포를 가정하지 않고 무작위적인 시뮬레이션을 통하여 손실분포를 만들어서 측정할 수

1 모수는 모집단의 특성을 알 수 있는 통곗값으로 평균 또는 표준편차가 대표적이다. 통곗값이란 이러한 값을 가지고 전체 현상을 추론할 수 있는 값을 말한다.

도 있는데 이는 모수를 사용하지 않았다 해서 비모수적 방법이라 한다. VaR
를 측정하는 모형 중 모수적인 방법을 쓰는 대표적인 방법이 분산-공분산법
(variance-covariance model)이며, 달리 델타 노말(delta normal) 방법이라고
도 하는데 정규분포를 가정하기 때문에 이렇게 부른다. 정규분포는 평균과
분산의 두 가지 모수만으로 분포의 모든 특성을 나타낼 수 있으므로 비교적
쉽게 VaR를 계산할 수가 있다. 이런 장점 때문에 실무적으로 많이 활용된다.
비모수적인 방법으로는 역사적 시뮬레이션법과 몬테카를로 시뮬레이션법이
있다. 역사적 시뮬레이션법은 과거 수익률 데이터의 실제 수익률 변동성을
현재 포트폴리오에 적용하며, 몬테카를로 시뮬레이션법은 약 1,000개의 시
나리오를 무작위로 만들어서 이의 확률분포를 가지고 계산한다.

3) VaR(Value at Risk)의 탄생배경

지금도 월스트리트 사람들이 가장 선망한 기업은 금융역사가 가장 오래된
JP모건(J.P. Morgan)이다. 1980년대 후반 리스크는 JP모건의 최대 화두였
다. JP모건은 다른 은행들보다 정확하게 리스크를 측정하고 모델화하여 리스
크를 감당하고 싶어 했다. 다른 은행들이 은행업을 하다 보면 어쩔 수 없이
발생할 수밖에 없는 리스크를 체념하다시피 받아들일 때 JP모건은 확실하
게 리스크를 분석하고자 시도했다. 그래서 수많은 수학자와 물리학자들
을 스카우트하여 복잡한 리스크 관리모형과 측정방법을 연구하게 했다. 이들
이 퀀트[2](quant)의 시초였다. 그들은 분산투자가 리스크를 줄인다는 현대 포
트폴리오 이론에 근거를 두고 모델을 개발하였다. 그들이 만든 대표적인 상

---

2 그들은 주로 양적 방법으로 금융시장을 분석하였기에 퀀트라고 불리었는데 나중에 금융공학자로 불리
  게 되었다.

품모델이 바로 신용 부도 스왑(CDS; credit default swap)과 VaR이었다. 나중에 이 두 모델은 모든 월스트리트 금융인들에게 필수적인 도구가 되었다. 하지만 아이러니하게도 CDS는 2008년 미국의 서브프라임 금융위기를 불러일으킨 단초의 하나가 되었다.

1990년대 초 JP모건 회장은 영국인 데니스 웨더스톤(Dennis Weatherstone)이었다. 파생금융상품거래 부서를 지휘한 경험이 있는 웨더스톤 회장은 다른 어느 회장보다도 리스크를 잘 이해하고 있었다. 회장인 자신조차도 JP모건이 보유한 자산에 얼마나 많은 리스크가 있는지 모른다는 사실을 잘 알고 있었다. 회장으로 취임하면서부터 더욱 마음이 불편해졌다. 회사가 거래하는 모든 거래, 즉 증권거래, 파생상품거래, 상업대출 등 모든 사업에는 리스크가 있었다. 파생상품 거래부서를 지휘할 당시 웨더스톤은 자신이 감독하는 투자 포트폴리오의 모든 리스크를 파악하고 있었다. 하지만 CEO가 된 후로는 JP모건의 다양한 사업영역에 걸친 리스크를 모두 이해하기 어려웠다. 한 부서의 리스크가 다른 부서의 리스크를 상쇄할지, 가중할지 가늠하기란 쉽지 않은 문제였다. 웨더스톤은 CEO가 되기 전에 이미 새로운 리스크 접근법이 필요하다고 판단했을지 모른다.

웨더스톤 회장이 새로운 리스크 접근법을 JP모건에 도입하도록 임무를 맡긴 사람이 글로벌 리서치 센터의 팀장이었던 틸 굴디만(Till Guldimann)이었다. 그의 목표는 시장 움직임이 정상분포, 즉 정규분포를 보인다고 가정하고, 향후 24시간 안에 JP모건이 잃을 수 있는 돈의 액수를 정확히 예측하는 것이었다. 따라서 시장 움직임이 평균을 크게 벗어날 때는 VaR에 의해 투자한 거래는 당연히 큰 손실을 보게 된다. 그 역시 이러한 단점을 알고 있었지만 크게 신경 쓰지 않았다. 예를 들어 일반적으로 거래되는 주식을 생각해 보자. 대부분의 주가가 만원 오르거나 내리는 일보다 오백 원 오르거나 내리는 일이 훨씬 자주 일어난다. 확률적으로 접근해 보면 오백 원의 등락 움직임은 정규분포의 가운데에 들어가고, 만원의 등락 움직임은 정규분포의 양쪽에 들어간다. 일생에 한 번 마주칠까 말까 한 주가 폭락이나 주가 급등은 정규분포의 평균에서 가장 멀리 떨어진 곳에 들어간다. 이러한 희소성을 갖는 사건은 정규분포에서 꼬리 부분에 해당하기 때문에 '뚱뚱한 꼬리(fat tail)'라고 부르거나 '블랙스완(black swan)'이라고 부른다. 굴디만은 이러한 희소 부분에는 관심이 없었다. 블랙스완에 해당하는 꼬리 부분은 또 다른 누군가가 풀어야 할 숙제로 내버려 두고, 매일 자주 일어나는 리스크를 측정하는 데 주력하였다.

그는 몇 년간 시행착오를 거쳐 새로운 리스크 관리기법인 VaR 모델을 완성하였다. VaR 모델의 매력은 충분하였다. 첫째, 단순한 대출부터 복잡한 파생금융상품까지 어떤 종류의 포트폴리오라도 리스크를 측정할 수 있었다. 둘째, 회사 전체가 안고 있는 리스크의 총량을 산출할 수 있었다. 셋째, 트레이더(trader) 한 명이 짊어진 리스크가 어느 정도인지 측정할 수 있었다. 이는 당시 가장 골칫거리였던 문제를 해결해주었다. 즉 거래 한도를 늘려달라고 요구하는 트레이더가 있을 때 리스크 관리자가 복잡하게 주위 사람들에게 물어보지 않고 리스크량에 따라 배분할 수 있게 됐다. 무엇보다 VaR 모델의 최고 매력은 회사 전체의 리스크를 단순한 숫자로 표시해 준다는 점이었다. 리스크 전문가가 아니더라도 VaR 모델을 이용하면 리스크를 파악할 수 있었다. 당시 리스크 관리에 익숙하지 않았던 월스트리트 CEO들에게 VaR는 정말 유용한 도구였다.

1994년에 굴디만은 리스크 매트릭스(Risk Metrics) 시스템에 VaR 기법을 적용하여 리스크 측정시스템까지 구축하였다. 이듬해는 국제결제은행(BIS)에서 발간된 'Risk Management Guidelines for Derivatives'에서도 시장 리스크 측정방법으로 VaR가 소개되었다. 이후 JP모건을 주축으로 미국의 대형 금융기관들과 감독 당국에서도 VaR에 근거한 자본 적정성 기준을 마련하고 제도화하였다. 이 방법은 더욱 확대되어 무디스, S&P 등 신용평가기관, 미국 증권관리위원회(SEC; The Securities and Exchange Commission) 등 많은 금융 관련 기관들이 VaR를 사용하였으며 이를 지지하였다. VaR는 현재에 와서 세계적으로 리스크 측정치의 모범답안으로 자리 잡았다고 할 수 있다. 우리나라는 외환위기 당시 IMF나 외국자본을 국내에 투자하는 외국 금융기관들이 국내 금융기관들의 리스크 관리능력이 부족하다고 지적하였다. 그로 인해 국내 금융기관은 BIS 기준의 자본 건전성 방안을 강구하였는데 그때 VaR 기법을 이용한 리스크 측정시스템과 리스크 관리에 필요한 각종 제도와 기법들이 도입되었으며 현재에도 VaR에 근거하여 리스크 관리시스템을 운용하고 있다.

제4장

리스크의
유형 및 성향

제1절 리스크 유형 및 감각

1. 살아가면서 나타나는 리스크 유형

리스크를 요약하면 손실 발생 가능성이다. 우리는 어떤 경우에 투자한 상품에서 손실을 보게 되는가? 투자하면서 예상되는 손실유형을 살펴보자. 첫 번째가 내가 가진 상품의 가격이 하락하면서 나타나는 손실이다. 주식을 구입했는데 매입가격보다 내려갈 수 있다. 대기업이 발행한 회사채를 매입했는데 금리가 올라 채권가격이 내려가거나, 부동산을 구입했는데 가격이 내려가거나 하는 경우다. 또 해외채권처럼 외화표시 상품에 투자한 사람은 환율이 하락하면 손해를 보게 된다. 이처럼 구입한 투자상품의 가격이 내려가면서 손실을 볼 리스크가 가장 빈번하게 나타나는데 광의적으로 이를 시장 리스크라 한다. 시장 리스크는 여러 리스크 중에서 가장 대표적이라 할 만큼 주변에서 가장 빈번하게 발생하는 리스크로 주로 금융경제변수, 즉 주가, 환율, 금리의 변동에 따라 보유자산의 가치가 하락하게 될 리스크를 말한다. 달리 표현하면 거래가 가능한 모든 자산의 가격변동 리스크라고도 한다. 예를 들어 A 씨가 S 전자 10주를 주당 100만 원에 사서 보유하고 있는데 보유주식 가격이 주당 90만 원이 되었을 경우 1백만 원(10주×10만 원)의 평가손실이 발생한다. 이때 A 씨는 시장 리스크에 노출됐다고 하고, 보유주식 10주(총 1,000만 원)가 시장 리스크 노출 자산이 된다.

두 번째는 내가 투자한 상품의 발행자가 부도가 나거나 여러 가지 문제가 발생하는 바람에 투자금을 돌려받지 못해 입게 되는 손실, 즉 빌려준 돈을 돌려받지 못해서 발생하는 손해다. 만약 회사채에 투자했는데 그 기업이 부도가 난다든지, 채권형 펀드에 투자했는데 이에 편입된 채권이 부도가 났거나, 예금을 한 저축은행이 문을 닫는 경우가 이에 해당한다. 이런 리스크를 광의적으로 신용 리스크라 한다. 이 리스크는 채무자의 신용도가 하락하여 채무자가 담보로 제공한 자산의 가치가 하락함으로써 예상되는 잠재 손실까지 포함하므로 개인이나 금융기관이 직면하는 리스크 중 그 영향력이 가장 크다고 할 수 있다. 한편 개인 측면에서 보면 금융기관과의 거래보다는 주변의 친인척 간 거래 관계에서 자주 나타나며 더욱이 이런 관계는 자발적으로 공개되지 않아 관리하기가 가장 부담스러운 리스크 영역이기도 하다.

세 번째는 본인이 원하는 거래 시점에 수요와 공급이 일치하지 않아 손해를 보는 경우이다. 주식을 팔려고 내놓았는데 매수자가 없어 싼 가격에 처분할 수밖에 없다든지, 채권을 매도하려고 할 때 아무도 매입하지 않아 처분할 수 없게 된다든지, 보유 부동산을 팔려고 내놓았는데 불황이 계속되면서 매수자가 나타나지 않을 때 입게 되는 손해이다. 이런 리스크를 광의적으로 유동성 리스크라 한다. 유동성 리스크는 조달한 자금의 만기와 운용하는 자금의 만기가 일치하지 않아서 이를 일치시키기 위해 예기치 않은 자금을 유출하거나, 또는 지금 당장 유동자금 부족으로 인하여 평상시보다 비싼 자금을 빌려와 상환할 때 생길 수 있는 손실을 말한다. 그리고 유동성이 넘쳐나서 과도한 현금 보유로 인한 기회 수익이 저하되는 손실까지도 포함한다. 흔히 대부분은 만기까지 자금상환이나 자금 운용을 염두에 두고 해당 자금을 집행한다. 그러나 만기 전에 예기치 않은 상황이 발생하여 불가피하게 해당 자금을 먼저 상환해야 할 경우가 종종 발생한다. 이때 예기치 않은 상황 대부분은 신용상의 문제 혹은 시중금리의 급격한 변동에 따라 발생한다. 따라서 유동성 리스크는 자체적으로 발생하지 않고 이미 신용 리스크나 금리 리스크 등이 발생하여 그로 인한 결과로 나타난 경우가 대부분이다. 유동성 리스크 역시 시중 자금의 이동이 빈번해지고, 예금자나 자금차입자의 금리 민감도가 훨씬 높아져서 자금이동이 자주 발생하기 때문에 그 중요성이 커지고 있다. 또한, 어떤 기관이 유동성에 문제 있다고 언론에 노출되는 순간 그 즉시 기업 이미지, 즉 평판 리스크에 노출된다. 이를 손실로 환산하면 엄청난 타격이 예상되므로 유동성 리스크 관리도 아주 중요하다.

네 번째는 금리 리스크이다. 금리 리스크는 자금조달과 자금 운용 기간이 서로 불일치할 때 그 기간 금리변동으로 인하여 보유자산의 가치하락이나 또는 부채 가치가 상승하는 리스크를 말한다. 금융기관은 매일매일 자금이 입금되는데 해당 만기는 천차만별이다. 운용 기간 역시 마찬가지이다. 현실적으로 금리가 변동하는 이유는 상당히 복잡하므로 논리적으로 설명할 수 없는 부분이 많다. 그래서 관리하기 어렵고 예측 자체도 부담되며 설령 예측한다손 치더라도 그 예측치가 정확하지도 않다. 그런데도 모든 금융시장 관계자들은 금리 흐름에 대하여 상당히 민감하며 향후 진행 방향에 대하여 촉각을 곤두세운다. 이는 대부분 기관이나 개인의 자산 또는 부채가 금리와 관련되어 있어 항상 금리 리스크에 노출되어 있기 때문이다.

리스크는 동시다발적이고 복합적으로 발생하기도 한다. 예를 들면 어떤 사람이 주식과 수익형 부동산을 매입하였는데 주식은 순전히 자기 돈으로 매입했지만, 부동산은 은행에서 일정 금액을 대출해서 샀다 치자. 이런 경우 주식은 매입한 주식의 가치하락에 대한 손실 가능성만 염두에 두면 된다. 그러나 부동산은 보유 부동산의 가치하락뿐만 아니라 은행대출금에 대한 이자를 제때 내지 못할 수 있는 불확실성도 염두에 두어야 한다. 만약 보유 부동산의 가격상승으로 인해 자산가치는 증가하였지만 예기치 않는 사정으로 일정 기간 대출이자를 낼 수 없는 상황이 발생하여 신용불량자로 등록되었다면 이 사람은 신용상의 불이익을 당할 리스크에 노출된다. 리스크 관리 측면에서 보면 보유 부동산의 가치상승을 끌어낸 시장 리스크 관리는 잘했던 반면, 신용상의 불이익을 초래한 신용 리스크 관리는 미흡했다고 할 수 있다.

한편, 손실을 돈으로 환산하기 어려운 리스크도 있다. 이를 광의적으로 비재무 리스크라고 한다. 비재무 리스크는 크게 운영 리스크, 전략 리스크, 평판 리스크, 법률 리스크로 구분된다. 운영 리스크는 주로 금융기관이나 기업에서 발생하는데 부적절하거나 잘못된 내부결제프로세스, 인력자원, 시스템, 그리고 외부사건으로 인해 발생하는 손실을 말한다. 운영 리스크도 회사손실에 미치는 영향은 엄청날 것이라고 인식하지만 실질적으로 계량화하기가 어렵기 때문에 그 중요성을 자주 간과한다. 전략 리스크는 개인이나 회사의 최고경영자가 부적절한 경영 의사결정과 이에 대한 실행, 또는 외부 경영환경 변화에 적절히 대응하지 못함에 따라 예상되는 손실을 말한다. 이러한 리스크는 당장 드러나지 않고 잠재되어 있어서 한 번 발생하면 그 영향력은 상당하며, 이 리스크 역시 객관적으로 계량화하는 것이 어렵다. 평판 리스크는 고객, 거래상대방, 주주 및 규제 당국의 부정적인 인식으로 인해 발생할 수 있는 손실이다. 대표적으로 소비자 민원이 많이 발생하거나 해당 제품의 불량으로 인하여 리콜사태가 벌어지면 지금까지의 좋은 기업 이미지가 훼손되면서 해당 기업의 제품불매 및 매출액 저하 등으로 입게 되는 손실이다. 2001년 엔론(Enron) 사태로 파산한 앤더슨(Anderson)사가 평판 리스크로 무너진 전형이다. 앤더슨사는 사태가 발생하기 전만 하더라도 굳건한 명성과 강력한 브랜드를 자랑했던 다국적 회계법인이었다. 엔론 사태로 인해 일단 신뢰가 깨지자 회복은 불가능했으며 결국 파산되어 경쟁사로 매각되는 비운을 맛보았다. 한편, 법률 리스크는 각종 규제를 위반하거나 바뀐 규정을 잘못 적용하면서 발생하는 예상손실이나 또는 부정확한 법률자문 및 서류작성과 서류검토 잘못으로 인하여 발생하는 손실을 말한다.

2. 투자하면서 수시로 접하는 리스크 유형

투자자들의 투자행태는 실로 다양하다. 또한, 쉽게 드러내지도 않는다. 당연히 각자가 처한 리스크 대처 형태가 천차만별일 수밖에 없다. 그러므로 투자자들에게 노출되는 리스크 유형을 구분하는 것 자체가 무의미해질 수 있다. 그러나 금융과 투자에 국한한다면 어느 정도 윤곽을 파악할 수 있다. 대체로 일반 투자자들이 자주 접하는 리스크는 신용 리스크와 유동성 리스크, 시장 리스크라 할 수 있다.

대부분 사람은 급히 투자할 마음이 동하면 본인의 형편보다는 일단 돈을 벌고 싶은 욕심에 남의 돈이라도 빌리고자 수소문한다. 특히 집을 구입할 때는 거의 모든 사람이 집을 담보로 자금을 차입하여 구입자금을 충당하고 있다. 일단 보유 부동산 담보, 인적보증 담보 또는 순수신용을 통해 자금차입을 한 경우에는 그 즉시 신용 리스크에 노출된다. 신용 리스크는 차입자금에 대한 이자를 제때 내지 못하거나 도중에 급한 사정이 생겨 만기 시에 차입금을 상환하지 못함으로써 생기는 손실이다. 통상 이자를 3개월 이상 연체하게 되면 바로 신용불량자가 되는데 이렇게 되면 다른 어떠한 신용 수단도 쓰지 못하게 되어 정상적인 생활이 어렵게 되며 결과적으로 파산에 이르게 된다. 설령 다른 수단을 동원하여 이자를 납입하더라도 만기에 원금상환이 어렵게 될 때는 또다시 다른 데서 자금을 차입하여 상환해야 하는 악순환이 반복된다. 이 경우 유동성 리스크에 노출된다. 유동성은 흔히 신용 리스크에 노출되고 나서 곧바로 나타나는 것이 일반적인 현상이다. 그리고 보유한 집값이 내려가면서 본인의 자산가치가 하락하는 시장 리스크에도 노출된다. 이렇듯 대부분 사람은 투자에 필요한 금융거래를 시작하는 즉시 신용 리스크에 노출되고, 유동성 리스크, 시장 리스크 순으로 노출된다. 신용 리스크는 그 특성상 개인투자자보다는 거래 규모가 큰 금융기관에 자주 노출되며 과거 발생 경험에 비추어볼 때 다른 리스크에 비해 발생빈도는 낮으나 한번 발생하게 되면 그 영향력, 즉 심도가 상당하다. 따라서 신용 리스크는 한번 발생하면 회복하기가 어려운 만큼 파급효과가 엄청나다. 유동성 리스크는 주로 신용 리스크에 노출된 후에 나타난다. 따라서 그전에 발생하였던 신용 리스크를 조기에 수습할 수 있으면 얼마든지 극복할 수 있는 리스크이다. 또한, 어느 정도 시간을 갖고 해결할 수 있는 시차가 존재하므로 사전에 준비만 철저히 해두면 충분히 해결할 수 있는 리스크이기도 하다. 그런데도 유동성 리스크가 한번 발생하게 되면 리스크 발생 이전으로 회복하기에는 상당히 어려운 상황에 부닥친다. 바로 개인의 평판이나 이미지에 심한 손상을 입히기 때문이다. 시장 리스크는 투자자들의 노출 리스크 중 그 빈도가 가장 많은 리스크이다. 특히 주식시장은 누구든지 쉽게 참여할 수 있기 때문에 시장 리스크 노출 빈도가 가장 많은 영역이다. 한편, 온라인을 통한 주식거래가 대중화되면서 이 영역은 실시간으로 시장 리스크에 노출된다. 무엇보다 자기 돈보다는 남의 돈으로 레버리지를 이용하면 반드시 사전에 예상되는 리스크를 파악하고 이에 대한 대비책을 준비해 두어야 한다.

3. 리스크 감각

대부분의 투자자는 어떤 투자를 고려할 때 사전에 투자에 따르는 리스크를 꼼꼼하게 따지거나 고려하지 않는 경향이 다분하다. 어디에 어떠한 리스크가 있는지 정확하게 모르거나 알아도 굳이 리스크를 고려할 이유가 없다고 속단한다. 어쩌면 노출된 리스크가 별것 아니라고 간주할지도 모른다. 살펴보니 투자자들의 리스크 감각이 무딜 수밖에 없는 이유가 있었다.

첫째가 사회경제적인 환경이다. 우리나라는 1997년 IMF 외환위기 이전까지만 해도 대부분 사람은 리스크가 무엇이고 리스크 관리를 왜 하는지조차도 몰랐다. 심지어 대기업이나 금융기관조차도 특별한 리스크 관리기법 없이 기존의 경영방식을 유지했다. 그 당시 대부분 투자하면 기대한 만큼 이익이 났기 때문이었다. 이런 경영환경이 리스크 관리의 필요성이나 중요성을 방치한 것이다. 우리나라는 1950년 한국전쟁 이후부터 1990년대 중반까지만 해도 개발도상국치고는 상당히 비약적인 발전을 해왔다. 매년 수출이 증가하면서 해당 기업의 주가는 지속 상승하였고 덩달아 나라 전체의 경제도 튼튼해졌다. 상승 분위기는 70년대, 80년대, 90년대 중반까지 지속하였다. 이런 상황에서 굳이 노출된 리스크를 인식하고 관리해야 할 필요성을 못 느낀 것이다. 또한, 일반 투자자들도 전통적인 유교관이 형성된 가족 체제에서 성장하였기 때문에 가장은 성실하게 일하면서 일정 금액을 저축하고 이후 집을 구입, 자녀를 양육하고 노후에는 자식에게 의지하는 것이 인생의 흐름이었다. 또한, 투자행태도 주로 은행을 통한 정기적금이나 정기예금 위주의 자산증식이 대부분이었다. 그런데도 충분히 기대수익이 발생하였다. 따라서 군이 또 다른 리스크를 감수하면서까지 투자를 고민할 필요가 전혀 없었다. 그러나 IMF 외환위기가 터지면서 모든 금융사고의 체계가 뒤죽박죽 되어버렸다. 금융기관, 특히 은행은 절대 망하지 않는다고 생각한 고정관념이 무너지면서 투자에 관한 기본원칙도 무너진 것이다. 주식이나 부동산 등 대표적인 실물자산에 투자하면 무조건 돈을 번다는 생각도 흔들렸다. 가만히 앉아서는 기대 이상의 수익을 얻을 수 없다는 것을 느낀 것이다. 경험 많은 투자자들은 더 나은 수익을 추구하기 위해 다소 무리한 포트폴리오도 마다하지 않았다. 그러면서 점차 금융상품에 내재한 리스크가 보이기 시작하였다. 다소 역설적이지만 IMF로 인해 리스크 관리의 중요성을 알게 되었다. 그들은 우리나라에 구제금융을 지원하면서 그 대가로 부실기관 정리와 금융 선진제도 도입, 특히 리스크 관리시스템을 도입하라고 요구하였다. 그래서 대부분 금융기관은 글로벌 스탠더드(global standard)에 부합되는 리스크 관리시스템을 도입하였다. 감독 당국도 그때부터 리스크 관리 위주의 감독체제로 변하였다. 덩달아 일반 투자자들도 리스크 관리의 필요성을 느끼기 시작하였다. 실제로 리스크 관리의 중요성은 앞서 언급하였듯이 2008년 미국의 비우량 주택담보대출 사태가 촉발되면서 본격적으로 전 세계 모든 금융투자자에게 전파되었다.

두 번째, 투자할 때 나타나는 심리적인 습관이다. 리스크 관리 입장에서 위험을 효율적으로 관리하지 못하는 가장 큰 장애물은 심리적인 요인이다. 리스크 관리는 미래의 불확실한 기대수익을 관리하는 것이다. 그러나 대부분 사람은 심리적으로 미래의 저축이나 이익보다는 현실에서의 소비나 이익에 더 많은 관심을 둔다. 이를 심리학적으로 시간선호 현상이라 하며 불확실한 미래의 이익이나 효용보다는 당장 현실에서 느끼는 이익이나 보상을 우선시 한다는 의미이다. 이런 현상은 투자뿐만 아니라 일상생활에서도 흔히 발견되는데 대표적으로 저축과 소비를 들 수 있다. 연구 결과에 의하면 통상 경제적으로 여유가 생기면 미래의 소비재원, 즉 저축을 선호하는 경향이 있다고 하며, 가까운 미래가 불확실하다고 느끼게 되면 저축을 멈추고 그 대신 현재의 소비를 늘리는 시간선호가 급상승하게 된다고 한다. 결국, 리스크 관리는 미래의 불확실성을 관리하는 것인데 이런 시간선호 현상으로 인해 리스크 관리의 필요성을 금세 잊어버린다. 흔히들 예상하지 않았던 이익을 눈앞에 보게 되면 당초에 계획했던 의지가 무너지게 된다. 즉 미래의 이익보다는 당장 이익을 우선시하게 되는데 이는 눈에 보이는 것을 선택하는 것이 쉽고 또한 대가도 확실하기 때문이다. 그러나 장기적으로 보면 이러한 시간선호로 인한 근시안적인 의사결정은 최종적으로 손실을 줄 개연성이 높다.

다음으로 중요한 심리 현상이 낙관주의 편향이다. 사람마다 성격유형은 각양각색이지만 대체로 사람들은 미래를 낙관하는 경향이 있다고 한다. 특히 투자행위에서는 더욱 그렇다. 이런 현상 때문에 투자자는 다른 투자자보다는 리스크에 덜 노출됐다고 합리화하거나 단순히 긍정적으로 시장을 바라보게 된다. 또한, 이러한 편향은 초보자들을 쉽게 투자 시장에 참여하도록 유혹한다. 이들은 주변에서 들려오는 중요 정보나 증권시장에 떠도는 소문, 작전 투기세력의 회유, 펀드매니저의 상담이나 관련 보고서를 통하여 쉽게 투자를 결정하곤 한다. 투자 시 요구되는 최소한의 전제는 기업의 재무제표를 이용한 기초여건 분석이다. 물론 이러한 분석은 애널리스트들이 더 전문적으로 수행한다. 그러나 그들은 궁극적으로 회사에 종속된 신분이기 때문에 객관적인 검증에는 한계가 있을 수밖에 없다. 더 큰 문제는 분석 자료를 보면서 가능하면 부정적 정보를 무시하고 투자자 자신의 처지에서 긍정적으로 재해석한다는 것이다. 자기 자신을 합리화함으로써 투자자의 감정이나 성격이 낙관적이고 근면 성실하게 열심히 투자하다 보면 대부분 성공할 것으로 판단하고, 만약 그렇지 않으면 다른 명분을 만들어 투자 실패를 인정하지 않는다. 우리 주변에서 자주 목격되는 현상 중의 하나이다. 엄밀히 말하면 투자 세계에서는 사람의 좋고 나쁨은 문제시되지 않는다. 사전에 충분한 준비가 되어 있느냐 그렇지 않으냐의 차이일 뿐이다. 또한, 눈에 띄는 심리 현상이 바로 군중심리이다. 군중심리는 심리학적 용어로 '동조 현상'이라 하는데 금융시장의 역사를 살펴보면 군중심리에 편승한 다양한 투자 열풍이 되풀이되고 있음을 알 수 있다. 우리나라도 예외는 아니다. 1980년대 중반 부동산투자 열풍, 2000년대 초반 IT 닷컴주 열풍, 2003년부터 시작된 펀드 열풍, 2010년대 가상자산 광풍 등이 대표적인 사례이다. 돌아보면 상식 이하의 행동을 서슴지 않았던 비이성적 사태에 수많은 사람이 몰려드는 이유는 무엇일까? 바로 군중심리 때문이다. 투자 시장에서 한 발짝 물러나 투자자 자신의 심리를 냉정하게 들여다보고 아울러 투자집단의 심리변화가 투자패턴에 어떤 영향을 미치는지 파악한다면 자신의 투자 포트폴리오를 항상 유리하게 가져갈 수가 있다.

세 번째, 리스크를 제대로 느끼지 못하는 데 있다. 흔히들 리스크라 하면 무조건 피하는 것으로 간주하였다. 또한, 리스크를 너무 추상적인 의미로 사용하다 보니 현실적으로 멀리 있다고 느낀다. 그럴 만도 한 것이 리스크는 미래의 불확실성을 다루기 때문이다. 누구든지 지금의 불확실성을 직시하지,

미래까지 내다보려고 하지 않는다. 눈에 보이는 것만이 확실하고 투명하기 때문이다. 이처럼 리스크의 정확한 의미만 알아도 투자의 세계가 그리 녹녹지 않다는 것을 알게 된다. 실제 대부분 사람은 각자 투자하기 전에 직간접적으로 사전지식을 습득하거나 해당 정보를 얻어 최선의 수익을 내고자 노력한다. 그런데도 대부분이 실패하는 이유는 투자의 가장 기본적인 전제인 수익과 리스크가 함께 한다는 단순한 진리를 잊어버리기 때문이다. 따라서 투자에 앞서 좀 더 객관적으로 노출된 리스크를 파악하고 분석해야 한다.

마지막으로 리스크를 제대로 알려주는 매체가 없었다. 지금까지의 금융에 관한 이론서나 대부분의 재테크 관련 책들은 투자수익에 관한 노하우 위주로 기술되었다. 그러다 보니 리스크에 관한 내용은 일부만 소개하거나 아예 빠져 있었다. 그리고 무엇보다 여태 해왔던 투자결과가 우연히든 노력에 의한 것이든 대부분 이익이 발생하다 보니 이익 근저에 숨어 있는 리스크를 파악할 필요를 못 느낀 것이다. 사실 리스크를 예상하지 않고 수익을 얻었다면 그냥 공짜점심을 얻어먹은 것이나 마찬가지이다. 투자 세상에서 공짜점심이 없다는 것은 누구나 알고 있는 사실이다. 그렇다면 언젠가는 그 공짜만큼 뱉어내야 한다. 시간이 흐를수록 뱉어내야 하는 금액은 많아질 수밖에 없다. 결론적으로 우리나라 금융기관들은 IMF 외환위기가 발생하고 나서 리스크 관리의 중요성을 알게 되었고 그로부터 10년이 지난 2008년 미국 서브프라임 사태가 터지면서 일반 투자자들까지도 무언가 크게 잘못되었다고 하면서 리스크 관리의 중요성을 깨닫기 시작하였다.

제2절 리스크 성향

1. 리스크 성향의 분류

과천경마장은 늘 사람들로 붐빈다. 왜일까? 모두 대박을 기대하기 때문이다. 경마는 전형적인 도박의 일종이다. 예를 들어 과천경마장에 모인 모든 사람이 100원짜리 마권을 샀다고 해보자. 이 사람들한테 환급될 금액은 마권 각각에 균등 배당한다면 본전인 100원에 밑돈다. 대략 경마 운영비 등을 차감하고 나면 80원쯤 된다고 한다. 대체로 도박처럼 모든 사행성 게임은 주최자가 일부를 떼고 나머지를 배당 형태로 분배하므로 상금의 기댓값[3]은 반드시 본전보다 적다. 그런데도 마권을 사는 이유가 무엇일까? 손에 쥔 확실한 100원보다 모두 잃거나 혹은 500원 또는 1,000원이 될지도 모른다는 가능성의 확대를 좋아하기 때문이다. 생각해 보자. 100원을 단지 손에 쥐고 있는 한, 이는 계속해서 100원에 지나지 않는다. 그러나 이것을 마권으로 바꾸면 평균적으로 20원을 손해 볼지라도 커다란 변동이라는 희열을 누릴 수가 있다. 이 변동을 취하는 대가로 도박꾼들은 기꺼이 본전보다 낮은 80원을 받는다. 이

---

3 기댓값은 확률공식에 의해 각각 예상되는 경우의 수에 확률을 곱하면 되는데 기대치가 0이 나오는 내기 또는 도박 등을 이론적으로 공정한 도박이라고 한다. 흔히 카지노에서 하는 룰렛 게임 등은 공정한 도박이 아니다. 승률 자체에 대한 기댓값이 카지노에 유리하도록 애초부터 설계되었기 때문이다.

것이 바로 변동을 좋아하는 사람의 성향이다. 그들은 말 그대로 확실성보다는 변동을 즐기는 사람들이다. 이런 성향을 리스크 애호적(risk loving)이라 하며, 달리 리스크 선호형이라 한다.

이제는 반대인 경우인데 보험이 좋은 예이다. 보험회사는 위험 한 건당 보험료를 가입자들로부터 모아서 회사의 운영비용으로 충당하고, 그 나머지로 보험금을 지급한다. 따라서 평균적으로 돌려받는 금액은 낸 보험료보다 반드시 적게 된다. 예를 들어 화재보험이 있는데 연간 만 건 중 한 건의 화재가 일천만 원의 손해를 입힌다고 하자. 보험회사가 한 건당 2천 원의 보험료를 받으면 총 이천만 원의 매출을 올린다. 애초 예상대로 이 중 한 건의 화재가 발생하면 일천만 원을 보상하고 남은 일천만 원은 보험회사의 수익이다. 그런데 한 건당 손해의 기대치는 천원(천만원$\times\frac{1}{10,000}$=1,000원)이 된다. 그런데도 2천 원을 내고 보험에 가입한다. 이는 무엇을 의미하는가? 가입자 입장에서 일단 보험에 들면 2천 원이라는 확정적이면서 낮은 금액을 잃을 뿐이지만, 화재로 인한 손실의 변동을 겪지 않아도 된다. 만약 보험가입을 하지 않았다면 화재를 당하지 않았을 때 지출이 아예 없을 가능성도 크지만, 화재를 당했을 때는 일천만 원이라는 큰 손실을 감당해야 한다. 그럴 가능성도 무시할 수 없거니와 보험 없이는 계속 그런 변동성에 노출되어야 한다. 즉 보험 가입자들은 변동을 좋아하는 도박꾼들과 반대로 변동을 싫어하기 때문에 기대치로 보면 손해를 보는 게임을 스스로 감행하는 것이다. 이런 성향을 리스크 회피적(risk averse)이라 한다. 보험은 금융 세상에서 변동을 싫어하는 성질을 역으로 이용해 돈을 버는 유일한 제도이며, 대수의 법칙[4]을 이용하여 개

---

4 대수의 법칙은 위험 발생확률을 측정하고 수치화를 가능하게 해주며 과거의 경험치를 미래의 발생확률로 간주하게 해주는 가장 기본적인 보험의 기술적, 수리적 원리이다. 한편, 확률적 정의는 다음과 같다.

인의 불확실성을 집단의 확실성으로 변경시킨다. 그러니 사회 공공성이 나름 강하다. 따라서 누구나 보험사업을 못 하도록 정부 감독 당국의 규제가 타 산업에 비하여 심한 편이다. 한편, 경마처럼 사행성 게임에 참여하거나 또는 참여하지 않거나 아무런 차이를 못 느끼는 사람들도 있다. 이런 성향을 게임 참여나 불참여에 대해 '무차별적'이라고 하며 이런 성향을 리스크 중립형(risk neutral)이라고 한다.

일상생활에서 어떠한 리스크에 노출되어 아무리 다양하게 반응하더라도 기본적으로 앞의 세 가지 유형, 즉 리스크 선호형, 리스크 회피형, 리스크 중립형 중 하나에 속하는데 현실적으로는 세 가지 유형이 적절히 혼합되어 나타난다. 특히 금융투자 환경에서는 어떤 투자에서는 리스크 회피형이지만 다른 투자에서는 리스크 선호형으로 바뀌는 경우가 빈번하다. 그런데 이런 행위를 모순이라고 보기는 어렵다. 개개인이 직면하는 당시 재무적인 상황과 심리적 상황에 따라 느끼는 리스크 정도가 수시로 바뀌기 때문이다. 리스크를 받아들이는 성향은 개개인의 투자의사 결정에 결정적인 영향을 미친다. 특히, 요즘같이 다양하고 복잡한 금융투자상품이 출시되면서 투자에 따른 리스크를 어떻게 판단하느냐가 투자 결정의 중요한 요소로 자리 잡았다. 그래서인지 요즘 들어 펀드매니저는 먼저 자기 고객의 리스크 성향을 제대로 파악하려고 노력한다. 그러나 리스크 성향은 단순히 몇 가지 체크리스트로 파악할 수는 없다. 리스크 성향은 투자과정에서 일순간에 나타나는 심리적인 요인에 따라서 수시로 바뀔 수 있기 때문이다.

대수의 법칙이란 독립적으로 발생하는 사건에 대하여 관찰 횟수를 대량적으로 발생시키는 확률은 일정한 값에 가까워진다는 법칙으로 통계적 의미는 '어떤 사상이 일어날 확률을 P라고 할 때 n 회 시행 중 그 사상이 일어난 횟수를 r 회라고 한다면 n을 크게 할수록 r/n은 P에 접근한다.'이다.

리스크 성향을 이용한 거래는 일상생활에서도 나타난다. 직장인들이 받는 급여는 대부분 월정액이다. 반면, 회사수익은 매번 변한다. 그런데도 많은 직원이 고정급여를 선택하는 것은 무슨 이유일까? 이는 근로자와 경영자의 변동에 대한 시각 차이 때문이다. 만약 근로자에게 각각 50%의 확률로 1,000만 원, 또는 0원의 급여를 받을 것인가, 아니면 400만 원의 고정급여를 받을 것인가를 고르라면 대다수 근로자는 고정급여를 선택할 것이다. 사실 확률의 기댓값은 500만 원(천만원×50%+0원×50%=500만원)으로 고정급여보다는 높지만, 근로자는 변동을 싫어하기 때문에 400만 원을 선택한다. 반면, 경영자는 근로자보다 다소 변동에 유연해서 이익의 변동을 이미 각오한다. 그러면 위의 선택에서 평균적인 차액인 100만 원은 경영자의 주머니로 들어가게 된다. 즉 이익이 하락할지도 모른다는 걱정을 미리 감수하는 대신, 이익이 좋을 때의 성과는 경영자의 몫이 된다. 이런 현상을 사회적으로 확대해 보면 보유자산이 많고 적음에 따라서도 극명하게 드러난다. 대체로 근로자를 포함한 사회적인 약자는 축적된 자산이 많지 않기 때문에 앞으로 수입의 변동이 생기면 그 이후 생활하기가 엄청나게 어려워진다. 당연히 이런 사태를 피하고자 애를 쓴다. 그에 비해 경영자를 포함한 자산가는 수입 변동에 대응할 수 있는 능력이 있으므로 변동에 느긋하거나 오히려 이를 이용한다. 그러니 늘 경제적인 우위를 점할 수밖에 없다.

한편, 리스크 성향에 관한 차이를 이용한 상행위는 오래전부터 거래되었는데 1900년대 금융 분야에서도 이를 활용하면서 눈에 띄게 발전했다. 선물거래가 대표적이다. 선물거래를 쉽게 이해할 수 있는 흔한 예가 바로 '배추의 밭떼기'이다. 농부는 배추 출하 시점까지 기후를 비롯하여 예기치 못한 상황에 노출되어 늘 불안하다. 한 해 농사가 무사히 마무리될 때까지 노심초사할 수밖에 없는 상황을 가능하면 피하고 싶은 심정이다. 그래서 출하 시점의 만기에 예상되는 배추가격보다 다소 낮더라도 이를 사고자 하는 유통업자가 나타나면 계약을 맺고 싶어 한다. 이는 배추의 생산량이나 가격의 변동이 싫어서 미리 판매량이나 가격을 확정해 둘 수 있다면 다소 수입이 적어지더라도 상관하지 않겠다는 리스크 회피적인 경제 행동이다. 반대로 매수자인 유통업자는 배추가격이 낮아진 것을 겨냥해 만기 이후에 나타나는 배추가격의 변동을 기꺼이 감수한다. 이런 행위는 '변동을 싫어하는 사람'이 '변동을 어느 정도 좋아하는 사람'에게 돈을 내고 리스크를 떠안기는 거래이다. 이것이 선물거래의 전형이며, 이를 발전시킨 것이 오늘날의 금융파생상품이다.

금융 세상에는 변동을 두려워하거나 싫어하는 성향을 지닌 사람들이 의외로 많다. 이들은 얼마간의 출혈이 있어도 변동을 없애고 확정적으로 살기를 원한다. 한편, 상대적으로 변동을 싫어하지 않거나, 오히려 변동을 이용하여 돈을 벌려는 사람들도 있다. 바로 투기꾼이다. 이들은 변동을 감수하는 대신 확정을 건네주는 사람들로 금융파생 시장에서는 없어서는 안 될 사람들이다. 이를 정형화한 것이 바로 금융파생상품이다. 여기서 중요한 것은 리스크가 매매될 뿐이지 없어지지는 않는다는 것이다. 즉 리스크가 돈을 낸 쪽에서 돈을 받는 쪽으로 옮겨갈 뿐이다. 사회 전체로 보면 리스크가 장소만 바뀐 채 그대로 존재한 것이지 결코 사라진 것이 아니다. 지금과 같은 글로벌 세상에서는 내가 어떤 금융상품에 투자할 때 누구의 리스크를 떠안는 상품에 투자했는지 모른다. 금융파생상품의 치명적인 맹점이 바로 '알지 못하는 사이에 리스크를 떠안을 수 있다.'라는 것이다. 미국의 서브프라임모기지 사태가 전세계에 영향을 미친 것은 바로 이 금융파생상품 때문이었다.

2. 리스크 선호형 투자자 양산

투자자의 리스크에 대한 취향은 크게 리스크 회피형, 리스크 중립형, 리스크 선호형으로 분류되는데 일반 투자자들 대부분은 리스크 회피형이나 리스크 중립형에 속한다고 할 수 있다. 그런데 이런 패턴이 2008년 9월 미국의 서브프라임 사태가 터지면서부터 본격적으로 리스크 선호형으로 바뀌기 시작하였고 2010년대 중반 이후 가상화폐 광풍이 확산하면서 리스크 선호형의 비중이 훨씬 커졌다. 주된 이유는 금융자산에 기초한 금융상품, 즉 4차산업 혁명 기술을 접목한 디지털 증권화가 가능해졌고, 모바일을 통한 실시간 금융거래 확산, 그리고 단순 투자모형에서 AI 알고리즘을 이용해 투자자의 심리까지 반영한 정교한 투자모형들이 등장하였기 때문이다.

보편적으로 사람들은 투자과정에서 나타나는 리스크를 싫어하거나 아예 회피하는 쪽으로 행동할 것으로 판단한다. 하지만 지금의 금융 세계는 투자 시 예상되는 리스크를 즉각적으로 측정하여 그에 적합한 투자정보를 실시간으로 얻을 수 있기 때문에 누구나 마음만 먹으면 본인이 태생적으로 안고 있는 리스크 유형과 상관없이 투자할 수 있는 환경이다. 그러나 투자 때 필연적으로 수반되는 리스크를 통제하는 다양한 수단이 적용되더라도 리스크가 근본적으로 없어지는 것은 아니다. 투자수단이 원시적이든 지금처럼 최첨단이든 투자결과는 항상 이익 아니면 손실이다. 따라서 투자에 참여하는 누군가는 투자 때 나타나는 손실영역을 부담해야만 비로소 게임이 가능해진다. 그런데도 사람들은 왜 리스크 선호형으로 바뀌었는가? 바로 증권화라는 금융기술이 전 세계로 확산하면서부터 시장참가자들의 투자패턴도 점차 리스크 선호형으로 바뀌기 시작한 것이다.

증권화 이전에는 금융자산의 거래가격은 장래의 현금흐름을 할인한 현재가치를 기준으로 결정되거나, 최소한 이 기준 하에 높거나 낮은 수준으로 가격이 결정되었다. 그러나 증권화가 가능한 이후부터는 해당 상품의 자산가치를 따지기 전에 그 상품을 더 높은 가격으로 팔 수 있을 것인지 혹은 그렇지 않을지 하는 관점에서 현재 가격이 적정한지 또는 그렇지 않은지가 결정되었다. 《버블 경제학》의 저자 오바타 세키(Obata Seki)는 이를 리스크 관점에서 진단하였다. 그는 증권화로 인해 투자를 위한 의사결정 초점이 장래 현금흐름을 확실히 얻을 수 있는지에 관한 리스크가 아니라, 다른 투자자에게 팔 수 있는지에 관한 리스크로 이동한 것이라고 하였다. 단순히 리스크가 이동한 것뿐인데 투자자들은 리스크가 소멸하였거나 축소되었다고 착각한다는 것이다. 투자자들의 리스크 착시현상은 증권화 상품이나 금융 공학 상품에서 유독 강하게 나타나는데 이는 그만큼 다른 금융상품에 비해 매력적으로 포장되었기 때문이다.

한편, 투자자에게 노출된 리스크 중에서 가장 가슴 졸이는 일은 보유자산을 팔고 싶어도 팔 수 없는 상황에 직면하는 유동성 리스크에 노출되는 경우이다. 그런데 증권화를 이용하면 가지고 있던 유동성 리스크가 마법에 홀린 것처럼 없어져 버린다. 그전에는 전혀 거래되지 않았던 보유자산이 증권화를 통해 마치 제조공장의 금형 기계에서 자동화된 상품을 찍어 내듯이 상품화되어서 다수의 투자자를 현혹한다. 대부분 이런 유형의 금융상품은 실체가 있는 금융상품보다 수익률을 높게 설정하기 때문에 더욱 구미를 당긴다. 이런 과정을 거치면서 결국 수요자가 늘어나고 시중의 풍부한 유동성으로 인해 자산가치는 빠르게 상승한다. 요약하면 투자대상 자산의 증권화를 통해 이를 표준화하게 되면 덩달아 구매하는 투자자층도 급증한다는 사실이다. 심지어는 투자자들 입맛에 맞게 아예 원천적으로 상품을 가공할 수도 있다. 즉, 증권화를 통해 소액으로 쪼개고, 여기에 순서를 매겨 선순위, 중간순위, 후순위로 구분하여 투자자 선호에 따라 상품을 조립하는 것이다. 오바타 세키는 이를 리스크 오더메이드(risk order made: 리스크 주문형 상품)라 명명하였는데 이런 유형의 상품이 2008년 미국 금융위기를 촉발한 주범이다. 결국, 이 상품으로 인해 미국 내 최상위 투자은행이었던 베어 스턴스(Bear Stearns)나 리먼브러더스(Lehman Brothers)가 사라졌다. 당시 미국에서는 이런 증권화 붐을 타고 금융시장에서 가장 부도 가능성이 커 누구도 취급하지 않던 불량채권인 정크본드가 몇 번의 증권화 과정을 거치면서 높은 수익률과 안정성이라는 가면으로 포장되어 가장 인기 있는 채권으로 둔갑하였다. 이후부터 금융시장에서는 리스크 테이킹(risk taking)이란 말이 일반화될 정도로 증권화된 금융상품이 쏟아지게 되었다. 교묘하게 높은 수익을 보장하면서도 그 속에 있는 높은 리스크를 회피하는, 즉 리스크가 없는 것처럼 포장하는 희한한 금융비즈니스가 등장한 것이다. 증권화를 거친 금융상품은 일반 투자자 측면에서 보면 과거 전통적인 금융상품보다 훨씬 빠르게 예상수익과 그에 따른 리스크의 균형점을 찾을 수 있게끔 설계되어 있어 그만큼 투자 판단이 쉬웠으며 그 결정도 빨라졌다. 그러니 대중적인 금융상품으로 명성을 얻기 위해서는 애초부터 증권화된 상품으로 설계할 수밖에 없으며 이는 갈수록 현란하게 포장되어야만 한번 맛 들인 금융소비자의 입맛을 계속해서 끌어올 수가 있다. 포장기술은 내재된 리스크를 어떻게 조립하느냐에 달려 있다. 여기에 각종 4차산업혁명 기술이 접목되면서 디지털 기반의 다양한 포장기술이 나타나고 있다.

3. 리스크 착시현상 심화

금융상품에 가입할 때 리스크 착시현상이 일어날 수밖에 없는 우선적인 원인은 역시 증권화 때문이다. 증권화로 인해 그 상품에 내재한 리스크의 실체를 제대로 파악할 수가 없다. 증권화된 상품은 다른 상품을 추가하여 재차 증권화되기 때문에 증권화 과정이 자연스럽게 반복된다. 마치 끊임없이 금융상품을 만들어내는 마술 도구와 같다. 따라서 지금 사려고 하는 금융투자 상품의 원재료가 무엇인지 당연히 모른다. 금융상품의 원재료는 구입하려고 하는 금융자산이 창출하는 미래 현금흐름이다. 결국, 증권화된 상품을 구입하는 것은 마치 원재료가 무엇인지 모르고 단지 제품의 기능에 대한 설명만 듣고 물건을 구입하는 것과 똑같은 이치이다.

대출의 경우를 생각해 보자. 우선 대출회사의 가장 큰 골칫거리는 대출자에게 빌려준 원금을 못 받는 경우이다. 이를 신용 리스크라 하는데 대출회사가 고스란히 떠안고 있다. 그런데 이 신용 리스크가 증권화로 인해 새롭게 탄생한 증권을 구입하는 투자자에게로 옮겨간다. 또한, 만기 때까지 대출원금이 묶여 있어 유동성이 없는 대출자산을 증권화로 유동성을 부활시켜 시장에 유통할 수 있다. 이 역시 대출자가 안고 있는 유동성 리스크를 투자자에게 전가한 것이다. 2008년 당시 월스트리트 금융기관은 최첨단 금융 공학 전산시스템에 근거한 통계 모델을 이용하여 기존자산에 내재한 리스크를 잘게 쪼개거나, 리스크별 순위를 매겨서 리스크별 정도를 달리하거나, 지역별로 달리 묶는 등 의도적으로 리스크를 분산하거나 아예 없애 버린 것처럼 금융상품을 그럴싸하게 포장하여 시장에 내놓았다. 그런데 사실은 증권화로 인해 단지 리스크가 이전된 것뿐이고, 전체적인 리스크가 줄어들거나 없어지거나 하는 것이 아니다. 아무리 리스크를 잘게 쪼개거나, 리스크 부담 주체를 바꾸어도, 더 나아가 리스크별로 순위를 매겨 통계적으로 재조립한다 해도 리스크 총량 자체는 변할 수 없는 것이 금융자본주의의 기본원칙이다. 금융시장에서 수익이 존재하는 한 그에 상응한 리스크는 항상 동전의 양면처럼 따라다닌다. 그러면 무슨 일이 일어난 건가? 단순히 리스크가 이동한 것뿐이다. 포장하는 사람과 설명하는 사람에 따라 투자자들은 리스크 착시현상에 빠져든 것이다.

투자자라면 누구든지 한 번쯤은 펀드 투자의 경험이 있을 것이다. 그런데 펀드 투자성과는 펀드매니저의 중개를 통한 해당 자산운용사의 운용실적에 달려 있다. 결국, 운용의 열쇠는 펀드매니저에게 달린 셈이고 그런 수고의 대가로 펀드 투자자는 운용수수료를 기꺼이 부담한다. 사실 펀드매니저는 투자자와는 다른 측면에서 비즈니스를 한다. 펀드매니저 수익의 근원은 투자자가 내는 운용수수료이다. 당연히 수수료를 최대한 받으려고 노력한다. 간혹 일반인들은 유명 펀드매니저의 자금모집에 관한 적극적인 노력과 투자 운용에 관한 과장 설명에 그대로 현혹된다. 그런 과정에서 펀드매니저들은 리스크가 없는 것처럼 포장하거나 그럴듯한 논리로 운용전략을 설명하고픈 유혹을 스스로 견디지 못한다. 이는 펀드매니저의 펀드 운용상에 내재한 리스크를 일반인들이 전혀 통제하지 못한다는 의미이다. 이런 면에서 간접투자의 대명사인 펀드 투자 역시 투자 리스크를 줄이고 있다는 펀드매니저의 설명을 단순히 착시하고 있는지도 모른다.

제5장

리스크
관리방안

제1절 이익관리와 손실관리,
그리고 리스크 관리

1. 이익관리

　이익관리는 수익과 비용만을 관리해서 이익을 적정하게 시현하는 모든 행태를 말한다. 수익과 비용의 관리는 경제학의 근간인 효율성에서 출발한다. 즉 최소 비용하에 최대수익 실현이라는 경영원칙하에 우선으로 집행할 비용을 정하고 나서 최대한 수익을 내든지, 아니면 예상 수익을 정하고 나서 최대한 비용을 절감하든지 둘 중 하나이다. 우리나라의 금융기관을 포함한 대부분 기업은 IMF 이전까지만 해도 한정된 비용에서 최대수익을 내는 양적 성장, 즉 매출 위주의 경영전략을 구사하였다. 이때 주요 경영성과지표가 비용 대비 얼마의 수익을 내느냐였다. 이는 수익-비용 대응주의 회계원칙이 회사경영의 근간이었음을 의미한다. 따라서 수익을 창출하는 데 수반되는 비용은 얼마든지 집행해도 되지만 수익과 관계없는 손실은 무조건 줄이는 것이 핵심 과제였다. 그러나 이 전략의 가장 큰 맹점은 차입경영에 대한 방만한 경영을 통제하지 못하는 데 있다. 매출대비 이익이 부채조달 비용을 커버하고 매기마다 현금흐름에 문제가 없다면 적어도 회계상으로는 전혀 문제 될 것이 없다. 실제로 IMF 이전까지 대부분 국내기업이 이러한 경영환경에 놓여 있었다. 그러나 IMF가 터지면서 매출 부진과 만기도래한 부채를 상환하기 위한 신규 차입도 어려워지고 설상가상으로 환율이 폭등하면서 해외 차입마저 심각한 지경에 이르게 되자 기존의 수익-비용 대응주의 전략으로는 회사가 견디지 못할 거라는 의구심이 생겼다. 결국, 현금흐름이 문제없고 당기이익이 발생하는데도 기존의 부채상환이 어려워지면서 이른바 흑자도산이 발생하였다. 더불어 금융 자유화를 필두로 국내외 금융환경이 급변하였다. 이때 자연스럽게 리스크 관리기법이 도입되었다. 우리나라 대부분 금융기관이 리스크 관리 인프라를 도입하게 된 것은 2000년대 초반이었다. 이때만 해도 리스크 관리란 용어를 쓰지 않고 '위험관리'라고 표현하였다. 이 용어 자체만 봐도 금융기관들의 리스크 관리 수준이 얼마나 빈약하였는지 알 수 있다. 리스크 관리는 한마디로 이익과 리스크를 관리하겠다는 것이다. 이익의 변동성을 관리하여 안정적으로 이익을 시현하고 보유자산에 대한 리스크 대비 수익률을 계산하여 리스크를 고려한 수익을 관리하겠다는 것이다.

2. 손실관리

모든 투자자는 하나의 목표를 가지고 투자시장에 참가한다. 그것은 돈을 많이 버는 것이다. 그러나 여태까지 시장은 참가자들의 탐욕과 지나침으로 인해 결코 목표를 이루지 못하고 크든 작든 손실을 보게 만든다. 심지어 전문투자자들조차도 한순간의 실수로 쓰라린 손실을 경험한다. 그런데 지금까지 성공하는 투자자들을 자세히 살펴보면 그들이 수익을 올렸던 과정에는 수없이 많은 손실상황을 경험했다는 것을 알 수 있다. 이는 지속적인 수익을 올리려면 그에 따른 손실은 불가피하거나 손실이 수익 추구에 절대적으로 필요조건의 역할을 한다는 것을 의미한다. 그러나 계속해서 손실을 겪는 것은 사실 감당하기 힘든 상황이다. 손실로 인해 감정이 흔들리고 자꾸 부정적인 생각이 들기 때문이다. 특히 자기 과신이나 욕심이 많은 사람에게는 더욱 크게 나타난다. 사실 손실은 인생의 어려운 고비를 잘 넘기는 사람에게는 큰 문제가 아니지만, 자존감이 약하거나 역경을 극복하는 능력이 부족한 사람에게는 치명적으로 작용한다.

손실을 줄이는 우선적인 방법은 투자할 때 적정 규모의 투자자금을 미리 확보해 두는 것이다. 기본적으로 어지간한 손실을 견딜 수 있을 정도의 자금이면 충분하다. 간혹 친구들과 내기 게임, 예를 들어 고스톱이나 포커 게임을 할 때 호주머니에 돈이 좀 넉넉하면 약간의 손실은 본격적인 게임에서는 오히려 당근이 된다. 마음이 흔들리지 않기 때문이다. 두 번째는 가능하면 수익보다 손실을 줄이는 데에 집중해야 한다. 투자의사 결정 과정에서 어떠한 투자자도 완벽하지 못하다. 이럴 때 자신이 틀렸다는 사실을 빨리 깨닫는 능력이 굉장히 중요하다. 전문투자자조차도 예기치 않은 변화에 대응하지 못하고 큰 손실을 볼 불확실성에 노출되는 경우가 빈번하다. 이럴 때 유일한 대응책은 문제를 빨리 깨닫고 매도하는 수밖에 없다. 그러나 손절매는 누구나가 아는 것처럼 쉬운 일이 아니다. 손실 나는 것을 누구도 좋아하지 않기 때문이다. 하여튼 손실이 난 이유는 잘못된 시기에 잘못된 포지션을 선택했기 때문이다. 이때는 손실을 키우지 말고 한걸음 물러서서 상황을 자세히 살펴야만 보다 객관적인 시각을 유지할 수 있다. 또한, 긍정적인 태도를 유지해야 한다. 그나마 긍정적인 마음에서는 최소한 수익을 낼 기회를 엿볼 수 있기 때문이다. 부정적인 생각에 사로잡혀 있으면 수익은커녕 작은 손실에도 얽매이고 헤어나질 못한다. 세 번째 본격적인 투자에 나서기 전에 감당할 수 있는 한계

손실액을 정해 두어야 한다. 한계손실액은 자기가 감당할 수 있는 최대 손실액이자 리스크이다. 앞서 우리는 리스크를 측정하고 계산하는 방법을 터득하였다. 이를 반드시 활용하고 리스크 관리 습관을 들이도록 노력해야 한다. 일단 한계손실액 이상으로 잃으면 주저 없이 시장에서 벗어나야 한다. 그 사이 투자행태를 복기하면서 자기 자신을 되돌아보면 더욱 냉철하고 단단하게 재무장할 수 있다.

3. 리스크 관리

2010년대 들어 가계부문의 재무 리스크 노출 규모가 지속해서 증가하였다. 이는 개인들이 리스크 관리를 해야 하는 직접적인 이유이다. 전 세계적으로 가계자산 중 예금 비중이 줄어드는 대신 시장 리스크에 민감한 주식, 펀드, 채권의 비중이 늘어나는 추세이다. 그만큼 금융자산의 이동이 활발해지면서 수익률 경쟁이 치열해지다 보니 적정수익률을 확보하기가 어렵게 되었다. 그러니 본인 판단하에 신규투자처를 발굴할 수밖에 없는 상황이 도래된 것이다. 그러나 지금까지 대부분 사람은 리스크를 무조건 나쁘거나 회피해야 할 대상으로 치부하였다. 따라서 일단 생기면 무조건 줄이거나 없애버리는 것이 최선이라고 판단하였으며 이런 과정을 리스크 관리라고 생각하였다. 투자 세계에서는 안정적이면 좋고, 위험한 것은 나쁘다는 사고를 버려야 한다. 투자 세계에서 리스크는 내가 좋아하거나 싫어하는 호불호(好不好)를 명확히 표현하는 대상이다. 이런 과정에서 리스크를 더 좋아하거나, 조금만 좋아하거나, 아주 싫어하거나 혹은 싫으면서도 좋아하는 다양한 형태의 리스크 취향(risk appetite)이 나타난다. 일반적으로 보통 사람이라면 리스크가 많은 것을 싫어한다. 만약에 리스크가 큰 만큼 어떤 보상, 즉 리스크에 걸맞은 프리미엄을 얹어 준다면 기꺼이 부담할 수도 있을 것이다. 그리하여 리스크 프리미엄이 적정한지 그리고 그것을 본인이 수용해도 되는 건지 판단하는 것이 리스크 관리의 핵심이다.

　리스크 관리를 체계적으로 하기 위한 절차는 우선 리스크를 인식하고 이를 측정한 다음, 주기적으로 모니터링(monitoring)하여 자기한테 유리하게 또는 불리하게 전개되는지 확인한 다음, 통제할 것은 통제하고 이러한 과정을 반복적으로 피드백(feedback)하는 것이다. 금융기관 특히 은행은 탄생하면서부터 다양한 리스크를 측정하여 이를 분류하고 체계화함으로써 리스크 관리 시스템이 경영 전반에 퍼지게 되었고, 모든 임직원에게도 이의 중요성을 철저하게 교육하고 몸에 익히도록 훈련해왔다. 리스크 관리가 은행수익과 직결되기 때문이었다. 만약 어떤 행원이 기업 대출서류를 심사할 때 관련 서류를 부득이하게 잘못 판단하는 실수를 저질러 그 기업에 대출해준 원리금 일부를 못 받게 되는 경우가 발생한다면 그동안 벌어들였던 이익이 모두 손실로 변해 버린다. 이는 은행의 수익 악화로 직결된다. 따라서 은행경영의 모든 영역이 리스크 관리라 해도 무방하다. 그 결과 지금까지의 리스크 관리체계나 기법은 주로 금융기관 위주로 계승되어 발전되어 왔다. 일반개인들이 리스크를 관리한다고 해서 직접 리스크를 계산하여 그에 맞는 상품을 선택하거나 이를 주기적으로 모니터링해서 리스크 허용범위를 벗어나면 바로 조처를 하는 등 일련의 행위를 수행하라는 뜻이 아니다. 이런 일은 보다 전문기관에 맡기면 된다. 다만 최소한이라도 금융 세상에서 리스크 관리의 중요성이나 필요성을 분명히 인식하자는 것이다. 그 이유는 2010년대 이후부터 금융 패러다임이 확실히 변하였기 때문이다.

만약 누군가가 현재 1억 원의 여유자금을 가지고 있고 이를 반드시 투자해야 한다고 하자. 우선 당장, 투자대상을 선택해야 한다. 은행 정기예금이나 국공채처럼 안정적인 곳에 넣어두면 좋지만, 기대만큼 수익률이나 이자가 적다. 그렇다면 주식에 투자하여 더 높은 수익을 기대할 수 있으나 자칫하면 수익은 그렇다 하더라도 원금까지 잃을 수도 있어 주춤거려진다. 이처럼 안정과 위험의 양극단에서 서서히 적당한 중간단계를 고민한다. 이는 투자금액을 각각 나누어 양쪽에 동시에 투자하는 것으로 어떤 비율로 나눌지가 관건이다. 비율은 해당 자산의 리스크와 기대수익 간의 조합으로 얼마든지 계산할 수 있다. 문제는 투자성향이다. 본인이 좀 더 주식에 가깝다면 주식 비중을 올리면 된다. 아니면 예금에 가깝다면 예금 비중을 올리면 된다. 이런 판단과정을 리스크 관리라고 할 수 있다.

20세기 후반 금융 경제학의 대가인 유진 파마(Eugene Fama)를 위시한 금융전문가들이 공통으로 발견한 사실은, 과거를 무대로 해서 종목선정이나 시장의 타이밍을 잡는 성공적인 투자전략을 찾아내기는 쉽지만, 미래를 무대로 해서는 그런 투자전략 가운데 어느 것도 먹혀들지 않는다는 것이다. 이제부터라도 금융상품에 내재한 리스크를 축소해서 설명하거나 거의 확실시되는 투자전략으로 미래의 기대수익률을 제시하는 이와 같은 투자 컨설팅은 리스크를 관리하는 사람에게는 전혀 적합하지 않다는 것을 확실히 알아야 한다. 리스크 관리는 물리적 혹은 심리적 손절매를 통해 수익이 손실로, 손실이 재앙으로 번지지 않도록 막는 데서 시작된다. 아무리 리스크 관리기법을 많이 안다고 해도 정작 필요할 때 활용하지 못하면 아무 소용이 없다. 리스크 관리비법은 존재하지 않는다. 그저 원칙을 따르기만 하면 된다. 대부분 투자자는 투자 전에 충분히 투자기법이나 투자전략에 관해서는 공부하고 연습해 둔다.

그들은 포지션 선택, 매매실행, 노출 조절에 대해서 어떤 일을 해야 하는지 모르는 것이 아니다. 하지만 무의식적 욕구를 이겨내고 자신이 알고 있는 원칙을 적용하는 데 실패하기 때문에 목표한 수익은커녕 원치 않던 손실을 내는 것이다.

제2절 리스크 관리 방안

1. 리스크 관리 방법

투자하는 이유는 수익을 내기 위해서다. 수익에는 반드시 리스크가 따라붙는다. 그러니 리스크를 무조건 회피할 수가 없다. 어느 정도는 리스크를 수용해야 한다. '리스크를 수용한다.'라는 것은 보유자산 중에 리스크에 노출된 자산을 추출하고 그 자산이 미래 일정 기간에 끼칠 예상 손실을 계산한 다음 그 손실액을 보유하고 있는 종잣돈(금융기관은 자기자본이 해당한다)으로 감내할 수 있다는 의미이다. 이를 위해서는 먼저 본인에게 노출된 리스크가 얼마인지를 계산해야 한다. 리스크는 투자자산의 변동성, 즉 표준편차로 측정한다. 투자자산의 과거 수익률 데이터만 있으면 산출 공식에 의해 리스크를 구할 수 있다. 그러므로 보유자산의 과거 수익률 흐름을 파악하는 것이 아주 중요하다.

쉬운 예를 들어보자. 여러분이 주식에 투자하고 싶었는데 마침 수중에 1,000만 원이 있다고 해보자. 그런데 500만 원은 나의 돈, 즉 자본이고, 500만 원은 남의 돈, 즉 부채이다. 총 1,000만 원을 한꺼번에 주식을 매입하면 부담스러워서 그중에 일부인 700만 원만 검토 끝에 매입하였다. 매입주식의 과거 5년 동안 일별 수익률 데이터를 입수하여 표준편차를 계산하였더니 일일 기준으로 4.5%였다. 주식매입으로 인한 리스크는 VaR를 이용하면 다음과 같이 계산할 수 있다.

주식리스크 = 노출자산 700만 원 × 일별 표준편차 0.045 × $\sqrt{14}$ (보유기간 14일)

= 1,178,622원

매입한 주식의 리스크는 약 118만 원이며, 이는 주식을 구입해서 2주간 보유했을 때 입을 수 있는 최대 손실액을 의미한다. 실제로 2주 이내 최대 손실이 발생한다 치더라도 자기자본인 종잣돈에서 모두 커버할 수 있다. 500만 원 자본에서 예상 손실액 118만 원을 차감하더라도 382만 원이 남게 되므로 이후 재투자 여부를 판단할 수 있으며, 설령 손실이 발생하더라도 심리적인 안정감을 느낀다. 남는 금액 382만 원을 리스크 버퍼(risk buffer)라고 한다. 한편 리스크 버퍼가 소진되는 최대한도의 노출 자산을 위 식을 이용해서 다음과 같이 계산할 수 있다.

$$\text{최대한도 노출 자산} = \frac{5,000,000 원}{0.045 \times \sqrt{14}} = 29,695,694 원$$

즉, 최대한도로 약 3천만 원의 주식을 매입할 수 있다. 이 경우 보유 기간 동안 예상했던 손실이 발생한다면 종잣돈 500만 원은 하나도 남지 않게 된다. 그리고 이 경계선을 넘으면 부도에 이른다. 물론 확률적인 계산이기 때문에 실제 손실은 예상 손실보다 크거나 적거나 할 수 있다. 그런데도 이런 사전작업은 투자의사 결정 시 많은 도움을 준다. 대부분 일반 사람은 확률에 근거한 수치가 실제 투자에서 무슨 의미가 있겠나? 반문할 것이다. 그러나 실제로 적용해 보면 투자의사 결정 시 훨씬 자유로움을 느낀다. 심지어는 그렇지 않았을 때의 상황과 비교하면서 더욱 현명한 투자 판단을 하려고 노력하는 자신에 대하여 뿌듯함을 느낀다. 그만큼 미래의 예상 흐름을 구체적으로 감지하고 있기 때문이다. 실제 투자과정에서도 손실보다는 이익이 발생하는 경우가 많은데 이는 심리적으로 안정되어 있어 주식시장을 포함 전체 금융 흐름을 객관적으로 볼 수 있기 때문이다.

한편, 투자 대비 리스크를 고려한다면 최대 3천만 원 한도에서 본인의 리스크 성향에 따라 취사선택할 수 있다. 처음에 투자한 700만 원은 리스크 한도대비 23.6%를 선택한 것으로 리스크 버퍼는 76.4%이다. 따라서 본인이 공격적인 스타일이라면 좀 더 비율을 올려서 최대 70%까지 선택할 수 있다. 이것은 단순한 숫자놀음이 아니다. 그렇다고 실제로 발생하지도 않는다. 단지 미래의 가능성을 예측하는 수단일 뿐이다. 그러나 아무런 기준 없이 선택한 것에 비하면 훨씬 현명한 방법이다. 만약 누군가가 이러한 방법으로 투자했는데도 불구하고 손실이 발생하였다면 달리 어쩔 수 없다. 지금까지 수많은 선각자가 무수한 시행착오 끝에 그나마 이 방법이 최고의 방법이라고 제시하였던 것이지 완벽하지는 않다. 따라서 이후에도 끊임없이 본인에게 적합한 최선의 리스크 관리 수단을 개발해야 한다. 그렇지 않으면 리스크 관리가 실질적인 투자관리가 아니라 형식적인 수단으로 전락해 버리고 만다.

2. 리스크 한도관리

리스크 한도관리는 크게 사전적 관리와 사후적 관리로 나뉜다. 사전적 관리는 노출 한도관리, VaR 한도관리, 민감도 한도관리로 세분된다. 사후적 관리는 손실 한도관리와 손절매 관리가 대표적이다. 이 중 일반개인들에게도 중요한 노출과 민감도, 그리고 손절매 한도관리에 대하여 살펴보겠다.

노출 한도는 간단히 운용금액을 전체금액에서 제한하는 것이다. 보통 특정 시장 또는 상품의 매입 규모를 자산운용 규정이나 리스크 관리 규정에 명시해 두는 것이 일반적이다. 이는 특정 상품이나 특정 시장에 포트폴리오가 편중되는 것을 방지하는 데 있다. 또한, 특정 상품에 과도 투자 시 예상되는 유동성 리스크 등 부차적인 리스크도 제어할 수가 있다. 그러나 이는 한도관리 시점에서 시장 변동성의 변화에 즉각 대응하지 못한다는 점, 투자 결정에 대한 지나친 제재 수단으로 악용될 수 있다는 점, 서로 성격이 다른 자산 간에 리스크의 절대 규모를 비교하기 곤란하다는 단점도 내포하고 있다. 아래 〈표〉는 실제 금융회사에서 운용하고 있는 채권 익스포저 한도관리의 예시이다.

〈표〉 채권 익스포저 한도관리(예시)

구분	동일인 채권취득	동일계열 기업군 채권취득
한도	300억 원~500억 원	500억 원

민감도 한도관리의 대표적인 수단은 주식의 베타(β)이다. 이는 보유주식의 베타 한도를 사전에 정하여 놓고 일정 기간에 목표 베타를 초과한 종목을 변경하거나 운용금액을 줄이는 방법을 통하여 목표치 이내로 들어오게 하는

방법이다. 이러한 방법은 지표 또는 단위 변화에 따른 손실예측이 쉽게 가능하다는 장점이 있는 대신 세부적인 분석은 한계가 있다는 단점이 있다.

다음은 투자 세상에서 흔히 볼 수 있는 손절매 한도관리이다. 이는 보유종목별 시장가격을 매입가격과 비교하여 손실금액을 모니터링하여 보유 여부를 결정하는 방법이다. 대표적으로 매입가 대비 몇 % 이상 손실이 발생하면 처분하도록 하는 방법이다. 아래 〈표〉는 실제 금융기관에서 매일 손절매 한도관리를 하는 예이다. 손절매 규칙이 잘 지켜지기 위해서는 리스크 관리 규정에 손절매 지침을 구체적으로 명시하여 자산운용 부서와 불필요한 갈등을 사전에 차단하는 것이 중요하다. 손절매를 더욱 이성적으로 할 수 있는 수단은 기계적인 손절매이다. 시스템이 알아서 자동으로 손절매를 하는 것인데 대부분 트레이딩 시스템에 장착되어 있다.

〈표〉 손절매 한도관리(예시)

구분	△15% 이내	△25% ~ △15%	△25% 초과
한도	펀드매니저 재량	Monitoring Point	Loss Cut

흔히 주식시장에서 손실을 최소화할 수 있는 투자기법으로 손절매가 자주 거론된다. 손절매는 해당 주식이 일정 수준 이상 손실이 발생하면 바로 주식을 처분하는 행위이다. 주식매입 전에 손절매 목표를 세워놓고 손실이 그 이상이면 바로 처분하면 되는 것이다. 전혀 어려운 방법이 아니다. 그러나 실제로는 어려운 일이다. 손실이 나면 개인이든 회사든 심리학에서 말하는 두 가지 요인 때문에 주식을 팔지 못하고 손실을 키운다. 손실 회피와 보유 효과 때문이다. 누구나 손실이 나면 인정하려고 들지 않는다. 손실 발생 이유가 생

각지도 않는 곳에 있다고 스스로 합리화하든가, 시간이 지나면 손실을 회복할 수 있다고 새로운 호재만 고집하는 등 쉽게 손실에 대해 인정하지 않는다. 이는 손실을 회피하고 싶은 심리적인 욕구 때문이다. 주식투자를 해 본 사람들은 한 번쯤은 이러한 경험을 했을 것이다. 또한, 보유 효과도 마찬가지이다. 이익이 난 종목은 더 큰 이익을 바라고, 손해를 본 종목은 곧 반전할 것이란 기대를 안고 보유하려는 경향이 강하다. 대체로 투자와 연관된 심리 현상을 극복하기는 쉽지 않다. 그럼에도 끊임없이 노력해야 한다. 투자 세상에서 살아남기 위해서는 달리 방법이 없기 때문이다

3. 리스크 관리지표

예를 들어 공무원 1년 수입과 매일 온라인으로 주식을 거래하는 전업투자자의 1년 수입이 똑같이 5천만 원이라 하자. 사회 통념상 공무원조직의 느긋함을 고려한다면 두 직업군의 수입을 같은 잣대로 평가해서는 안 된다. 대부분은 공무원이 훨씬 편하게 덜 스트레스 받고 일하면서 급여를 받는다고 인정한다. 무릇 각자가 부담하는 리스크 수준을 고려한다면 똑같은 5천만 원이라도 이를 평가하는 기준은 달라야 한다. 다음 〈표〉는 리스크를 고려한 간단한 성과평가 방법이다. 〈표〉에 의하면 A 투자사의 연간 투자 규모는 1,000억 원이며 수익률 12%, 비용률 9%로 순이익률 3%, 따라서 연간 순이익은 30억 원이다. 회계상으로 3%의 수익률을 거둔 셈이다. 반면에 B 투자사는 투자 규모 2,000억 원에 수익률은 A 투자사에 못 미치는 10%, 대신 비용률은 9%로 A사와 같이 집행하였다. 당연히 B사의 순이익은 순이익률 1%에 해당하는 20억 원으로 A사보다 10억 원이나 뒤졌다. 대부분은 이 결과를 근거로 A 투자사가 잘했다고 판단한다. 그리고 계속해서 A 투자사에 투자하기로 한다. 이

것은 과연 올바른 투자의사 결정인가? 안타깝게도 이러한 경영지표에는 리스크가 전혀 고려되지 않았다. 과거처럼 어느 정도 예측할 수 있는 경영환경에서는 도움이 되겠지만 지금처럼 예측 불가능한 경영상황에서는 그다지 도움이 되지 않는다. 그래서 리스크를 고려한 평가지표가 도입되었다. 리스크는 간단히 노출 자산에다 해당 자산의 과거 수익률 변동성을 곱한 것이다. 그에 따라 계산한 리스크 금액이 A 투자사 100억 원, B 투자사 40억 원이다. 리스크 대비 수익률을 계산해 보면 A 투자사 30%, B 투자사 50%가 된다. 즉 리스크를 고려한 수익률을 비교했을 때는 B 투자사가 훨씬 잘했다. 원칙적으로 하면 비용에 예상 손실과 비예상 손실을 계산하여 예상 손실을 제외해야 하며 리스크 금액 계산 시 확률분포를 적용한 신뢰구간의 수준값을 반영해야 하는데 계산의 편의상 생략하였다.

〈표〉 리스크를 고려한 성과평가

구분	A 투자사	B 투자사
투자 규모	1,000억 원	2,000억 원
수익률	12.0%	10.0%
비용률	9.0%	9.0%
순익(A)	30억 원	20억 원
회계적 순익률	3.0%	1.0%
수익률의 변동성	10.0%	2.0%
리스크 금액(B)	100억 원	40억 원
리스크 고려 성과(A/B)	30.0%	50.0%

리스크를 고려한 대표적인 지표가 리스크 조정 자기자본 수익률(RAROC; Risk Adjusted Return on Capital)이다. 이는 수익-비용 대응주의의 대표적 경영지표인 자기자본 수익률(ROE; Return on Equity)의 수익(R)에다 리스크를 고려한 수익, 즉 리스크 조정이익(RAR)으로 교체한 것뿐이다. 이것만

보더라도 경영패러다임이 수익-비용관리에서 수익-리스크 관리로 전환되었음을 알 수 있다. RAROC는 1970년대 후반 미국의 투자은행인 뱅커스 트러스트(Bankers Trust)에 의해 처음 사용되었다. 그전까지 사용되었던 자산수익률(ROA; Return on Asset)이나 자기자본 수익률(ROE)은 자산의 개별적인 리스크는 고려하지 않고 수익률만 계산하였기 때문에 해당 사업 부문의 리스크가 얼마이고 과연 적정인지, 또 그만큼의 적정한 자본을 배분하고 있는지 등 적절한 정보를 전혀 반영하지 못하였다. 그러나 RAROC는 위험조정 기준에 따라 해당 자산의 리스크를 계산하고 그에 맞추어 자본을 배분하고 관리하기 때문에 만약의 경우에 발생하는 자본금 부족 사태는 사전에 충분히 방어할 수 있게 된다.

한편, 펀드 투자의 리스크 대비 운용성과를 평가하는 가장 대표적인 지표는 샤프 비율(Sp; Sharpe Ratio)이다. 이는 투자수익률 대비 변동성 비율을 의미하며, 투자 기간에 위험의 1단위당 무위험 이자율을 초과 달성한 포트폴리오 수익률을 나타낸다. 또한, 위험 1단위당 어느 정도의 보상을 받았는가 하는 위험 보상률을 의미한다. 샤프지수가 높을수록 위험을 고려한 투자성과가 좋았음을 의미한다. 따라서 샤프지수가 크면 클수록 우수하다. 계산식은 다음과 같다.

$$S_p = \frac{R_p - R_f}{\sigma_p} = \frac{포트폴리오평균수익률 - 무위험평균이자율}{포트폴리오수익률의표준편차}$$

예를 들어 다음과 같은 세 종류의 펀드가 있다고 하자. 리스크를 고려하지 않으면 E 펀드가 17% 수익률로 가장 우수하다. 그러나 리스크를 고려한 샤프 비율을 계산해 보면 F 펀드가 0.5로 가장 높다. 따라서 F 펀드를 선택하는 것이 유리하다고 볼 수 있다.

〈표〉 펀드성과평가

Fund	연평균수익률	표준편차	샤프 비율
D	13%	18%	0.278
E	17%	25%	0.360
F	15%	14%	0.500

단, 무위험 수익률 8%

제3절 리스크 관리 실패로부터의 교훈

1. 투기용 파생상품 거래는 망하는 지름길이다

지금까지 발생하였던 리스크 관리의 실패는 주로 상품거래 과정에서 나타난 내부통제의 미숙이나 임직원의 재무적인 판단 실수가 대부분이었다. 또한, 주된 원인은 주로 개인 또는 자회사가 대규모의 포지션을 갖고 있었으나 이를 모회사의 경영진이 파악하지 못한 데서 기인하였다. 특이하게도 여러 건의 엄청난 손실이 각각 한 명의 직원에 의하여 시작되었고, 또한 손실 대부분이 파생상품 투자에서 발생하였다는 점이다. 파생상품은 금융거래에서 수반되는 다양한 재무 리스크를 효과적으로 통제할 수 있는 적합한 수단이어서 모든 금융기관은 리스크 관리 차원에서 적절히 파생상품을 활용한다. 그리하여 1990년대 말부터 파생상품시장은 엄청난 속도로 성장하여 세계금융경제 발전에 상당히 이바지하였다. 반면 이의 규제가 지속해서 완화됨에 따라 파생상품 투자에 대한 불안감이 꾸준히 증폭된 것도 엄연한 사실이다. 그 결과 헤지거래보다는 오히려 한탕을 노리는 투기거래가 기승을 부린 것이다. 대표적인 사례로 영국 베어링(Barings) 은행의 파산을 들 수 있다.

1862년에 설립된 영국의 대표적인 금융 가문의 하나인 베어링 은행은 닉 리슨(Nick Leeson)이라는 직원에 의해 자행된 사기 파생상품 거래로 결국 망하게 되는데, 1995년 2월에 네덜란드의 ING 그룹에 단돈 1파운드에 합병되는 비운을 맞고 역사 속으로 사라졌다. 금융의 역사와 전통을 자랑하던 글로벌 금융기관이 한순간에 무너지는 어처구니없는 일이 벌어진 것이다. 역설적이지만 이 사건으로 인해 리스크 관리 특히, 파생상품 거래의 리스크 관리에 대한 논의가 본격적으로 이루어졌다. 리슨은 영국 베어링사의 자회사인 싱가포르의 베어링 선물회사(Baring Futures)에서 일본 오사카거래소와 싱가포르 거래소 간 Nikkei 225 지수선물의 차익거래를 담당하였다. 문제는 리슨이 손해를 감추기 위해 '계좌 88888'이라는 특별계좌를 고안하면서 시작되었다. 리슨은 차익거래 이외에도 시장의 방향성에 베팅하는 투기거래를 하였는데 여기서 발생하는 손실을 '계좌 88888'에 감추었다. 점차 시간이 갈수록 그의 특별계좌에 있는 손실액은 불어났고, 결국엔 선물거래손실에 의한 마진콜 금액을 감당할 수 없게 되었다. 그는 손실을 메울 방법을 찾던 중 Nikkei 225 주가지수 옵션을 이용한 스트래들 매도포지션(straddle short position)[5]을 취하였다. 하지만 Nikkei 225의 변동성이 작아질 것이라는 리슨의 예상과는 반대로 Nikkei 225지수는 크게 하락하여 선물포함 누적 총손실액은 1994년에 2,800만 파운드에 달했고, 이 손실은 모두 '계좌 88888'에 숨겨졌다. 이와 같은 막대한 손실에도 불구하고 가공거래를 통해 리슨의 업적은 계속 뛰어난 것으로 평가되어 100만 불의 보너스를 받는 등 추가적인 보상까지 받았

---

5 스트래들 매도는 동일한 행사가격을 갖는 콜옵션과 풋옵션을 동일한 수량만큼 매도하는 전략으로 매도가 체결되는 순간 프리미엄 대금을 받게 되는데 주가지수가 행사가격 중심에서 큰 변화를 보이지 않으면 계약체결 시 받은 프리미엄만큼의 이익이 나는 반면, 주가가 급등하거나 급락을 하게 되면 이론상 무한대의 손해가 나는 구조로 되어 있다.

다. 설상가상으로 1995년 1월 일본에서는 고베 대지진이 발생하였고, Nikkei 225지수는 다시금 하락하여 리슨의 손실은 더욱 커지게 되었다. 리슨은 이제까지의 손실을 일시에 회복하기 위해 마지막으로 큰 모험을 시도한다. 고베 대지진 복구를 위한 재정지출 증가로 일본경제가 회복되고 주가도 상승할 것이라는 전망을 근거로 주가지수선물을 대량 매입하였다. 한편으로는 스트래들을 추가 매도하였고, 일본 국채선물에도 투자하였다. 그러나 기대와 달리 주가지수는 하락을 거듭한 결과 1995년 2월 중 15% 이상 하락하여 리슨은 선물거래에서만 3억 파운드의 손실을 내게 되었다. 더불어 스트래들 추가 매도에 따른 손실 1억2천만 파운드, 일본 국채 선물거래 손실 1억9천만 파운드, 최종적으로 13억 달러의 손실을 보아 결국 들통나고 말았다.

이 사건의 가장 두드러진 교훈으로 내부통제 시스템의 결함을 들 수 있다. 그는 본인이 금융거래하고, 이의 장부 정리까지 함으로써 자연스럽게 부정을 저지를 수 있는 환경을 갖추고 있었다. 그리고 그는 당시 회사의 조직 체계상 다른 어떤 부서로부터 아무런 내부통제도 받지 않았다. 완전히 고양이에게 생선을 맡기는 꼴이었다. 이런 형태는 그가 취한 포지션 관리에서도 여실히 드러난다. 당시 최종적으로 베어링 선물이 보유한 Nikkei 225 선물계약 수는 43,000계약이며 금액으로 70억 불에 달하였다. 이는 싱가포르 거래소의 미결제 잔고의 30%에 육박하는 엄청난 규모였음에도 리슨의 과도한 포지션에 제동을 걸 수 있는 내부장치가 전혀 없었다. 리스크 관리의 핵심은 회사가 가진 모든 노출 포지션에 대한 리스크를 측정한 다음, 회사가 감내할 수 있는 리스크 허용수준과 비교하여 리스크를 줄이거나 늘리는 것이다. 베어링 은행은 젊은 한 직원의 노출 포지션조차 파악하지 못했으니 파산은 불 보듯 당연하였다. 한편, 이 사건은 영화로도 제작되어 당시 큰 반향을 일으켰다. 지금도 아이러니하지만 이렇게 큰 기관에서 영업부서와 후선 부서의 업무가 전혀 독립적으로 이루어지지 않았다는 것은 도저히 이해할 수가 없다. 이는 마치 혼자서 돈을 쓰고 기분 내키면 장부에 기록하는 것과 다를 바 없는 행위이다. 독자라면 이해할 수 있는가? 최고경영진도 문제였다. 1994년에 리슨은 베어링 은행 전체이익의 20%를 혼자서 올리는 경이적인 실적을 기록하였는데, 이에 경영진은 자기에게 배당되는 황홀한 보너스에 집착한 나머지 리스크와 수익의 상반 관계를 무시한 채 그간 지수차익거래에서 엄청난 이익을 얻었다는 그의 보고서만 믿고서 그가 원했던 거래는 대부분 승인해 주었다. 구조적으로 파산할 수밖에 없는 회사였다.

2. 잘 모르는 금융거래는 하지 말아야 한다

투자자 대부분은 그간의 금융거래에서 한두 번 이익이 나거나 나름대로 경험이 쌓이면 쌓을수록 자기 능력을 과대평가하는 경향이 있다. 이러면 점차 자신이 모르는 금융상품이나 적당히 아는 거래에도 호기심이 발동하게 된다. 금융투자 세상에서 섣부른 지식이나 경험만으로 큰코다치는 경우가 허다하다. 특히 파생상품은 어렵고 복잡하여 초보자의 경우 무지한 탓으로 제대로 이해하지 못하고 거래하는 경우가 생긴다. 또한, 상대방 금융기관도 관련된 내용을 꼼꼼하게 설명해 주진 않는다. 이로 인해 손실이 발생한 대표적인 사례가 2006년 국내의 키코(KIKO; Knock-In, Knock-Out) 사태, 2008년 미국의 서브프라임 금융위기의 주범이었던 구조화채권 투자 등이었다. 간략히 살펴보도록 하자.

1) 키코(KIKO; Knock-In, Knock-Out) 사태

우리나라의 수출기업들은 환율변동에 대한 리스크를 헤지하기 위해 주로 선물환거래를 이용한다. 2006년 당시 원/달러 환율이 안정적인 하락추세를 보이기 시작하자 수출기업들은 은행들의 권유와 함께 대부분 키코 통화옵션에 가입하게 된다. 키코 통화옵션은 간단히 기업의 은행에 대한 실격풋옵션(knock-out put option)과 은행의 기업에 대한 진입 콜옵션(knock-in call option)을 1:2 비율로 결합한 통화옵션이었다. 즉, 기업이 환리스크를 회피하기 위하여 은행으로부터 풋옵션을 매입하되 은행에 프리미엄을 지급하는 대신 콜옵션을 매도한 무비용(zero-cost)구조의 통화옵션이다. 만약 원/달러 환율이 하락하여 일정 범위 내에 들어가면 기업이 이익을 얻지만, 달리 환율이 상승하면 무제한 손실이 발생하는 완전 헤지 상품이 아니다. 사실 키코는 환율의 움직임에 따라 풋옵션 매입자의 포지션에서 콜옵션 매도자의 포지션으로 변하는 아주 복잡한 구조의 상품이다. 환헤지 전문가라도 세심하게 검토해야 하는 상품이었다. 2007년 당시 연평균 원/달러 환율은 934원에서 2008년 초부터 꾸준히 상승하여 1,500원대를 유지하다, 연말에는 장중 최고 1,600원 이상 급등하였다. 이에 따라 중소 수출기업들의 손실은 눈 덩어리처럼 불어났다. 2008년 6월 말 기준 키코에 가입했던 중소기업은 총 519개였으며, 손실 규모는 실현 손실 5,103억 원, 미실현된 평가손실이 9,678억 원으로 총 1조 4천억 원에 이르렀고, 사회 전반에 엄청난 파급효과를 초래했다. 급기야는 재무적으로 이익이 난 기업도 키코 손실로 인해 부도 처리되기 시작하였는데 태산LCD가 대표적이다. 한편, 2008년 말에는 전체 손실이 4조 5천억 원을 상회하는 것으로 조사되었다.

키코 사태를 일으킨 결정적인 원인은 당시 대부분 중소기업경영자나 재무담당자는 동 상품에 대해 전혀 이해하지도 않은 채 주변의 입소문이나 은행의 설명만 듣고 가입했다는 것이다. 결국, 이는 법정 공방으로까지 번지게 되는데 이 사태를 통해 은행은 파생상품을 판매하는 데 적합성 원칙을 철저히 준수하여, 적합하지 않은 금융파생상품은 권유하지 않아야 한다는 아주 상식적인 명제를 새삼 깨닫게 해주었다. 또한, 기업은 전문적인 자질이 요구되는 파생 금융영역에서 투기적 거래를 하지 말아야 하며, 부득불 파생상품 거래 시 해당 전문가 및 관계기관들과 충분한 상담을 거친 후 거래를 결정해야 한다는 것이다.

2) 구조화채권 투자

2007년 미국의 서브프라임 금융위기가 최고조로 치닫기 시작할 때 전 세계 기관투자가와 일반 투자자는 부채담보부증권(CDO)과 같은 구조화채권에 투자하였다. 무엇보다 구조화채권의 투자수익률이 가장 높았기 때문이었다. 그러나 구조화채권에 투자하는 경우 기초자산에 대한 충분하고 명확한 지식이 있어야 한다. 여기서 문제가 터진 것이다. 대부분 투자자는 기초자산에 대한 어떤 정보도 요구하지 않고 오로지 신용평가기관이 제시하는 신용등급만을 믿고 마음 놓고 투자하였다. 결과는 엄청난 손실로 귀결되었다. 지금에 와서 보건대 그 당시 투자자들이 구조화채권의 기초자산에 대한 충분한 이해가 있었다면 설령 금융위기가 터졌더라도 더 발 빠르게 최소한의 손실만 입도록 대처하였을 것이다.

3. 사건 발생 초기에 어떻게 대응하는가가 중요하다

지금까지 발생하였던 리스크 관리 실패 사례의 대부분은 회사 내 내부통제 미숙이 원인이었다. 운영 리스크 관리가 허술했다. 일반적으로 업무 매뉴얼에 기초한 조직문화가 형성된 조직과 그렇지 않은 조직의 확실한 구분은 어떤 예기치 않는 사태가 벌어졌을 때 확연히 드러난다. 보통 위기상황이 닥치면 일반개인이나 조직은 당황하기 십상이다. 그러나 비상 상황에 대한 업무 매뉴얼이 잘 갖추어진 조직은 신속히 평상시처럼 각자의 임무를 수행하면서 일사불란하게 위기를 극복한다. 그렇지 않은 조직은 일단 사태가 발생하면 이를 감추려 하거나 사건의 실태를 축소하는 것에 급급한 나머지 사태가 번지는 것을 방치한 채 결국에는 통제 불능 상태로 치닫는다. 리스크는 초기 24~48시간 이내에 여론의 관심이 집중되고 인터넷을 통한 커뮤니케이션의 주도권이 결정되므로 조기 대응이 무엇보다 관건이다. 대표적인 사례를 살펴보자.

1) 농협 전산망 마비 사태

2011년 4월 12일 농협의 전산 장애가 발생하여 입출금업무 등 전반적인 금융서비스가 마비되는 초유의 사태가 발생하였다. 처음에는 유지보수업체인 IBM 직원의 단순 실수로 발표하였지만 사건 발생 3일째가 되어서야 부랴부랴 단순한 전산 장애가 아님을 시인하였다. 이는 사건이 일어나자 우선 외부에는 단순한 사건인 것처럼 발표하는 꼼수에 불과한 것이고 그만큼 고객이나 이의 파장을 무시한 처사였다. 운영 리스크 관리 매뉴얼을 철저히 무시한 행태이다. 이후 농협 전산 최고책임자는 농협 서버에 입력된 삭제 명령은 협력업체 직원의 실수가 아니라 의도된 다른 루트로 입력된 것이라고 실토하였다. 한편, 사태가 일파만파로 커지자 급기야 검찰에까지 수사를 의뢰하였고 검찰은 범인이 외부에서 농협 네트워크 방화벽을 뚫고 서버에 침입했을 가능성과 농협 내부에 노트북을 두고 파일을 내려받아 작업했을 가능성 등 여러 방향으로 수사를 진행하였다. 검찰은 최종적으로 여러 정황을 미루어 농협 전산망 장애 사건의 범인은 북한의 사이버테러라는 결과를 발표하고 수사를 종결하였다.

농협은 이번 사태로 약 182억 원의 재무적인 손실을 보았다. 세부적으로 살펴보면 4월 14일부터 24일까지 장애 기간에 면제해 준 각종 수수료 수입 50억 원, 사고 당일 오전 4시 25분부터 오후 5시 10분까지, 12시간 45분 동안 농협 카드 고객이 현금인출기에서 찾아간 카드기록 복구 불능에 따른 손실 100억 원, 한 달 동안 결제를 유예한 고객들의 카드 이용대금 1조 2,860억 원에 대한 이자손실 32억 원이었다. 그 외 집단소송 및 고객 이탈, 기업 이미지 실추에 대한 잠재적인 손실은 그 이상으로 추정되었다. 사태가 발생한 주된 이유는 아이러니하게도 아주 단순하였다. 농협은 전산망의 비밀번호를 6, 7년 동안 거의 바꾸지 않고 그대로 사용하거나 협력업체가 처음 설정하였던 비밀번호를 그대로 사용한 예도 있는 것으로 밝혀졌다. 심지어는 매월 변경해야 하는 관리자 비밀번호가 1년 동안 한 차례도 변경되지 않는 등 보안관리가 아주 미흡하다는 점이 밝혀졌다. 또한, 규정상 엄격히 제한된 서버 작업 권한을 업무 편의의 이유로 협력업체 및 하청업체 직원들까지도 가졌을 뿐만 아니라, 파견직원의 노트북이 외부로 반출된 정황이 드러나는 등 내부통제가 전혀 되지 않은 것으로 드러났다. 만약 최악의 경우 협력업체 직원이 마음만 먹는다면 노트북 한 대로 모든 서버를 삭제할 수도 있다는 의미이다. 또한,

이런 사태가 발생하자 즉시 관련 기관에 알려 조처하지 않고 사건을 축소하기에만 급급했으며, 농협중앙회 회장은 책임 회피성 답변으로 여론의 질타를 받기도 했다. 이는 총체적으로 운영 리스크 관리의 허점을 여실히 보여준 사례라 하겠다.

2) 도쿄전력사태

도쿄전력은 일본의 원전 신화를 창조한 주역으로서 국민의 사랑과 존경을 받아 왔으나, 2010년 후쿠시마 원전사태 이후 이미지가 반전되어 원전 신화도 조작된 것 아니냐는 의혹마저 제기되었다. 동 사는 원전 사고에 대처하면서 무엇보다 초기대응에 실패하였고, 추가적인 진실 은폐와 관료주의적 무책임과 느린 대응, 그리고 CEO의 그릇된 처신으로 사고 이후 2주 만에 주가가 80% 이상 폭락했으며, 무디스는 신용등급을 Aa2에서 Baa1으로 5단계로 강등시켰다. 결국, CEO는 모든 책임을 지고 사임하였다. 평소의 경영 활동은 조직 내 제도와 시스템에 의해 수행될 수 있으나, 위기사태가 발생하게 되면 CEO의 냉철한 결단이 회사 존립의 지표가 된다. 보통 예상치 못한 상황에 직면한 종업원들은 대체로 '억울하다', '감추고 싶다', '내 선에서 마무리하고 싶다'라는 생각으로 과잉 반응하거나, 당장 벗어나고픈 생각에 정확한 보고를 하지 않거나, 미봉책으로 처리하는 경우가 다반사이다. 이럴 때 CEO의 리더쉽이 절대적으로 중요하다. CEO는 리스크 관리의 보루이자 최종책임자이다. 리스크 발생 48시간 만에 CEO가 사과한 도미노피자는 확연히 다름을 알 수 있다. 2009년 4월 미국 노스캐롤라이나주 도미노피자 매장에서 직원 2명이 음식 재료를 콧구멍에 넣는 등 비위생적이고 역겨운 행위를 동영상으로 제작하여 유튜브에 올린 사건이 있었다. 이 동영상은 페이스북을 통해 24시간여 만에 미국은 물론 전 세계로 확산하였다. 48시간 후 도미노피자의 CEO인 패트릭 도일이 유튜브에 사과의 동영상을 다음과 같이 게재하였다. '이 사건에 대하여 정말 죄송한 마음입니다. 그들은 장난이었다고 주장하지만 우리는 심각하게 생각하고 있습니다.'

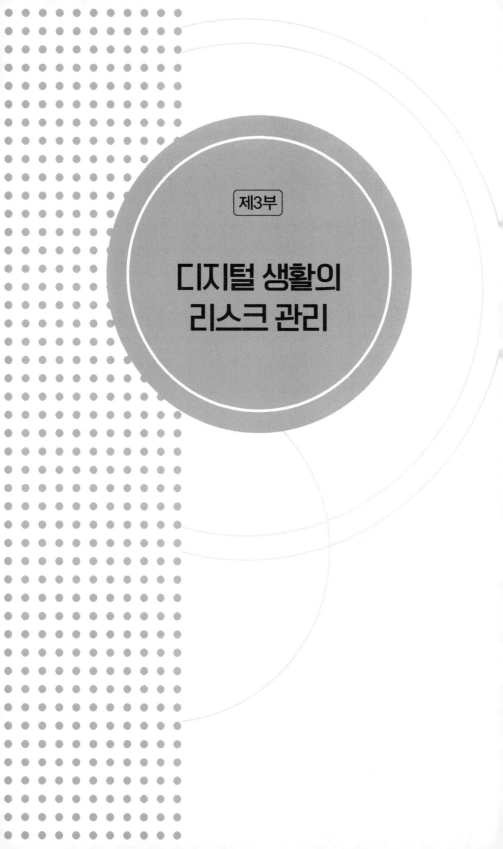

제3부

디지털 생활의
리스크 관리

제6장

디지털 일상의
위험관리

제1절 디지털 일상의 주요 위험

1. 정서적 위험

디지털 활동은 언제 어디서든 접근할 수 있지만, 그와 함께 예외 없이 각종 투자 등 호기심을 자극하는 유인용 스팸 문자 등에 노출될 수 있기 때문에 자칫 방심하면 즉흥적이고 맹목적으로 판단하게 된다. 또 일부 중장년층을 포함 노년층의 디지털 환경 부적응이 지속되면서 기기 작동과정 상의 착오 발생 염려로 인해 디지털화 피로감도 빠르게 누적되어가고 있으며, 특히 코로나 블루로 인해 자신의 감정을 제대로 통제하지 못함으로써 불안이나 분노로 전이되는 위험에 노출될 수 있다. 한편, 디지털 금융서비스는 언제 어디서든 접근할 수 있는 장점이 있지만, 개인정보 수시 노출로 인한 금융사기 피해 가능성이 아주 큰 환경이다. 이에 따라 개인정보 노출에 대한 불안과 염려로 인한 스트레스가 가중될 수 있다.

2. 멘탈 위험

디지털 환경에 적응할수록 비대면 활동 시간이 늘어나게 되며 동시에 SNS

를 통한 다양한 정보를 접하면서 자기도 모르게 투자나 게임 등에 몰입할 개연성이 높아지게 된다. 이러면 자칫 일상적인 루틴을 벗어나 멘탈 위험에 노출될 수 있다. 이는 궁극적으로 경제적 손실에 이르게 되는데 대표적인 유형을 살펴보면 다음과 같다.

1) 뇌동과 중독 현상

주로 SNS 등 투자리딩방을 통해 주변의 투자 성공담에 현혹되어 쉽게 금융투자시장에 참가하는 투자자의 경우 단기간 수익 실현의 조바심에 허둥대거나 실시간으로 매매하는 습성이 생기면서 점차 뇌동매매하게 된다. 이는 단순히 남을 따라서 사고파는 것을 반복적으로 하는 매매패턴으로 궁극에는 매매중독으로 이어질 가능성이 커진다. 특히 초보자는 연속적인 거래 실패 이후 손실복구 심리가 작용하여 시장에 몰입하고 집착하게 되며 이후 이성을 잃게 되는 상태가 지속되면 충동적 거래와 함께 매매중독에 빠질 수도 있다. 문제는 이러한 함정에 빠지면 수익 기회는 감소하고 손실금액은 눈덩이처럼 늘어나게 된다는 것이다. 한편, 코인 시장의 경우에는 소액의 수수료만 감당한다면 24시간 언제 어디서든 매매할 수 있다. 이처럼 언제든 매매타이밍을 잡을 수 있다는 점 때문에 마치 코인을 홀짝을 맞히는 도박처럼 여길 가능성이 커진다.

2) 집착과 강박 현상

만약 식사도 걸러 가며 화면을 지켜보지 않으면 안 되는 마음, 거래를 해야한다는 강박, 무의식적으로 굳어진 잘못된 습관, 조그마한 기회에 너무 민감하게 반응하는 것, 돈을 버는 데 너무 집착하는 것 등을 경험했다면 이는 이미 상당한 위험을 내포하고 있다. 이러한 상태에서의 거래는 무의미한 거래를 빈번하게 하여 손실 가능성만 증대시킨다.

3) 복수와 분노 현상

누구든지 거래에서 실패하면 실패한 그것에 대해 만회하고 싶고, 시장에서 손실을 보고 있는 상태에서는 원금을 회복하고 싶은 희망은 자연스러운 심리적 상태이다. 그러나 이러한 마음에서 거래한다는 것은 시장에 대한 분노, 자신에 대한 편견으로 와전될 수 있다. 실수에 너무 한탄하는 것, 손실을 억지로 복구하려는 것, 시장이 잘못되었다고 분개하는 것, 한 건을 크게 터트려야 한다는 생각 등은 자신의 내부에 이미 비이성적 행동이 가동된 상태이다.

3. 신체(질병과 상해) 위험

현대사회에서 질병과 상해 위험은 태어나면서부터 누구나 예외 없이 노출되는 가장 대표적인 위험 중의 하나이며, 특히 혼자만의 시간이 많은 디지털 일상에서 이런 위험은 수시로 노출될 수밖에 없다. 한편, 질병은 심신의 전체 또는 일부가 일차적 또는 계속 장애를 일으켜서 정상적인 기능을 할 수 없는 상태를 말하며, 상해는 신체 외적인 사고로 해를 입음으로써 생활기능이나 업무 능력이 상실되거나 감소하는 경우를 말한다. 이에 따라 예상되는 손해는 다음과 같다.

1) 의료비 손해

이는 병원 치료에 수반되는 각종 비용을 말하며 응급치료비, 수술비, 진료비, 입원비, 퇴원비 등이 포함된다.

2) 정신적 손해

이는 치료 시 또는 이로 인해 사망, 후유장해를 입었을 경우 본인이나 가족의 심리적 또는 정신적 손해를 말하며 그 금액은 제반 사항을 참작하여 법원의 재량에 따라 위자료 명목으로 결정된다.

3) 후유장해 및 사망 손해

후유장해는 더 이상 치료의 효과를 기대할 수 없는 상태에서 피해자에게 남아 있는 신체의 결손이나 기능감소를 말하며 이로 인한 손해는 상실 수익액, 간호비 및 정신적 손해가 있다. 또 사망 손해에는 사망 시 상실 수익액, 유족들의 정신적 고통에 따른 위자료와 장례비가 있다.

4) 휴업 손해

이는 상해 또는 질병으로 치료하는 동안 본인의 일을 못 함에 따라 수입이 감소한 부분의 손해를 말하며, 주로 수입 감소액과 휴업 일수로 산출한다. 가사종사자면 가사에 종사하지 못하는 기간 동안 타인에게 가사 활동에 종사케 한 경우의 비용으로 산출하며 보통 휴업 일수는 치료 기간으로 산정한다.

4. 사이버 범죄 위험

1) 의의

사이버 범죄는 단시간에 피해가 확산하며, 피해자가 피해를 알지 못한 상태에서 발생하고, 피해 복구가 불가능하거나 설령 가능하더라도 상당한 시간이 있어야 하는 중대한 범죄행위이다. 이는 크게 정보통신망 침해범죄, 정보통신망 이용범죄, 불법 콘텐츠 범죄의 세 가지로 요약할 수 있다. 첫째, 정보통신망 침해범죄는 정당한 접근 권한 없이 또는 허용된 접근 권한을 넘어 컴퓨터 또는 정보통신망에 침입하거나 시스템·데이터 프로그램을 훼손·멸실·변경한 경우 및 정보통신망에 장애를 발생하게 한 경우를 말한다. 이에는 해킹, 서비스거부 공격(DDoS 등), 악성 프로그램 전달·유포, 컴퓨터 등 장애 업무방해의 범죄가 있다. 둘째, 정보통신망 이용범죄는 정보통신망을 범죄 수단으로 이용하는 경우를 말하며, 인터넷 사기, 인터넷쇼핑몰 사기, 게임사기, 랜섬웨어, 사이버 금융범죄(피싱, 파밍, 스미싱, 메모리 해킹, 몸캠피싱 등), 개인·위치 정보 침해, 사이버 저작권 침해, 스팸메일 등이 해당한다. 셋째, 불법 콘텐츠 범죄는 정보통신망을 통하여 법률에서 금지하는 재화, 서비스 또는 정보를 배포·판매·임대·전시하는 경우를 말하며, 사이버 음란물, 사이버도박, 사이버 명예훼손·모욕, 사이버 스토킹 범죄 등이 해당한다.

2) 특성

사이버 범죄는 대상이 특정되지 않고 온라인의 익명성을 이용하는 것이 특징이다. 따라서 현재와 같은 사이버 환경에서는 평범한 개인들도 누구든지 소중한 권리를 침해받거나 자신도 모르는 사이에 타인의 권리를 침해하는 범죄자가 될 수도 있다. 이의 특성을 요약하면 다음과 같다. 우선 범행의 주체를 밝히기가 사실상 곤란한 경우가 많다. 이는 사용자 ID와 패스워드만 가지면 어떠한 범행도 가능하고 실명 사용을 강제할 방법도 존재하지 않기 때문이다. 다른 사람의 ID와 비밀번호를 도용하여 범행을 저지를 때에는 완전범죄가 가능할 수도 있다. 두 번째로 한 사람 혹은 극소수 인원의 간단한 조작이나 속임수에 의해 가공할 피해가 유발될 수 있다. 혼자서 동시에 세계 각지의 여러 대상을 상대로 금지 물품을 판매할 수도 있고 판매사기극을 연출할 수도 있다. 여러 나라가 경쟁적으로 '사이버 부대'를 창설하는 이유는 간단한 수법의 사이버테러로 국가 기반시설이 무용지물로 전락할 수도 있기 때문이다. 세 번째, 범행 현장이 별도로 존재하지 않는데 이는 수법은 있으나 현장은 없는 경우가 많다는 것이다. 금융기관의 전산망에 침입해 다른 사람의 예금을 지정하는 가명계좌로 이체하고 사라지는 경우 등이 대표적인 본보기이다. 비슷한 범행이 동시다발적으로 혹은 반복적으로 이루어진 경우는 범행 현장을 특정하기가 원천적으로 불가능하다. 네 번째, 범행의 흔적을 확인할 수 없는 경우도 많다. 이는 전자자료로 저장된 컴퓨터 자료를 복사 또는 변조하거나 전부 또는 일부를 없애 버려도 아무런 흔적이나 표시가 남지 않기 때문이다. 더구나 컴퓨터 자료를 단지 복사만 할 경우는 아무런 흔적이 남지 않는다. 다섯 번째, 사후적으로 범죄혐의를 입증하기가 어려운 경우가 많다. 컴퓨터는 단시간에 방대한 양의 자료를 처리하는 특성이 있으므로 자료를 조작하더라도 이를 입증하기가 매우 어렵다.

3) 지능형 범죄유형

최근에는 정보통신 기술의 발달에 따라 사이버 범죄유형도 빠른 속도로 진화하면서 지능형 범죄가 지속해서 늘고 있다. 특히 피싱 공격은 공격 대상별로 맞춤형 악성코드로 나타나고 있는데 스피어피싱(Spear Phishing) 공격과 지능형 지속위협 공격, 랜섬웨어(Ransomware)가 대표적이다. 스피어피싱은 첨부파일이나 악의적 링크를 통하여 대상 컴퓨터 등 정보통신망을 악성코드에 감염시키는 수법이다. 주로 국가기관이나 회사의 기밀자료를 수집하거나 유출하기 위한 원격접속 공격이다. 그리고 지능형 지속위협 공격은 특정 조직 PC를 장악하여 서버나 데이터베이스에 접근하여 정보를 탈취하거나 파괴하는 악성 행위이다. 또한, 일명 사이버 인질범인 랜섬웨어는 컴퓨터에 저장된 문서 등을 암호화하고 비트코인 등의 대가를 요구하는 사이버 공격이다. 따라서 피싱 공격을 당하지 않기 위해서는 무엇보다 개인정보보호 등 정보보호를 철저히 하고, 발신이 불명확한 메일이나 신뢰가 불확실한 파일은 경계해야 하는 등 보안의 생활화가 필요하다.

4) 악성코드(Malicious Code) 유형

악성코드는 정상적인 기능을 수행하기 위해서 만들어진 코드가 아닌, 컴퓨터 시스템을 파괴하고 사용자에게 손해를 끼치기 위해 만들어진 해로운 컴퓨터 프로그램을 총칭하는 용어로 악성 소프트웨어 또는 줄여서 말웨어(Malware)라고도 한다. 대표적인 유형을 살펴보면 아래와 같다.

(1) 바이러스(Virus)

지금까지 가장 잘 알려진 악성코드로, 일반적으로 파일에 첨부된 형태로 존재하며 파일을 열면 실행된다. 바이러스는 시스템을 느리게 만들거나 파일을 파괴하는 등의 손실을 일으킨다. 바이러스라는 이름이 붙은 것에서 알 수 있듯이 전염성을 갖고 있어서 바이러스가 감염된 파일을 열면 다른 정상 파일도 감염시킨다. 그런데 대부분 사람이 악성코드를 바이러스라고 부르는 경향이 있다. 하지만 바이러스는 여러 악성코드 중 하나의 유형일 뿐이며 최근에는 전체 악성코드의 10%도 차지하지 않는다.

(2) 웜(Warm)

이는 네트워크를 통해 전파되며 빠르게 복제하면서 가능한 한 많은 시스템을 감염시키는 악성코드다. 바이러스가 숙주 파일(호스트 프로그램)이 있어야 하는 것과 달리, 웜은 숙주 파일 없이도 시스템의 취약점을 이용해 자동으로 확산한다. 웜의 특성은 자기 복제이며 네트워크 전체를 감염시키면서 기하급수적인 속도로 증식한다. 웜은 피해자의 행동 없이 스스로 확산한다는 점에서 바이러스보다 전파 속도가 빠르고 더 치명적이다. 또한, 네트워크 트래픽에 많은 영향을 미쳐 대규모 사이버 공격에도 사용된다.

(3) 트로이목마(Trojan horse)

이는 유익하거나 정상적인 소프트웨어인 것처럼 가장하고 있는 악성코드이다. 사용자가 파일을 내려받아서 실행하면 트로이목마가 작동해 공격자가 원하는 동작을 수행한다. 보통의 트로이목마는 바이러스나 웜과 달리 자기 복제를 하지 않는다.

(4) 랜섬웨어(Ransomware)

몸값(Ransome)이라는 단어에서 알 수 있듯이, 피해자의 시스템에서 무단으로 파일들을 암호화해서 사용하지 못하게 만든 다음에 파일들의 암호를 풀어주는 대가로 금전을 요구하는 악성코드이다. 최근 범죄자들이 큰 수익을 창출할 수 있어 가장 유행하고 있는 악성코드 중의 하나이며 예방과 복구가 쉽지 않아 최악의 악성코드로 불린다.

(5) 스파이웨어(Spyware)

사용자 시스템에 몰래 설치되어 비밀스럽게 작동하면서 개인정보와 사용자 활동 내역을 수집하여 원격의 범죄자에게 유출하거나 시스템 제어 권한을 제공한다. 보통의 스파이웨어는 웹사이트 접속 기록, IP 주소 등 광고에 활용될 만한 내용을 수집하는데, 악의적인 스파이웨어는 로그인 정보나 신용카드 번호, 인증서 정보 등을 빼내기도 한다. 돈을 벌려는 목적의 범죄자 외에도 연인의 사생활을 감시하고 싶어 하는 사람들도 스파이웨어를 이용한다. 일반적으로 스파이웨어는 시스템을 파괴하지 않기 때문에 찾아내 제거하는 것으로 더 이상의 피해를 막을 수 있는 편이다.

(6) 애드웨어(Adware)

이는 사용자가 원치 않는 악의적인 광고를 무차별적으로 노출하는 악성코드이다. 일반적으로 애드웨어는 사용자 시스템을 파괴하지 않지만, 개인정보를 유출하거나 사용자를 위험한 사이트로 강제 이동시키거나 시스템 성능을 저해하는 식으로 피해를 준다. 애드웨어는 비윤리적인 비즈니스의 하나로 무료 소프트웨어와 함께 배포되는 경우가 많다. 무료 소프트웨어를 설치하면서 화면의 내용을 확인하지 않고 무심코 확인 버튼을 누르면 사용자 시스템은 애드웨어의 천국이 될 수 있다. 애드웨어 자체만으로는 큰 피해가 발생하지 않을 수 있지만, 다른 악성코드를 유포하는 데 악용될 수도 있기에 조심해야 한다.

(7) 파일리스(Fileless) 악성코드

이는 파일 없이 피해자 컴퓨터의 메모리에 상주하는 최신 유형의 악성코드이다. 스캔할 파일이 없어 기존 악성코드보다 탐지가 어려우며, 시스템을 재부팅 하면 메모리에서 악성코드가 사라지기 때문에 추적과 차단이 쉽지 않다. 최근 들어 증가 추세에 있는 악성코드이기도 하다.

제2절 위험관리

1. 위험의 정의

　우리가 살아가고 있는 세상은 바로 앞을 내다볼 수 없는 불확실성의 세계이다. 일상생활에서 느끼는 위험은 일단 불확실성에서부터 태동한다. 이러한 위험은 누구에게나 닥친다. 다만 사람마다 위험을 느끼는 정도가 다를 뿐이다. 또한, 인간은 언젠가는 사망에 이른다. 단지, 언제 사망할지, 즉 얼마만큼 생존할지는 역시 사람마다 다르다. 결국, 마지막 순간까지 불확실한 위험을 안고 살아가야 할 숙명이다. 위험은 한마디로 불확실성의 노출로 나타나는 손해의 가능성이라 할 수 있다.

2. 위험의 분류

1) 순수위험

　순수위험이란 자연재해, 화재, 교통사고 등 위험이 현실화하면 반드시 손해만 나타나는 위험을 말한다. 이 위험의 특징은 일반인의 손해는 사회 전체의 손해로 귀결되며, 이익은 절대로 발생하지 않는다는 점이다. 일반적으로 개인에 노출된 순수위험은 크게 인적위험, 재산위험, 배상책임 위험으로 분류된다. 인적위험은 주로 개인의 신체와 관련된 위험으로 크게 조기 사망, 장기 생존, 질병 또는 상해, 실업의 4가지로 분류된다. 재산위험은 직접손해와 간접손해로 구분되며 직접손해는 화재나 도난, 풍수해 등으로 소유재산의 가치가 하락하는 것을 말하며, 간접손해는 이로 인한 추가적인 손해를 의미한다. 배상책임 위험은 고의 또는 과실로 인한 불법행위나 채무불이행으로 타인의 재산이나 신체에 손해를 입혀 손해배상을 하는 것을 의미한다. 이 위험은 순수위험 중 가장 추상적이어서 고객이 무의식적으로 보유할 가능성이 크다.

2) 투기위험

투기위험은 경마, 경륜, 주식투자 등 위험이 현실화하면 이익이나 손해가 나타나는 위험을 말한다. 이 위험은 일반인에게 손실을 일으켜도 사회 전체적으로 이익을 초래하기도 하며, 그 반대의 경우도 발생한다. 투기위험은 이익도 발생할 수 있다는 점에서 순수위험과는 근본적으로 다르다.

3. 위험관리 방안

위험은 가능한 한 회피하되 회피할 수 없는 경우라면 이를 제거해야 하며, 그래도 할 수 없는 경우라면 전가하고 그것도 곤란한 경우에는 보유해야 한다. 통상적으로 투기적 위험이나 통제 불능 위험은 회피나 혹은 보유냐를 결정하고, 순수위험이나 통제 가능 위험은 제거나 혹은 전가냐를 선택해야 한다.

1) 위험회피

위험회피는 가장 기본적인 위험통제 수단으로서 손해 가능성을 제거하거나 회피하는 제반 방법을 의미한다. 예를 들어 자동차 사고를 염려한다면 자동차 구매를 애초부터 생각하지 않는다거나 야간 범죄가 두렵다면 밤에 외출을 삼가는 경우이다. 다만 위험회피 방법은 위험통제에서 매우 효과적인 기법이 될 수 있으나 현실에서는 사용하는데 많은 제약이 따른다. 쉬운 예로 교통사고나 바이러스 오염 등이 두려워 회사 출근을 포기하거나 하던 일을 마냥 멈추고 있을 수는 없다.

2) 위험경감

일반적으로 위험을 낮추는 방법으로 위험의 결합과 위험의 분산, 그 외 다각화 등을 들 수 있다. 위험결합은 말 그대로 위험 노출 단위를 결합함으로써 위험을 제어하는 방법이며, 위험분산은 손해의 대상이 되는 것을 집중시키지 않고 분산시키거나 복제하는 방법이다. 다각화는 위험관리뿐만 아니라 기본적으로 살아가면서 필요한 수단이라고 볼 수 있다. 일반기업의 경우 기본적으로 한 가지 종류의 상품에만 의존하지 않고 다수의 상품을 제조, 판매함으로써 예상되는 위험을 경감시키고 있다.

3) 위험보유

만약 어떤 선택에 대하여 회피하지 않고 받아들이면 예상치 못한 불리한 결과에 대한 두려움을 보유하게 된다. 이때 보유한 위험은 정기적인 수입이나 저축 등 보유한 자금으로 처리할 수 있다면 큰 문제가 될 게 없다. 즉 위험

보유는 교통사고 위험을 그대로 받아들이고 운전하는 경우처럼 실제 손실이 발생하면 이를 복구하는 자금을 자체적으로 조달하는 방법을 말하며 일반적으로 자가보험은 위험보유의 대표적인 형태이다.

4) 위험 전가

기본적으로 위험보유 가능 한도를 초과하거나 처리할 수 없는 위험은 제삼자에게 떠넘길 수밖에 없다. 이 경우 어떤 위험을 전가할 것인가에 관해서는 분명한 기준과 원칙을 세워두어야 한다. 보편적으로 계약을 통하여 위험을 제삼자에게 전가하는 방법으로 보험에 가입하는 것이다. 어디까지나 보험을 구입하는 것은 저축이나 투자라기보다는 위험을 보장받기 위한 소비행위에 불과하다. 우리는 보험을 소비함으로써 미래 예상되는 경제적 손실을 보상받는 것이지, 보험료를 내면서 여기에 저축이나 투자개념을 반영하면 오해가 생긴다.

제3절 보험을 통한 위험관리

1. 보험가입 시 체크포인트

1) 현재 본인이나 가족에 노출된 여러 위험 중
가장 치명적인 위험을 파악해야 한다.

일상생활에서 누구나 겪을 수 있는 가장 빈번하고 타격이 큰 위험은 질병과 사고이다. 무엇보다 거액의 치료비 부담이 가장 큰 걱정거리이다. 현재 이를 대비하는 대표적인 보험상품이 실손형 의료보험이다. 그다음에는 본인과 배우자의 노후를 대비해야 한다. 연금보험은 국민연금과 함께 대표적인 노후대비 상품이며, 가입한다면 그 시기는 빠를수록 유리하다. 만약 근로자라면 퇴직연금과 함께 조기에 최적의 연금 포트폴리오를 구축해야 한다. 끝으로 본인과 배우자의 사망에 대비해야 한다. 이에 적합한 현존 상품으로 종신보험과 정기보험이 대표적이다.

2) 보험기간과 보험료 납입기간, 보험료 수준을 체크한다.

가입하고자 하는 보험상품이 정해졌으면 이어 보험기간과 보험료 납입기간을 확인해야 한다. 이는 본인의 소득과 생존 기간을 자세히 체크해 보고 그에 적합한 보험기간과 납입기간을 설정해야 함을 의미한다. 보험료가 얼마인지도 중요하다. 본인 소득보다 무리하게 보험료를 불입하다 보면 중도에 해약할 가능성이 크다. 해약하면 계약자에게 여러모로 손해가 발생한다. 대체로 보험료는 본인 수입의 10%를 넘으면 부담스럽다.

3) 기타 체크해야 할 사항

보험상품이 갱신형 또는 비갱신형인지 살펴보아야 한다. 갱신형은 보험기간이 짧다 보니 상대적으로 보험료가 저렴하지만, 갱신 시점에 보험료가 급격히 상승할 수 있다. 이밖에 실손형 의료보험이라면 반드시 중복 가입 여부를 확인해야 한다. 또 변액보험 가입자라면 최소한 가입 때 예상 수익률과 최저보증 한도를 체크해 볼 필요가 있다.

2. 인슈어테크(InsurTech)

1) 의의

인슈어테크는 Insurance(보험)와 Technology(기술)의 합성어로 데이터 분석, 인공지능, 사물인터넷 등의 기술을 활용하는 보험서비스를 의미한다. 인슈어테크 이전의 가치사슬이 전통적인 보험서비스의 효율적인 개선에 초점이 맞춰져 ICT 기술을 적용하는 수준이었다면, 인슈어테크는 기반 기술을 통해 새로운 보험생태계를 구축하여 소비자에게 보험서비스를 제공한다. 일례로 자동차보험 관련 새로운 생태계를 살펴보자.

"스물여섯 살 사회초년생 P 씨는 처음 자동차보험 가입을 알아보다 나이가 어리고 보험가입 경력이 없다는 이유로 연간 100만 원이 넘는 돈을 납입해야 한다는 이야기를 듣고 실망했다. 그러다 안전운전을 하는 습관만 증명하면 할인받을 수 있는 H 보험사의 UBI(Usage-Based Insurance, 운전자습관 연계보험) 프로그램을 검색하고 가입했다. H 보험사가 보내준 자동차진단 포트에 꽂는 소형기기를 장착하고 3개월가량 운전한 뒤 P 씨는 보험료 30만 원을 할인받았다. 그 이유는 기기를 통해 실시간으로 전송된 주행거리, 운전시간대, 급제동 등 주행습관 데이터를 확인한 보험사가 P 씨의 사고 발생확률이 낮다고 판단했기 때문이다."

현재 보험회사는 상품개발, 계약체결, 고객관리 등 보험업무에 효율적인 사물인터넷, 빅데이터, 인공지능, 블록체인 기술을 활용하여 다양한 상품을 창출하여 공급하고 있다. 즉 사물인터넷을 활용하여 새로운 보험상품(건강증진형 보험, UBI 자동차보험 등)을 개발하고, 빅데이터(고객 정보, 설계사 정보 등)를 분석하여 보험영업 대상을 추출하고 계약심사를 고도화하는 한편, 인공지능 챗봇을 통해 상담업무 및 보험 관련 안내 업무를 자동화하는 등 업무효율 향상을 위해 활용 중이다.

2) 디지털형 보험상품

(1) 페이퍼마일(Pay-per-Mile) 자동차보험

이는 UBI 모델에서 진화한 자동차보험으로 연간보험료를 운행 거리와 무관하게 전액 선납하는 기존 자동차보험과 달리, 소정의 가입보험료만 납부한 이후 매월 주행거리에 따라 산출되는 보험료를 분할해 납부한다. 따라서 대중교통을 이용하여 출퇴근하거나, 휴일에만 잠깐 차를 사용하거나, 세컨드

카로 자녀 등하교나 집 근처에서만 이용하는 경우, 은퇴를 통해 차를 타는 횟수가 줄어든 경우에 아주 적합하다.

(2) 미니보험

미니보험은 소액으로 필요한 보장 혜택만 제공하는 보험상품이다. 보험기간이 짧고, 꼭 필요한 보장만 필요할 때 받을 수 있어 이른바 가성비가 극대화된 보험이며 모바일 간편결제를 통해서 주로 가입한다. 그동안 주로 여행자보험으로 활용되던 미니보험이 미세먼지보험, 반려견보험, 층간소음보험, 등산보험, 스키보험, 낚시보험 등 다양한 형태로 확산하고 있으며, 최근 코로나19 관련한 코로나보험, 백신보험 등도 출시되었다. 현재 국내 보험사에서 판매되고 있는 미니보험으로 스마트 ON 시리즈 보험(스위치처럼 켰다가 필요 없을 때는 *끄는* 형태의 상품)을 소개한다.

* 스마트 ON 펫 산책 보험: 기본보험료에서 산책한 날만 보험료를 차감하는 형태의 상품이다. 쿠폰이나 크레딧 형태로 일정보험료 납부 시 정해진 횟수만큼 산책하며, 추가 산책은 사후 정산하는 방식으로 운영된다.
* 스마트 ON 해외여행보험: 최초 이용 시에는 일반적인 수준의 보험료를 납부하며, 2회차부터는 사업비 관련 부가비용을 제거한 순수보험료만 납부한다.

(3) 사이버 배상책임보험

이는 e-비즈니스, 인터넷 등 가상공간에서 피보험자의 행위로 인해 제삼자에 대한 손해배상책임을 담보하는 보험으로 크게 의무보험과 임의보험으로 나뉜다. 의무보험으로 전자금융거래법의 금융기관이 가입해야 하는 전자금융거래 배상책임보험, 정보통신망법의 집적정보통신시설 사업자가 가입해야 하는 보험, 전자문서 및 전자거래 기본법의 공인 전자문서센터 등이 가입해야 하는 보험이 있다. 한편 임의보험은 개인정보 유출 배상책임보험과 e-비즈니스 배상책임보험 등이 있다.

(4) P2P(Peer-to-Peer) 보험

기존의 보험은 공유개념보다는 가입자가 보험사에 위험을 전가하고, 보험사는 다시 인수한 위험을 분산하는 전이의 개념이 더 컸다. 이 때문에 고위험 가입자가 저위험 가입자의 보험료를 활용하기 위해 자신의 위험을 숨기는 역선택이 나타나고, 보험금을 부풀리기 위한 도덕적 해이나 보험사기 등의 문제가 발생했다. 보험가입자와 보험사 사이에 이해 상충의 문제가 필연적으로 발생할 수밖에 없는 구조였다. P2P 보험은 전통적인 보험의 구조적인 문제를 해결하기 위한 플랫폼이다. 공동의 위험을 가진 개인 간 보험 모델이며, 유사한 위험에 노출된 사람들이 보험회사에 위험을 전달하는 것이 아니라 계약을 체결한 누군가에게 위험이 발생하면 그 손실을 나누어서 지불하겠다는 위험 공유 보험이다.

(5) 소셜(SNS) 보험

대표적인 SNS 보험으로 독일의 프렌드슈어런스(Friendsurance)를 들 수 있다. 이는 간단히 소셜 기반의 보험서비스가 결합한 형태로 운영구조는 아래와 같다.

* 프렌드슈어런스 가입자는 최대 15명까지 커뮤니티를 형성해 교통사고 등 보험료 청구가 필요할 때 서로 도움을 주는 구조다. 보험에 가입할 때 친구들의 페이스북 계정을 제공해 커뮤니티를 만든다. 보험료 청구 금액이 프렌드슈어런스에서 제공할 수 있는 금액을 넘어가면 초과 금액을 커뮤니티의 친구들이 n분의 1로 나누어서 낸다. 일종의 자기부담금 같은 구조다. 보험회사에서 지급해야 하는 보험금 일부분을 친구들이 공동 부담하는 구조라서 다른 보험에 비해 비용이 최대 70%까지 싸다.

이처럼 소셜 보험 모델은 소규모 보험금청구를 효과적으로 관리할 수 있고, 보험회사가 사고 시 지급하는 비용을 줄일 수 있다. 또한, 소셜 보험은 믿을 수 있는 친구들과 연결되어 있으므로 내야 하는 금액을 꼼꼼히 따지게 되고 보험금을 노린 허위신고 등의 부작용도 줄일 수 있어 보험회사는 그 혜택을 보험료 할인으로 가입자에게 되돌려준다.

〈Tip〉 보험은 재테크 수단이 아니다.

누구든지 인생을 살아가면서 한두 번쯤은 예기치 않은 위험에 빠져 적지 않은 시련을 경험하게 된다. 근데 우리 주변 곳곳에 도사리고 있는 위험은 예측 불가며, 노출되는 순간 우리에게 전혀 도움이 되지 않으며 오로지 정신적, 물질적인 손해만 입힌다. 이런 위험을 사전에 방지하는 장치는 없을까? 인류의 역사가 시작된 태곳적부터 사람들은 갖가지 위험에서 벗어나기 위해 끊임없이 노력해 왔다. 오늘도 누군가는 이러한 위험에서 벗어나고자 무진 애를 쓴다. 과학 문명이 발달하면서 사람들은 자신이 가진 위험을 타인에게 이전하거나 공유함으로써 위험으로부터 자유로워질 가능성을 모색하였다. 점차 사람들은 어느 정도 예상되는 위험은 미리 대처할 수 있지 않냐 하는 필요성을 느끼고 이의 수단을 적극적으로 찾기 시작하였다. 그렇게 해서 보험이 탄생하였다.

보험은 기본적으로 위험 발생에 따른 손실 규모가 큰 것을 대상으로 한다. 손실이 작은 것은 발생하더라도 개인이나 기업에 미치는 영향은 별로 크지 않다. 물론 사소한 것까지도 보장받으면 좋겠지만 그러기 위해서는 보험료가 올라간다. 따라서 혼자 감당하기 어려운 위험들만 보험에 들고 손실이 작은 위험은 예비자금을 확보함으로써 스스로 대처하는 것이 현명한 방법이다. 마치 감기를 보험에 들지 않는 것과 같다.

세상의 모든 위험 중에서 보험으로 해결하기 위한 위험은 일정 요건을 갖추어야 한다. 첫 번째, 위험조건은 다수의 동질적인 위험이어야 한다는 점이다. 그 이유는 서로 독립적인 위험이 많이 존재해야 보편적인 손실을 예측할 수 있으며, 그에 상응한 보험료를 계산할 수 있기 때문이다. 두 번째, 손실 발생이 우연적이고 고의성이 없어야 한다. 보험 자체가 미래의 우발성에 기초한 보험사고를 담보로 하는 것이기 때문에 우연한 사고가 아니면 보험으로서 성립되지 않는다. 세 번째, 손실은 확정적이고 측정할 수 있어야 한다. 보험 대상이 될 수 있는 손실은 그 발생원인 및 시간과 장소, 손실 크기 등을 명확히 식별하고 측정할 수 있어야 한다. 만약 손실이 명확하지 않으면 보험료 산출이 불투명하고 그런 손실을 담보할 보험상품을 만들 수 없기 때문이다. 네 번째, 예상하는 손실이 너무 거대하거나 작지 않아야 한다. 천재지변으로 인한 손실 등 손실의 규모가 재난적일 만큼 과도하여 보험회사의 능력으로 도저히 보상할 수 없을 정도의 위험과 너무 작은 위험은 보험회사가 인수할 수 없기 때문이다.

대체로 보험가입 측면에서 흔히 염두에 두는 일상위험으로 노후생활의 위험, 유족의 생계위험, 질병과 상해의 위험, 그리고 화재와 도난 등 기타위험이 있다. 먼저, 노후생활의 위험은 본인과 부부의 은퇴 후 생활비와 특정 시기에 목돈이 들어가는 자녀 결혼자금, 교육자금을 어떻게 마련하느냐에 달려 있다. 노후생활을 위해서는 보험 이외에 저축 또한 필수이다. 따라서 보험가입과 저축수단까지 병행해서 고민해야 한다. 유족의 생계위험은 가장이 조기에 사망하거나 실업 등으로 남은 가족의 생계비를 어떻게 확보하느냐에 달려 있다. 유족의 생계위험은 보험 본연의 존재가치를 나타내는 가장 확실한 명분이다. 그러므로 가장이라면 여하튼 보험을 통하여 대비해야 한다. 질병과 상해의 위험은 질병이나 사고를 당하였을 때 발생하는 고액의 의료비와 부대비용 부담을 어떻게 감당할 수 있는가에 달려있다. 질병과 상해의 위험은 태어나면서부터 나타나므로 보험은 빨리 가입하는 것이 좋고, 나이가 적을수록 보험료도 저렴해지는 장점이 있다. 그러나 위험의 발생 가능성이 별로 없는데 보험에 들면 보험료만 낭비할 수도 있다. 그렇다고 너무 늦게 가입하려다 보면 나이가 많아 보험료가 올라가고, 자칫 보험에 들지 못하는 문제가 발생할 수 있다. 그리고 화재나 자동차 사고, 타인에 대한 보증과 도난으로부터의 손실도 이를 보전할 만큼 여력이 있느냐가 중요하다.

현존하는 대부분 보험상품은 위험보장을 주기능으로 하며 부수적으로 저축이나 투자기능을 수행하고 있지만 어디까지나 보험을 구입하는 것은 저축이나 투자라기보다는 위험을 보장받기 위한 소비행위에 불과하다. 소비는 시간이 지나면서 잔존물의 가치가 감소하지 절대로 증가하지는 않는다. 반면, 저축은 오히려 증가한다. 또한, 저축은 현재의 소비생활을 억제하고 미래의 소비생활을 도모하는 것이다. 그래서 저축은 소비를 억제해야 하는 고통이 따른다. 이런 맥락에서 보험은 역시 소비이지 저축이 아니다. 우리는 보험을 소비함으로써 미래 예상되는 경제적 손실을 보상받는 것이지, 보험료를 납부하면서 여기에 저축이나 투자개념을 반영하면 오해가 생긴다. 보험은 보험 본래의 기능이라 할 수 있는 보장적 기능 즉, 사망, 상해, 화재, 도난 등의 우발적 사고가 발생했을 때 손실을 당한 개인이나 기업이 입게 되는 경제적 손실을 보상하여 경제생활의 안정을 도모한다. 따라서 보험은 그 의미가 저축보다는 보장에 훨씬 치우쳐 있으며 돈을 불리기 위한 투자의 기능보다는 순수한 보장기능이 훨씬 더 많다. 다만, 부수적으로 저축기능이 있을 뿐이다. 결론적으로 보험은 위험에 대비하기 위한 수단이지, 결코 돈을 벌기 위한 재테크 수단이 아니다.

제7장

디지털 비즈니스
리스크 관리

제1절 디지털 비즈니스

1. 의의

디지털 비즈니스란 정보와 통신기술(ICT)을 이용하여 기업의 제품이나 서비스를 제공하고, 이를 통해 가치를 창출하는 비즈니스모델이다. 그러기에 디지털 비즈니스는 빠른 시장 변화에 적응하고, 창의적인 솔루션과 혁신을 통해 새로운 시장 기회를 지속해서 찾아야 하며 이를 통해 비용을 절감하고 경쟁력을 높여 신규고객을 확보할 수 있다. 따라서 디지털 비즈니스는 기업의 운영 방식, 고객과의 관계, 그리고 제품과 서비스의 제공 방식에 혁신적인 변화를 지속 수행해야 한다. 그런데 디지털 비즈니스는 기본적으로 물리적인 공간이 아니라 온라인상에서 이루어진다. 따라서 플랫폼은 필수적이며 디지털 비즈니스의 핵심적인 역할을 담당하므로 이를 통해 다양한 이해관계자들이 상호작용하고 협력할 수 있는 인프라가 사전에 구축되어야 한다.

아날로그 비즈니스와 비교해서 디지털 비즈니스만의 특징을 살펴보면 다음과 같다. 우선 디지털화된 제품 및 서비스이다. 기존의 물리적인 제품이나 서비스를 디지털 형태로 전환하거나, 새롭게 디지털 제품이나 서비스를 만드는 것이다. 예를 들어, 음악 CD 대신에 스트리밍 서비스를 이용하는 것 등이 대표적이다. 두 번째 데이터 중심의 경영이다. 디지털 비즈니스는 데이터 수집, 분석 및 활용에 큰 중점을 두며 이를 통해 고객 경험 개선, 신규사업 모델 개발 등에 활용한다. 세 번째, 차별화된 고객 중심채널 활용이다. 디지털기술은 소비자와 기업 간의 상호작용 방식을 완전히 변화시켰으며 무엇보다 온라인채널로 고객들과 직접 소통하며 그들의 요구사항을 더욱 정확하게 파악할 수 있게 되었다. 네 번째, 무한속도의 변화와 융합을 추구한다. 디지털 비즈니스에서는 신기술 도입 및 시장 변화에 적극적으로 대응해야 하며, 동시에 다른 업계가 융합하면서 색다른 형태의 비즈니스모델을 창출한다.

2. 플랫폼

1) 의의

전통적 의미에서 플랫폼은 수많은 승객이 교통수단을 이용하기 위해 기다리는 곳을 의미한다. 예컨대 버스라면, 승객과 버스 사업자는 플랫폼을 통해서 서로 만나게 된다. 승객은 목적지까지 이동하는 것이 목적이고 버스 사업자는 승객을 목적지까지 이동시키고 교통비를 받는다. 두 이해관계자는 플랫폼을 통해서 가치를 주고받는다. 기본적으로 플랫폼은 둘 이상의 이해관계자를 필요로 하며 이들이 주고받을 수 있는 가치가 있어야 한다. 즉, 거래할 수 있는 무언가가 있어야 이해관계자들이 플랫폼을 통해 주고받으면서 플랫폼의 지배력도 높아진다. 그리고 이해관계자들이 모이는 공간인 채널이 필요하다.

현대적 의미에서 플랫폼은 양면성과 확장성이라는 두 가지 특성으로 요약

된다. 양면성은 하나의 플랫폼에 서로 다른 유형의 이용자가 존재한다는 것을 의미한다. 방송과 신문도 양면성을 가지는 플랫폼이다. 아마존(Amazon), 에어비앤비(Airbnb), 카카오택시, 넷플릭스(Netflix)도 마찬가지다. 플랫폼에서 두 유형의 이용자는 크게 소비자와 공급자로 구분할 수 있다. 플랫폼에는 이를 구성하는 서비스·소비자·공급자 사이의 원활한 상호작용을 위해 서비스에 대한 소비자의 니즈 파악, 해당 서비스를 제공하는 공급자 파악, 이들 간의 매칭기능 등이 요구된다. 고객데이터 수집, 고객행태 분석 및 니즈 파악 등 관련 모든 기능이 4차산업혁명 기술 덕분에 가능하게 되었다.

확장성은 하나의 플랫폼에서 다양한 서비스를 복합적으로 제공할 수 있다는 것을 의미한다. 예를 들어 아마존은 처음에 도서 판매를 중개하다가 사업 범위를 지속해서 확장하여 영화나 드라마콘텐츠까지 중개하고 있다. 다만 플랫폼은 전략적 선택에 따라 확장성을 포기할 수도 있다. 예를 들어 에어비앤비는 아고다(Agoda)처럼 숙소·항공·공항 셔틀·렌터카 등 여러 서비스를 제공하지 않고, 오직 숙소 예약에만 집중한다. 플랫폼이 확장성을 가지는 이유는 플랫폼에 수요자가 많을수록 플랫폼은 더 많은 서비스를 제공할 것이며, 또 수요자가 많은 플랫폼에 서비스공급자도 더 많이 참여할 것이기 때문이다.

2) 플랫폼의 네트워크 효과

네트워크 효과는 참여자의 증가가 재화나 서비스의 가치를 높이는 현상을 뜻한다. 즉, 특정 상품의 수요가 다른 사람들의 수요에 영향을 주며 네트워크가 커질수록 그 영향력이 더욱 커진다는 개념이다. 모든 종류의 플랫폼에는 네트워크 효과가 강력하게 작용하는데, 이것이야말로 플랫폼의 가장 중요한 특성 중 하나이다. 네트워크 효과는 플랫폼이 사업 초기부터 상당 기간 가입자 수를 늘리기 위해 지속해서 큰 투자를 하고 오랫동안 인내하며 적자를 감수하는 걸 정당화하는 중요한 이론적 근거 중 하나다. 네트워크 효과가 플랫폼의 핵심 성공 요인으로 작용하는 이유는 네트워크 효과가 경쟁 우위를 창출하기 때문이다. 플랫폼이 아닌 기업은 매번 영업을 통해 거래를 창출해야 하지만, 플랫폼 기업은 플랫폼의 네트워크 효과에 기반을 둔 관계 및 상호작용의 선순환을 통해 거의 자동으로 거래를 창출할 수 있다. 네트워크가 성장할수록 상호작용이 더 많이 유도되며 그에 따라 플랫폼의 가치는 기하급수적으로 증가하게 된다.

기본적으로 플랫폼의 네트워크 효과는 크게 네 가지로 구분할 수 있다. 첫째, 직접 네트워크 효과이다. 일반적으로 신규 사용자의 참여가 증가함에 따라 기존 사용자는 더 많은 다른 사용자들에게 접근할 수 있게 된다. 모든 인터넷 서비스가 직접 네트워크 효과의 혜택을 보지만, 특히 페이스북, 인스타그램, 카카오톡처럼 사용자들 간의 커뮤니케이션과 상호작용이 핵심인 서비스에서는 더욱 강력한 효과를 발휘한다. 두 번째는 간접 네트워크 효과이다. 통상 플랫폼의 사용이 증가함에 따라 점점 더 가치 있는 보완 제품의 생산을 유발하고 이것이 다시 플랫폼 가치를 높이는 식으로 영향을 미친다. 간접 네트워크 효과가 가장 강력하게 작용하는 대표적인 사례가 운영체제와 앱 스토어다. 앱 개발자는 사용자가 많은 운영체제의 앱 개발에 매력을 느끼는데, 이는 자신의 앱을 더 많은 사용자가 이용하길 바라고 또한 그것이 더 많은 수익으로 이어질 수 있기 때문이다. 그에 따라 인기 있는 운영체제에 점점 더 많은 개발자가 참여해 해당 운영체제가 제공하는 소프트웨어 개발 도구로 앱을 개발하게 된다. 결국, 앱의 양과 다양성이 증대되고 강력한 앱 생태계를 형성하게 된다. 대표적으로 iOS와 안드로이드의 성공이 이렇게 이뤄졌다. 세 번째는 양면 네트워크 효과인데 한 사용자 그룹의 참여자가 증가하면 다른 사용자 그룹의 참여자도 증가하게 되고 그 반대의 경우도 마찬가지로 작용한다. 예를 들어, 판매자 그룹과 소비자 그룹이 존재하는 양면 시장인 오픈마켓 서비스를 생각해 보자. 소비자가 늘어나면 더욱 매력적인 시장이되어 판매자가 늘어나고, 이는 더 다양한 상품들의 유입과 함께 더 많은 판매자 간의 경쟁을 끌어낸다. 그 결과 더 많은 소비자의 플랫폼 유입이 가속화되고, 이것이 더 많은 판매자를 끌어들이는 유인이 돼 생태계가 확장된다. 이베이, 에어비앤비, 11번가, 배달의 민족, 당근마켓 등이 이에 해당한다. 네 번째가 데이터 네트워크 효과이다. 이는 앞서 다룬 네트워크 효과들이 사용자 간의 상호작용에 초점을 두고 있다면, 이것은 그 결과로 생성되는 데이터에 초점을 둔 네트워크 효과다. 데이터 네트워크 효과의 대표적인 사례가 바로 딥러닝(Deep Learning)이다. 딥러닝은 데이터 학습을 통해 더욱 똑똑해지는데, 사용자가 증가하면 더 많은 데이터가 발생하고 사용자로부터 더 많은 데이터를 얻을수록 인공지능 기반 플랫폼의 경쟁력이 더욱 강화된다. 앞으로의 디지털 경제에서는 데이터 네트워크 효과에서 가장 앞선 기업이 커다란 부가가치를 창출할 가능성이 크다. 똑똑한 인공지능을 통해 사용자 행동을 예측하고, 매력적인 맞춤화와 개인화를 제공하고, 제품 및 서비스에 대한 통찰력을 실시간으로 획득하고, 더 많은 자동화를 구축함으로써 경쟁에서 앞서 나가게 되는것이다. 향후 플랫폼 기업의 핵심 경쟁력은 빅데이터, 딥러닝 기술력과 이를통한 데이터 네트워크 효과의 극대화를 달성하는 데 달려있다고 볼 수 있다.

3. 플랫폼 비즈니스

1) 의의

플랫폼 비즈니스에서는 참여자가 증가할수록 네트워크 효과(Network Effect), 규모에 비례한 수익증가(Increase Return to Scale), 승자독식의 경제(Winner-Takes All) 효과가 뚜렷하게 나타난다. 이의 종류로 네이버, 카카오톡, 페이스북 등은 서비스플랫폼, 안드로이드와 아이폰은 모바일플랫폼, 앱스토어와 플레이스토어는 소프트웨어플랫폼으로 구분할 수 있다. 이 외에도 하드웨어플랫폼과 네트워크플랫폼 등도 새로운 비즈니스플랫폼으로 주목받고 있다. 한편, 플랫폼 비즈니스모델과 더불어 주목할 모델로 롱테일(Long-tail) 비즈니스모델이 있다. 이 법칙은 예를 들어, 1년에 단 몇 권밖에 팔리지 않는 흥행성 없는 책들의 판매량을 모두 합하면 놀랍게도 잘 팔리는 책의 매상을 추월한다는 온라인판매의 특성을 나타내는 개념이다. 이는 20%의 핵심고객으로부터 80%의 매출이 나온다는 파레토법칙과 반대되는 의미여서 역(逆) 파레토법칙이라고도 한다.

플랫폼 비즈니스의 성공 요인은 크게 세 가지이다. 플랫폼의 성장에서 첫 번째 요인은 사용자층의 저변을 넓히는 것이다. 플랫폼은 철저하게 네트워크 효과로 성장한다. 따라서 더 많은 사용자확보 여부가 플랫폼의 진입장벽이 된다. 이를 위해서는 플랫폼의 이용자를 명확히 정의한 후 그런 사람들이 더 많이 모이도록 해야 한다. 예를 들어 배달의 민족은 음식점과 배달주문을 하는 사람, 11번가는 판매자와 소비자, 유튜브는 동영상을 촬영해 업로드하는 유튜버와 이 영상을 보는 시청자들이 플랫폼이용자다. 또 어느 한쪽만 모아서는 안 된다. 양쪽의 사용자를 균형 있게 모아야 한다. 한쪽만 있어서는 플랫폼의 규모가 커질 수 없다. 두 번째는 편리한 가치거래로 양쪽 사용자가 모인 이후에 이들이 더 많이, 더 자주 거래할 수 있게 해야 한다. 예를 들어 배달의 민족에서는 더 많은 주문 건수가 있어야 하고, 유튜브에서는 보다 많은 사람이 더 많은 영상을 시청해서 조회 수가 증가해야 한다. 이렇게 두 이용자 집단이 가치를 거래하면서 플랫폼은 성장하고 그 과정에서 비즈니스 가치도 높아진다. 궁극에는 더 많은 가치가 거래돼야 다른 플랫폼과의 경쟁에서 이길 수 있다. 세 번째는 공정한 거버넌스이다. 플랫폼이 어느 정도 성장했을 때 가장 유의해야 할 것은 안정성과 공정성이다. 이용자들이 운영규칙을 의심하고 신뢰하지 않게 되면 플랫폼은 위축되고 성장을 멈춘다. 예컨대 페이스북이 개인 데이터를 이용자 동의 없이 판매하거나 남용·악용한다면 이용자들은 플랫폼을 떠날 것이다. 실제 싸이월드나 마이스페이스닷컴, 프리챌 등의 서비스들이 사용자의 외면을 받아 도태됐다.

2) 킬러(Killer)앱

플랫폼을 음식을 판매하는 음식점에 비유한다면, 킬러앱은 그 음식점의 대표요리라고 할 수 있다. 음식점에서는 보통 다양한 음식을 판매하지만, 사람들이 가장 많이 찾는 대표요리가 있어야 단골로 붐빌 것이다. 킬러앱은 플랫폼을 성장시키는 원동력이라 할 수 있다. 2010년대 스마트폰의 등장 이후에는 카카오톡, 배달의 민족, 인스타그램, 밴드 등의 서비스가 모바일의 킬러앱이었다. 2020년에는 코로나19로 인해 재택근무와 재택수업이 일상화되면서 줌(ZOOM), 구글 클래스 등의 서비스가 주목받으며 킬러앱으로 부상하고 있다. 한편, 킬러앱의 수익모델은 서비스의 특성에 따라 달라지는 만큼 매우 다양하다. 스마트폰의 대표적 킬러앱인 카카오톡은 메신저 내의 유료이모티콘, 기프티콘을 이용한 커머스, 광고 등이 주된 수익모델이다. 배달의 민족은 배달 성사 건에 대한 수수료가 주된 수익이며, 그 외 배민라이더스라는 배달 대행과 음식점을 대상으로 소모품 등을 판매하는 배민상회라는 비즈니스 모델을 갖추고 있다.

4. 디지털 플랫폼

디지털 플랫폼은 기본적으로 인터넷을 통해 만남의 장이 형성된 곳을 말한다. 대표적인 디지털 플랫폼으로 물건을 사고파는 사람들이 만나는 오픈 마켓 플레이스이며 옥션, 지마켓, 아마존 등이 해당한다. 또한, 정보를 만들어 공유하려는 작성자와 이를 소비하려는 독자가 만나는 블로그, 브런치, 웹툰 등도 대표적인 디지털 플랫폼이다. 카페, 미니홈피 그리고 페이스북과 트위터 등은 공동의 관심사를 가진 사람들이 정보와 대화를 나누기 위해 만들어진 디지털 플랫폼이다. 메일, 채팅, 메신저는 메시지를 발송하는 송신자와 이를 수신하는 수신자가 모인 플랫폼이다. 이처럼 디지털 플랫폼은 둘 이상의 이해관계자가 만나 다양한 가치를 거래할 수 있도록 해준다. 그리고 플랫폼사업자는 그런 가치들이 안전하고 편리하게 거래될 수 있게 하고, 그렇게 만들어진 트래픽을 통해서 다양한 비즈니스를 수행한다. 한편, 간편결제와 핀테크 역시 디지털 플랫폼 비즈니스의 성공방식을 따르고 있다. 은행이나 카드사, 보험사 등 금융서비스를 제공하는 사업자와 이를 필요로 하는 금융서비스 이용자들이 쉽게 만나서 금융상품을 비교하고 가입 · 관리 · 운영할 수 있도록 하는 것이 핀테크 플랫폼이다. 물론 돈을 보내려는 송금인과 받으려는 수신인이 서로 쉽게 이체하고 확인할 수 있게 하는 것도 플랫폼의 역할이다.

한편, 기존 은행·신용카드사·보험사의 금융서비스와 비교할 때, 금융 디지털 플랫폼의 특징을 요약하면 다음과 같다. 첫째, 중개서비스다. 플랫폼사업자는 서비스를 직접 제공하지 않는다. 즉, 금융상품을 직접 만들어서 이를 사용자에게 판매하지 않는다. 단지 다른 사업자들의 서비스를 소개할 뿐이다. 그런 면에서 기존 은행이나 카드사와 유사하다. 둘째, 독점적이지 않다. 플랫폼사업자는 특정 서비스만을 독점적으로 제공하지 않는다. 즉, 누구나 참여할 수 있는 개방적 구조로 은행, 카드, 보험상품 등 어떤 것이든 중개할 수 있다. 셋째, 유연하고 확장적이다. 디지털 플랫폼의 가장 큰 특징은 서비스영역의 구분 없이 확장이 자유롭다는 점이다. 특정한 서비스만을 제공하는 것이 아니라 다양한 서비스를 다채롭게 제공한다. 은행, 카드, 보험 그리고 재테크에 이르기까지 금융의 모든 서비스를 포괄해서 제공할 수 있는 확장성이 금융플랫폼의 가장 큰 특징이다.

제2절 디지털 비즈니스 성공 및 실패 사례

플랫폼의 성공과 실패는 한 나라의 운명을 좌우할 만큼 막강한 영향력을 발휘한다. 알리바바, 텐센트, 위챗 등의 성공이 중국을 정보통신 신흥 강국으로 만들면서 전 세계 수많은 스타트업이 중국으로 몰려들었다. 한편, 노키아의 실패로 핀란드는 정보통신 강국에서 밀려났고, 소니의 몰락으로 일본은 휴대용 디지털기기 시장에서 설 자리를 잃고 말았다.

1. 성공사례

1) 애플 최고의 킬러 콘텐츠는 아이튠스

애플의 아이튠스는 대표적인 디지털콘텐츠 유통플랫폼이다. 아이튠스는 엔터테인먼트 플랫폼으로 음악을 비롯하여 TV 시리즈, 영화, 팟캐스트 등의 콘텐츠를 제공한다. 애플의 아이팟에 아이튠스가 없었다면 수많은 음악 재생 단말기(MP3 플레이어) 가운데 하나에 불과했을지도 모른다. MP3 파일 불법 내려받기가 만연하던 시절에 아이팟은 수많은 음악을 저렴하게 구매할 수 있는 아이튠스라는 플랫폼과 연계되어 절대적인 지지를 얻을 수 있었다. 애플이 아이튠스로 큰 수익을 내지는 못하지만, 아이튠스가 킬러 콘텐츠로 작용하면서 아이팟, 아이폰, 아이패드, 맥북 등 애플 제품 전체의 판매에 크게 기여하고 있다. 아이튠스에서 구매한 콘텐츠는 모든 애플 제품에서 사용할 수 있기 때문에 소비자는 계속해서 애플 제품을 선택하게 된다. 소프트웨어가 하드웨어를 판매하게 하는 킬러 콘텐츠가 된 셈이다.

2) 스마트홈 생태계를 이끄는 구글 홈

구글 홈은 사물인터넷 디바이스와 융합하여 큰 성공을 거두고 있는 구글의 인공지능 스피커로 사람의 음성을 인식해서 음악을 틀어주기도 하고, 날씨를 알려주며, 알람을 설정해 놓으면 아침에 깨워주고, 모르는 단어를 물어보면 사전을 검색해서 뜻을 알려준다. 또 구글 홈은 TV, 조명, 콘센트 등과 같은 가전제품이나 기기에 연결하여 스마트홈을 구축할 수 있다. 즉 구글 홈과 연결하면 음성으로 켜고 끄는 수준으로 제어할 수 있고 음성 명령으로 유튜브나 넷플릭스의 영상을 TV에서 재생할 수도 있다. 이렇듯 구글 홈의 활약 덕분에 집에서 사용할 수 있는 사물인터넷 디바이스 종류도 늘어나고 있으며 관련 제품의 판매량도 증가하면서 새로운 생태계가 형성되고 있다.

3) 글로벌 숙박업계의 혁신 아이템, 에어비앤비(Airbnb)

에어비앤비는 여행객과 숙소를 제공하는 웹사이트 및 앱을 통한 개인들의 집을 공유하는 서비스로 2008년 설립 이래 글로벌 숙박 시장의 혁신 아이템으로 자리매김하였으며 주된 성공 요인으로 독창적인 비즈니스모델을 들 수 있다. 즉, 사용자들에게 쉽게 접근할 수 있고 직관적인 플랫폼을 구축하여 간편한 예약 및 결제 시스템과 적절한 검색 기능을 제공하였다. 또 호스트와 게스트에게 유리한 이용규정과 프로모션을 제공하여 시장 진입을 원활하게 한

점, 사용자 인증 및 평가제도를 도입하여 서비스 이용에 대한 신뢰와 안전성을 확보한 점, 호스트와 게스트 간의 소통 및 경험 공유를 권장하여 에어비앤비만의 독특한 커뮤니티를 구축한 점 등이다.

4) 유통업계 공룡, 아마존(Amazon)

아마존은 원래 온라인 서점으로 출발하였으나, 지금은 전 세계적인 온라인 마켓플레이스 및 클라우드 컴퓨팅 서비스를 제공하는 글로벌 기업으로 자리매김하였다. 성공 요인을 간단히 살펴보면 다음과 같다. 첫째, 고객 중심 전략이다. 아마존은 고객 중심의 문화를 기반으로 서비스를 제공했는데 대표적으로 사용자 친화적인 웹사이트 디자인, 쉬운 결제방식, 빠른 배송서비스 등을 들 수 있으며, 또 고객의 구매 후기와 평점 시스템을 도입해 고객들의 구매 결정과 고객 만족도를 높였다. 둘째, 다양한 상품 및 서비스 확장이다. 아마존은 원래 온라인 서점으로 시작했지만, 차츰 가전제품, 패션, 식품, 디지털 서비스 등 다양한 카테고리의 상품과 서비스를 제공함으로써 고객들의 선택 폭을 넓혔고 자체 브랜드 상품도 개발하여 시장을 선점했다. 세 번째, 데이터 기반 의사결정 구축이다. 아마존은 웹사이트에서 수집한 고객데이터를 활용하여 개인화된 추천서비스를 제공하고 이를 통해 고객들에게 관심 상품을 적합한 타이밍에 소개함으로써 판매량을 높일 수 있었다. 네 번째, 혁신과 지속적 개선 의지이다. 아마존은 기술혁신을 통해 새로운 서비스를 지속해서 선보였는데, 대표적으로 클라우드 컴퓨팅 서비스인 AWS, 인공지능 비서인 알렉사(Alexa) 등의 서비스를 도입해 눈에 띄는 혁신을 이루어 냈다. 다섯번째, 최적화된 전자상거래 플랫폼 제공이다. 아마존은 다양한 판매자들이 최적화된 전자상거래 플랫폼에서 상품을 판매할 수 있도록 지원하는데 특히

Fulfilled by Amazon(FBA) 서비스를 이용한 판매자는 아마존의 전 세계적인 물류 인프라를 활용하여 상품을 쉽게 고객에게 배송할 수 있다. 이런 전략을 통해 아마존은 세계 일류 전자상거래 기업으로 성장하였으며, 온라인쇼핑 경험을 혁신하는 데 크게 이바지했다.

5) 온라인 스트리밍 서비스의 대명사, Netflix(넷플릭스)

넷플릭스는 온라인으로 영화와 TV 프로그램을 감상할 수 있는 세계 1위 스트리밍 서비스플랫폼이다. 성공하게 된 핵심은 첫 번째로 콘텐츠 전략을 들 수 있다. 넷플릭스는 사용자의 취향에 맞게 다양한 콘텐츠를 지속해서 제공했으며, 특히 오리지널 콘텐츠 제작을 통해 시장 경쟁력을 빠르게 강화하였다. 두 번째로 데이터 분석이다. 그들은 사용자 데이터를 기반으로 추천 알고리즘을 개발하여 개개인의 취향에 맞는 콘텐츠를 제공하였는데 이는 소비자의 서비스 만족도 향상에 결정적인 계기가 되었다. 세 번째 유연한 가격 정책이다. 그들은 다양한 요금제를 제공하여 사용자들의 형편에 맞게 선택할 수 있도록 하였다.

2. 실패 사례

1) 역사 속으로 사라진 노키아의 심비안

노키아는 에릭슨, 모토로라 등의 휴대폰 제조사와 함께 심비안이라는 합병회사를 설립하여 심비안 운영체제를 개발했다. 이들 기업은 다른 휴대폰 제조사에도 심비안의 라이선스를 제공했는데 심비안은 한때 휴대전화 운영체제 시장의 60% 이상을 장악하기도 했다. 그러나 당시 세계 휴대전화 판매 1

위 기업인 노키아가 심비안의 핵심 주주였기에 다른 휴대전화 제조사들이 경계심을 가질 수밖에 없었다. 한마디로 심비안은 애초부터 중립적인 플랫폼으로 성장할 수 없는 배경을 가지고 있었던 셈이다. 결국, 심비안은 앱 개발자들이 참여하지 않으면서 애플 앱스토어나 구글 플레이스토어 같은 앱 마켓 플랫폼을 구축하는 데 실패했다. 그렇게 심비안이 지지부진하던 사이 애플의 아이폰이 등장하면서 심비안의 시장점유율이 급락하게 되었고, 안드로이드가 공개 프로그램으로 개방되면서 본격적인 추락의 길로 접어들었다.

2) 게임 업계의 최악의 사건, 아타리 쇼크

아타리는 1972년에 컴퓨터 스페이스라는 게임을 개발하여 비디오게임 회사로 화려한 첫발을 디뎠다. 이후 게임 소프트웨어를 추가할 수 있는 카트리지형 게임기를 개발하여 가정용 비디오게임기 시장을 장악하게 되었다. 하지만 게임기용 소프트웨어의 제작이 쉽도록 사양을 낮추고, 아타리의 허락 없이도 다른 회사들이 소프트웨어를 제작해 판매할 수 있게 되면서 아타리는 곤두박질치기 시작했다. 즉, 소프트웨어 개발사에 대한 지배력을 상실하면서 소프트웨어의 질적인 품질 수준을 보장할 수 없게 된 것이 실패의 가장 큰 이유였다. 이렇듯 게임 업계에 품질 낮은 소프트웨어가 범람하면서 전체적인 소프트웨어 가격까지 폭락하는 사태가 벌어지기에 이르렀다. 게임기 판매가 현저하게 줄어들면서 사실상 비디오게임 산업 도산까지 이르게 되었다. 일정 수준 이상으로 생태계의 품질을 유지하는 것이 얼마나 중요한지를 잘 보여주는 사례다. 결국, 플랫폼의 성공은 플랫폼사업자가 플랫폼 참여자를 얼마나 효율적으로 관리하고 지배할 수 있느냐가 관건이다.

3) 블록버스터의 파산

블록버스터는 2000년대 초반까지 영화 및 비디오 대여 시장의 선두주자였다. 그러나 넷플릭스, 아마존 등과 같은 디지털 스트리밍 서비스의 등장으로 인해 급격한 매출 감소가 지속되어 결국 2010년 파산하였다. 주된 실패 요인들을 살펴보면 먼저 시장 변화의 감지 부족을 들 수 있다. 블록버스터는 스트리밍 서비스의 성장과 고객의 수요 변화를 감지하지 못하여 적시에 비디오 대여 시장에서 디지털 시장으로 전환하지 못했다. 더불어 비디오 대여 시장에 대한 안일한 전략과 기업문화를 유지하려 했다. 이에 따라 스트리밍 서비스 도입이 지연되었고, 경쟁력을 유지하기 위한 혁신 채택에도 소홀했으며, 그 결과 경쟁기업들과의 시장 선점에서 뒤처지게 되었다.

4) 넷스케이프(Netscape)의 파산

넷스케이프는 웹 브라우저 분야의 선구자로 인터넷 초기인 90년대 중반까지 큰 성공을 거두었으나 결국 시장에서 사라졌다. 실패 요인은 다음과 같다. 첫째, 경쟁환경 변화에의 미숙한 대응을 들 수 있다. 넷스케이프가 웹 브라우저 시장에서 독주하던 중 마이크로소프트가 인터넷 익스플로러(Internet Explorer)를 Windows 운영체제에 무료로 제공하면서 서서히 경쟁에서 밀렸다. 넷스케이프는 이런 변화에 신속하게 대응하지 못하고 효과적인 대책을 세우지 못했다. 또 지속적인 기술 발전의 한계를 드러냈다. 넷스케이프는 웹 브라우저 기능의 개선과 향상을 지속해서 추구하려 했지만, 속도와 안정성에서 인터넷 익스플로러와의 경쟁에서 뒤처졌다. 넷스케이프는 기술 발전에도 빠르게 대응하지 못해 마이크로소프트에 밀릴 수밖에 없었다. 그 외 인터넷 익스플로러가 더 나은 호환성과 통합적인 사용자 경험을 제공하지만, 넷스케이프는 일부 웹 페이지에서 호환성 및 사용자 경험에 문제가 있었다. 이런 이유로 인해 사용자들은 시간이 지남에 따라 넷스케이프를 점차 포기하고 인터넷 익스플로러를 사용하게 되었다. 결국, 넷스케이프의 시장점유율은 급속하게 하락하였고, 이후 마이크로소프트에 인수됐다.

5) 기타 사례

코닥(Kodak)은 혁신적인 필름카메라 기업으로 잘 알려져 있다. 그러나 디지털카메라 분야의 발전과 스마트폰에 탑재된 카메라의 발전에 따라 그들의 시장점유율이 급격히 감소하였는데 실패 원인은 두 가지였다. 첫째, 기존 필름 기반 시장에 지나치게 의존했다. 둘째, 디지털 이미징 시장의 혁신에 늦게 대응하였다. 결국, 2012년에 코닥은 파산 보호를 신청했다. 야후(Yahoo)는 한때 인터넷 포털의 선두주자였으나, 현재는 그 위상이 많이 추락했다. 실패의 원인으로 첫째, 검색 시장에서 구글에 밀리게 되면서 시장점유율이 급격히 축소되었다. 둘째, 올바른 인수합병 전략이 부재하였고, 내부 리더십의 불안정이 기업 발전을 저해했다. 이후 야후의 핵심 사업부는 2016년에 버라이즌 통신에 인수되었다. 마이스페이스(MySpace)는 소셜 네트워킹 서비스의 선두주자였으나, 페이스북의 급부상 이후로 그 인기가 급감했다. 실패 원인으로 첫째, 사용자 경험에 대한 미흡한 관리로 인해 사람들의 관심이 줄어들었다. 둘째, 광고와 상업화에 너무 많은 중점을 둠으로써 사용자 중심의 접근법을 소홀하게 되었다. 셋째, 페이스북과 같은 경쟁사가 사용자에게 더 나은 경험을 제공하면서 시장 선점력을 놓쳤다. 블랙베리(BlackBerry)는 원래 기업 및 정부 기관에서 선호하는 스마트폰 브랜드였으나, 아이폰과 안드로이드 스마트폰의 등장으로 사세가 급격히 줄어들었다. 실패 원인으로 스마트폰

시장 변화에의 대응 미흡을 들 수 있다. 특히 블랙베리는 앱 생태계와 사용자 경험 측면에서 아이폰과 안드로이드와의 경쟁에서 크게 밀렸다. 또 경영진의 리더십 부재도 문제였다. 기업의 성장과 혁신을 끌어내야 하는 경영진의 부재로 시장 변화에 늦게 반응하여 경쟁력을 잃게 되었다.

3. 주요 시사점

디지털 비즈니스의 성공기업들은 고객 중심의 전략, 혁신적인 비즈니스모델 구축, 맞춤형 서비스 제공 등의 핵심적인 요소를 갖추고 있었으며, 이를 통해 지속 가능한 성장과 시장 대응력을 확보할 수 있었다. 반면, 실패한 기업들은 변화에 대한 늦은 대처, 미흡한 전략, 사용자 경험과 소통 부재 등 다양한 원인이 공통으로 드러났다. 이런 실패 원인을 극복하기 위해서는 시장 및 기술의 변화에 유연하게 대응하고, 사용자 중심의 전략을 펼쳐야 할 것이다. 결론적으로, 디지털 비즈니스에서 성공과 실패는 급변하는 기술과 시장 환경에 얼마나 빠르게 적응하고 혁신을 추구하는지에 크게 좌우됨을 알 수 있다.

무엇보다 플랫폼 기업은 단기적인 이익을 추구해서는 안 된다. 애플이 아이튠스로 단기적인 이익만을 추구했다면 지금과 같이 성공적인 플랫폼을 구축하고 사업을 유지할 수 없었을 것이다. 애플이 가져가는 수익은 적더라도 플랫폼 참여자들이 만족할 수 있는 구조를 만들어냈다는 것이 지금의 애플을 있게 한 혁신 그 자체라고 볼 수 있다. 또 프리미엄 비즈니스모델을 시도해 볼 필요가 있다. 프리미엄은 기본적인 서비스와 제품은 무료로 제공하고, 고급 기능과 특수 기능에 대해서는 요금을 부과하는 방식의 '부분 유료화'모델이다. 성공하는 플랫폼 대다수가 서비스를 이용하는 데 무리가 없을 정도로 기능 대부분을 무료로 이용할 수 있게끔 개방하고 있다. 그 대신 특정 기능이나 아이템 등의 디지털 상품을 판매하거나, 실제 상품을 판매하여 수익을 얻고 있다. 이런 비즈니스모델의 경우 이용자가 늘고 플랫폼 규모가 커지면 광고 상품을 통해 광고 수익도 창출할 수 있다.

또 플랫폼은 오픈소스로 공개하여 외부의 개발자나 제조사들이 플랫폼을 편안하게 이용할 수 있도록 지원해야 한다. 이로써 플랫폼 내부뿐만 아니라 플랫폼 외적으로 다양한 생태계를 구축해야 한다. 구글의 사례처럼 소프트웨어를 개방하려면 확실하게 개방해야 한다. 플랫폼을 폐쇄적으로 운영하지 않고 플랫폼의 핵심 자산을 외부에서도 이용할 수 있도록 최대한 개방해야 시너지 효과가 크다. 그리고 플랫폼의 품질을 일정 수준 이상 유지해야 한다. 아타리의 사례에서 알 수 있듯이, 플랫폼이 콘텐츠의 품질관리를 제대로 하지 않으면 아무리 성공한 플랫폼이라 해도 순식간에 무너질 수 있다. 플랫폼이용자로서는 양도 중요하지만, 품질도 매우 중요하다. 플랫폼 초창기에는 많은 콘텐츠가 중요하지만, 시간이 흐르고 이용자층이 두터워지면 콘텐츠의 품질이 무엇보다 중요해진다. 한편, 플랫폼은 중립적이어야 한다. 노키아의 심비안 운영체제 사례에서 볼 수 있듯이 플랫폼이 중립성을 잃으면 플랫폼 참여자들은 다른 플랫폼으로 떠나버린다. 누군가 특혜를 받고 있다고 의심된다면 이미 플랫폼 생태계의 선순환 구조가 파괴된 것이다. 플랫폼이 성공하려면 참여 그룹 모두에게 매력적인 플랫폼이 되어야 한다. 플랫폼에 참여하고 머물 수 있도록 다양한 메리트를 제공해야만 성공한 플랫폼으로 경쟁력을 유지할 수 있다. 기술의 흐름과 트렌드에 촉각을 곤두세워야 하는 이유다.

제3절 디지털 평판 리스크 관리

1. 평판의 의미

평판은 개인이나 기업, 조직 등이 타인 또는 사회로부터 인식되는 전반적인 인상, 평가 및 기대치를 의미한다. 또 평판은 특정 주체가 지닌 경험, 행동, 성과, 의사소통, 고객 대응 등 여러 요소를 통해 시간에 걸쳐 형성된다. 일상에서 평판이란 간단히 나에 대한 다른 사람들의 평가를 말하는 데 좋은 게 아니면 보통, 심하면 나쁘게 평가하는 것 중의 하나이다. 개인이든 기업이든 평판은 아주 중요한 무형자산이고 돈으로 살 수 없을 만큼 중요하다. 특히 디지털과 네트워크로 연결된 지금의 세상에서는 어디에 사는 누구든지 개인정보를 공유할 수 있게 됨에 따라 평판은 아주 중요한 자산이 되었다. 결국, 평판이 좋으면 사회적으로나 경제적으로나 항상 편안하게 삶을 영위할 수 있다. 문제는 이런 사실을 누구나 인식하고 있다는 것이다. 그런데도 사람마다 평판이 다른 이유는 무엇일까. 평판은 본인이 판단하는 것이 아니라 타인이 판단하기 때문이다. 이제는 디지털기술의 발달로 개인의 평판 정보가 광범위하게 퍼져 어디서든 손쉽게 접할 수 있고, 사라지지 않을 수도 있다. 최근 빅데이터의 활용 기술이 발달하면서 개인이나 기업, 심지어 국가까지도 방대한 양의 수집데이터를 통해 알아낸 정보를 분석해서 개인의 업무 능력과 경제력, 건강과 취미에 이르기까지 거의 모든 것에 관한 평판을 참고해서 평판점수를 매긴다고 한다. 취업을 할 수 있을 것인가, 대출받을 수 있을 것인가, 마음에 드는 상대와 데이트할 수 있을 것인가가 모두 이 점수에 달려있다. 따라서 평판은 개인이나 기업의 성공에 큰 영향을 미칠 수 있기에 평판 관리의 중요성은 지나칠 정도로 강조되고 있다.

2. 디지털 평판

1) 중요성

SNS의 하나인 카톡은 이미 일상적인 생활방식으로 자리 잡았다. 우리가 보낸 카톡에는 내 생각과 아이디어, 상대방에 대한 나의 감정들이 고스란히 담겨 있다. 통신회사는 마음만 먹으면 내가 어느 날 누구와 통화했는지, 어느 장소에 갔었는지도 알 수 있다. 신용정보회사는 내가 신용불량자인지 또는 무엇 때문에 신용등급이 하락했는지 자세히 파악하고 있다. 내가 자주 가는 치과병원은 언제 치과 검사가 필요한지 어떤 치아가 문제가 될 것인지 미리미리 분석해서 고객에게 알려준다. 정부는 내가 우수납세자인지, 세금 체납자인지 알고 있으며, 어디에 살고 있고 어디로 이사했는지도 알고 있으며, 어느 날 어떤 지하철을 타고 어디로 갔는지도 알 수 있다. 기업의 마케팅 담당자는 내가 어느 날 어느 백화점에서 어떤 물건에 관심을 보였고, 어떤 상품에 관심 있는지 나를 관찰했을 수도 있다. 기본적으로 디지털 평판은 온라인상에서 기업이나 개인의 명성, 이미지, 브랜드 인식 등을 의미한다. 지금의 디지털 시대에는 소비자들이 상품 구매/서비스 이용 시 온라인에서 얻은 정보와 평판을 크게 참고하기 때문에, 디지털 평판 관리는 무엇보다 중요하며 이의 중요성을 요약하면 다음과 같다. 우선 소비자 영향력 증대이다. 온라인상의 의견과 평판은 소비자들의 구매 결정에 큰 영향을 미치므로 긍정적인 평판을 유지하면 소비자 신뢰도를 높일 수 있다. 두 번째, 브랜드 인식 향상이다. 디지털 평판 관리를 통해 기업 브랜드 인식을 높이고, 소비자들에게 브랜드 가치를 전달할 수 있게 된다. 세 번째, 경쟁력 강화이다. 긍정적인 디지털 평판은 기업이 높은 시장 경쟁력을 갖추게 하고 비즈니스 성장의 기회를 확장하는 데 큰 도움을 준다. 네 번째, 위기 대응능력 제고이다. 강한 디지털 평판을 유지하면 발생할 수 있는 위기상황에 효과적으로 대응하고, 빠르게 회복할 수 있게 된다.

2) 결정요소

지금은 어떤 단어든 입력만 하면 검색이 되는 시대다. 내가 쓴 단순 글이 언론에 기사화되면서 뜻지 않는 행복과 불행을 겪는 시대이기도 하다. 세상에 데이터가 차고 넘치지만 이를 눈여겨보지 않고 지나치는 경우가 허다하다. 내가 모르고 지나치거나 내가 모르는 정보를 통해 누군가가 나를 알고 평가하고, 심하면 나를 공격하는 데 이용함으로써 사회생활 자체도 못 할 수 있다. 대체로 온라인상에서 평판이 형성되고 확산할 때는 '신뢰와 불신의 비대칭 원칙'이 작동한다고 한다. 즉 신뢰를 쌓는 데는 오랜 시간이 필요하지만 단 한 번의 실수가 불신을 초래하기 때문이다. 예컨대 처음 만난 사람이 믿을 만한 행동을 한 번 했다고 해서 신뢰가 쌓이지는 않지만, 초면에 불신할 만한 행동을 하면 그 사람은 아예 믿지 못할 사람이 되고 만다. 믿을 만한 일은 시간을 두고 여러 차례 반복되고 심화할 때 비로소 신뢰로 이어진다. 흔히들 세간에서는 '좋은 평판을 얻는 데는 20년이 걸리지만, 그 평판을 무너뜨리는 데는 5분도 안 걸린다.'라고 한다.

한편, 온라인상에서 기업의 평판을 결정하는 요소들을 정리하면 다음과 같다. 우선 웹사이트 및 브랜드이다. 기업의 웹사이트는 중요한 디지털 자산으로, 기업가치와 서비스를 대부분 반영하고 있다. 따라서 디자인, 내용, 사용자 경험 등 여러 요소가 기업의 디지털 평판을 좌우한다. 두 번째, 소셜 미디어이다. 기업의 소셜 미디어 계정은 고객과 소통하고 긍정적 인상을 심어주는 중요한 채널이므로 게시물, 콘텐츠 전략, 고객 응대 방식 등이 기업의 디지털 평판에 상당한 영향을 미친다고 할 수 있다. 세 번째, 온라인 리뷰이다. 소비자들의 구매 결정에 영향을 주는 온라인 리뷰는 기업의 디지털 평판을 결정하는 중요한 요소이다. 즉 긍정적 리뷰는 기업의 신뢰성을 높이고, 부정적 리뷰는 적절한 대응이 가능하다면 기업 이미지 개선의 기회가 될 수 있다. 네 번째, 뉴스 및 기사이다. 기업에 관한 뉴스 기사와 보도자료는 기업의 명성과 이미지를 형성하는 데 상당한 영향을 미치므로 긍정적인 보도가 증가할수록 기업에 대한 좋은 인식이 높아진다. 마지막으로 검색엔진 최적화이다. 기업의 디지털 평판은 검색엔진에서 어떻게 표시되는지에 따라 크게 좌우된다. 이를 통해 기업 웹사이트의 검색결과 순위를 높여 인지도를 향상시킬 수 있다.

3. 디지털 평판의 관리방안

1) 개인의 관리방안

혈연과 지연, 학연으로 얽히고설킨 한국 사회에서는 개인이라 해도 두세 사람만 통하면 평판이 대부분 드러난다. 평판은 하루아침에 형성되지 않으며, 한번 형성된 평판은 개인이든, 기업이든, 국가든 오래 이어지면서 발전하거나 퇴보하는 과정을 거친다. 사람들 사이의 신뢰와 불신은 상호적이다. 내가 남을 신뢰하면 그 사람도 나를 신뢰하며, 내가 불신하면 상대편도 마찬가지다. 따라서 남의 신뢰를 얻고 좋은 평판을 유지하기 위해서는 우선 남이 나를 보았을 때 믿을 만한 언행을 해야 하고, 남을 믿어주려고 노력해야 한다. 이는 마치 남에게 사랑받으려면 우선 남을 사랑하고 남들이 보기에 사랑할 만한 언행을 해야 하는 것과 비슷한 이치다. 긍정적인 평판의 첫 번째 단추는 바로 타인 처지에서 바라보는 배려에서 출발한다. 〈능력보다 큰 힘, 평판〉이란 저서를 쓴 하우석 교수는 좋은 평판은 자기관리를 어떻게 하느냐에 달려 있다고 한다. 그는 자기관리를 잘하는 사람이 대체로 사생활 평판에도 문제가 없다고 한다. 또한, 자기관리를 잘하기 위해서는 다음과 같은 요소를 염두에 두고 생활해야 한다고 주장한다.

> 지적 능력의 향상, 좋은 습관들이기, 시간 관리, 고상한 취미 생활,
> 내면의 충실함, 자기통제, 감정조절, 외모관리

2) 기업의 관리방안

기본적으로 온라인에서 기업에 대한 언급, 평가, 의견 등을 지속해서 모니터링하고 분석해서 현재의 디지털 평판 상태를 파악하는 것이 중요하며 기업의 장단기 콘텐츠 전략에 맞추어 브랜드의 가치와 철학을 반영한 긍정적인 콘텐츠를 적극적으로 활용해 소비자와의 상호작용을 강화해야 한다. 또 소셜 미디어 계정을 적극적으로 활용하여 소비자들과의 소통을 강화하고, 긍정적

인 브랜드이미지를 구축하는데 전사적으로 동참해야 하며, 온라인상의 부정적인 리뷰와 의견에 적절하게 대응하여 부정 이미지 왜곡을 방지하되, 긍정적인 리뷰와 의견에는 진정한 감사의 마음을 전달하여 고객과 믿음을 쌓아야한다. 장기적으로는 업계 전문가, 영향력 있는 인플루언서들과 협력하여 좋은 평판을 얻을 수 있는 브랜드 창작소를 만들어 더 넓은 영향력을 키워나가야 한다.

제8장

디지털 송금 및
결제 리스크 관리

제1절 디지털 송금 및 결제

1. 지급수단

지급수단은 크게 현금과 비현금 지급수단으로 구분된다. 비현금 지급수단은 그 특성에 따라 어음과 수표, 계좌이체, 지급카드 등으로 세분할 수 있다. 계좌이체에는 지로 · 타행환 · ATM · 인터넷뱅킹 등이 있으며, 지급카드에는 신용 · 직불형 카드가 있다. 또한, 장표의 이용 여부에 따라 장표 방식 지급수단과 전자방식 지급수단으로 구분할 수 있다. 장표 방식으로 어음 · 수표와 장표 지로가 있으며, 전자방식으로 인터넷뱅킹, 모바일뱅킹 등을 이용한 계좌이체를 들 수 있다. 최근에는 급격한 지급수단의 모바일화로 모바일 중심의 온라인거래가 많이 늘어나면서 국내외 구분 없이 간편결제 서비스의 시대에 진입하고 있다. 간편결제 서비스는 계좌이체 · 신용카드와 같은 지급수단에 접근 채널 또는 접근장치의 편의성을 대폭 향상시킨 서비스이다. 이런 연유로 간편결제 서비스에는 계좌이체, 신용카드 등의 전자적 지급수단이 항상 탑재되어 있다. 한편, 비트코인 등 가상화폐 거래는 은행을 거칠 필요가 없으므로 수수료 부담이 없으며 거래당사자도 익명으로 유지되는 편의성이 있지만, 거래소 해킹이나 사기 등의 문제점도 있다. 또 최근 P2P 거래도 활성화되고 있는데 고객은 P2P 송금회사의 플랫폼을 이용함으로써 낮은 수수료 혜택을 받는다.

2. 착오송금 시 대처방안

착오송금이란 송금인의 착오로 인해 송금금액, 수취금융회사, 수취인 계좌 번호 등이 잘못 입력되어 이체된 거래를 말한다. 만약 수취인이 돌려주지 않으면 소송을 통해 받아야 하므로 사회 전체적으로도 큰 비용이 발생하고 있다. 이에 정부는 2021년 7월부터 착오송금 반환제도를 운용하고 있으며 주요 내용은 다음과 같다.

* 착오송금이 발생하면 먼저 금융회사를 통해 자진 반환을 요청하여야 하며, 미반환된 경우에만 예금보험공사에 반환지원을 신청한다.
* 신청대상 금액은 5만 원 이상~1천만 원 이하의 착오송금 건으로 착오송금일로부터 1년 이내 신청해야 하며, 금융회사의 계좌나 간편 송금업자의 전자지급 수단을 통해 송금한 경우에만 신청할 수 있다.
* 반환금액은 실제 회수된 금액에서 회수 관련 비용을 차감한 잔액이다.

3. 디지털 송금 및 결제 관련 리스크

금융투자 세상에서 자금을 빌리고 그 자금을 운용하는 자금거래는 필수 불가결하다. 특히 디지털 기반의 송금과 결제는 하루에도 수십 번 발생하는데 당사자들은 필요시 거래장부(자산과 부채)에 거래 내역을 작성하고 보관해 둔다. 이러한 행위는 리스크 관리 측면에서 볼 때 금리 리스크와 유동성 리스크 영역에 해당한다. 따라서 자산과 부채를 통하여 발생하는 금리 리스크와 유동성 리스크는 이미 오래전부터 관리해 왔었다. 한편 대부분의 리스크는 자산과 부채 중 어느 한쪽에서만 발생하지만, 금리 리스크와 유동성 리스크는 자산과 부채 양쪽을 통해서 발생한다. 그래서 자산/부채관리 리스크라고도 한다.

흔히 금융기관에서는 금리 리스크와 유동성 리스크를 합하여 ALM(Asset Liability Management), 즉 자산부채종합관리라 하고, 여러 리스크 중 가장 중요시하여 집중적으로 관리하고 있다. ALM이란 "종합적 자산/부채관리"라고 흔히들 표현하는데 이는 자산과 부채를 개별적으로 관리하는 것이 아니고, 자산으로부터 발생하는 수익과 자금의 조달 원천인 부채로부터 발생하는 비용을 대응시켜서 양자의 차이를 효과적으로 관리하는 것이다. 통상 자금조달과 운용 간에는 만기 불일치(Mismatch)가 발생하는데 이 중 운용과 조달 간의 금리변경 시의 불일치는 금리 리스크 영역이며 약정기일까지의 잔존기간 불일치는 유동성 리스크 영역이다. 예를 들어, 약정기간 6개월 변동금리 기준으로 3년 만기 자금을 조달하였다면 금리 리스크 계산 기간은 6개월이되나, 유동성 리스크의 만기 계산은 3년이다. 금리 리스크의 경우 Mismatch position이 발생하면 금리의 변동 방향에 따라 손실 발생 가능성은 항상 있으나, 유동성 리스크의 경우는 단기조달/장기운영의 경우에만 리스크에 노출된다. 금융기관은 자금 중개와 아울러 자산변환 기능까지 수행함으로써 엄청나게 성장하였는데, 대신 그 결과 태생적으로 자산과 부채 간의 불일치가 발생하였다. 그들은 자산(대출)으로부터 유입되는 운용수익과 부채(예금)에 기인하여 발생하는 비용 간의 격차를 벌려 이익을 창출하기 위한 노력과 아울러, 그로 인해 불가피하게 발생하는 리스크를 통제해야 하는 상호배타적인 경영을 끊임없이 해왔다.

제2절 금리 리스크 관리

1. 의의

자금조달과 운용 기간이 서로 불일치할 때 그동안 금리변동으로 인하여 보유자산의 가치하락이나 부채 가치가 상승하는 리스크를 말한다. 흔히 자산이나 부채를 금리를 기준으로 구분할 때 금리에 민감한 금리 민감자산과 부채, 금리에 민감하지 않은 고정금리자산과 부채, 그리고 금리와 관계없는 비금리자산과 부채로 구분한다. 이 중 금리변동에 따른 손실에 노출된 금리 민감자산이 금리 리스크 관리 대상이며, 금융시장에서 팔고 있는 변동금리부 상품의 대부분이 여기에 해당한다.

2. 종류

1) 재조달 리스크(refunding risk)

예를 들면, 부채를 단기로 조달하고 이의 자금을 장기로 대출했을 경우, 단기부채를 상환해야 할 시점이 도래하면 필요한 자금을 재조달해야 한다. 이 경우 재조달 시점의 차입 이자(율)가 최초 조달 시점의 이자(율)보다 높게 되면 그만큼 손실이 발생한다. 이를 재조달 리스크라 한다.

2) 재투자 리스크(reinvestment risk)

이번에는 반대로 부채를 장기로 조달하고 이의 자금을 단기로 투자했을 경우이다. 이처럼 향후 시장금리 변동으로 인하여 투자수익률이 기대보다 하락하여 손실이 발생할 수 있는데 이를 재투자 리스크에 노출됐다고 한다. 이는 시장금리의 변동 폭이 크거나 변동 주기가 짧아지면서 더욱 노출 빈도가 높아진다.

3) 금리개정 리스크

만기 전에 금리가 변동되면서 자산과 부채의 가치변화에 영향을 주어 손실이 발생하는 리스크를 금리개정 리스크라 한다.

3. 금리 리스크 노출

금융기관의 쉬운 예를 들어보자. 영업 첫날 예금 1억 원을 맡기려는 고객과 잠시 후 대출 1억 원을 받으려는 고객이 방문했다. 대출 기간 2년, 대출이자는 연 5%이고, 예금 기간 2년, 예금이자는 연 3%인데 6개월마다 변경되는 변동금리이며, 이와 관련해서 세금은 없다. 보통 회계연도가 1년이기 때문에 1년 단위로 수익관리를 한다. 따라서 향후 1년간 이익은 다음과 같이 2백만 원이 예상된다.

1억 원 ×5% - 1억 원 ×3% = 2백만 원

이제 6개월이 지났고 현재 시장금리는 6개월 전보다 상당히 상승하였다. 만약 애초의 예금금리 3%를 또다시 적용하려고 한다면 예금자는 금리가 높은 다른 은행으로 옮겨갈 것이 분명하다. 그래서 예금금리를 4%로 올려주고 예금을 재예치하였다. 이 경우 예상되는 이익은 다음과 같다.

$$1억\ 원 \times 5\% - (1억\ 원 \times 3\% \times \frac{6}{12} + 1억\ 원 \times 4\% \times \frac{6}{12}) = 1백50만\ 원$$

이제 시간을 되돌려 5개월이 지난 시점으로 되돌아 가보자. 이때쯤이면 금융기관은 예금만기가 1개월밖에 안 남아 신규로 예금을 예치하거나 기존고객의 예금을 재연장하는 등의 방안을 검토하고 그에 따른 이익의 변화를 예측한다. 이때 이익에 영향을 미치는 핵심 요인은 시장금리의 향방이다. 만약 앞의 예처럼 시중금리가 상승하면 이익 규모가 줄어들고, 반대로 시중금리가 하락하면 이익 규모는 늘어나게 된다. 이런 상황을 금리 리스크에 노출됐다고 한다. 그러나 현실적으로 금융기관의 경우 이런 거래가 하루에도 수십 번 발생하고 일정 자산규모 이상인 개인투자자들도 마찬가지이다. 거래 건마다 일일이 수작업으로 관리하는 것이 불편하고 체계적이지도 않다. 그래서 등장한 것이 '금리 만기 갭(repricing gap)'이다.

4. 금리 만기 갭

금리 만기 갭은 자산과 부채를 금리가 개정되는 기간에 따라 각각 구분하여 구간별 금리변동에 따른 자산과 부채의 이자 변동을 파악하여 순이자 증감을 분석하는 기법이다. 자산과 부채항목은 금리에 따른 이자를 발생시키는 항목과 그렇지 않은 항목으로 구분된다. 만약 금리부 자산에서 벌어들이는 연간 자산운용 수익률을 r_A라 하고, 금리부 부채를 조달하면서 발생하는 연간 조달 비용률을 r_L이라 하면 연간 순이자수익(NII; Net Interest Income)은 다음과 같이 나타낼 수 있다.

순이자수익(NII) = (금리 민감자산 + 고정금리자산)×자산수익률(r_A) − (금리 민감부채 + 고정금리부채)×부채 비용률(r_L)

위의 식에서 순이자수익의 변동(ΔNII)을 구하기 위하여 좌변과 우변에 각각 증분(Δ)을 취하면 고정금리부 자산과 고정금리부 부채는 금리가 변동되더라도 이자 수입과 이자지출비용이 변경되지 않는다. 따라서 그 증감은 0(zero)이 된다. 그러면 다음과 같은 식이 도출된다.

순이자수익의 변동(ΔNII) = (금리 민감자산 ×자산수익률 증감(Δr_A)) − (금리 민감 부채 ×부채 비용률 증감(Δr_L))

위의 식을 간단히 하기 위하여 자산과 부채의 금리변화가 동일하다고 가정하면, 즉 $\Delta r_A = \Delta r_L$이라고 하면 다음과 같은 식을 얻을 수 있다.

순이자수익의 변동(ΔNII) = (금리 민감자산 − 금리 민감부채) ×금리변화($\triangle r$)

위의 식에서 (금리 민감자산 − 금리 민감부채)를 금리 갭이라 하며, 금리 갭을 금리개정 기간에 따라 각 구간별로 세분화한 것을 금리 만기 갭이라 한다. 구간은 자산과 부채의 계약만기 구성비를 기준으로 구분하는데 통상 1개월 이내, 3개월 이내, 6개월 이내, 1년 이내, 1년 초과, 만기 없음까지 총 6단계이다. 이렇게 해서 구간마다 자산과 부채를 차감한 값을 구할 수 있는데 그 값이 양(+)인 구간을 양의 갭(positive gap) 또는 자산 민감형(asset sensitive type)이라 한다. 이런 구간에는 여유로운 자산을 재투자해야 하는 재투자 리스크에 노출된다. 반면에 자산과 부채를 차감한 값이 음(-)의 값인 구간을 음의 갭(negative gap) 또는 부채 민감형(liability sensitive type)이라 한다. 이런 구간에는 부족한 부채를 조달해야 하는 재조달 리스크에 노출됐다고 한다.

금리 만기 갭(gap)이 양(+)이면 시장금리가 하락할 때 순이자수익이 감소하게 되며, 반대로 시장금리가 상승하면 순이자수익이 증가하게 된다. 즉 양(+)의 갭인 구간은 순이자수익이 시장금리 방향과 동일하게 움직인다. 반대로 갭이 음(-)이면 시장금리가 하락할 때 오히려 순이자수익이 증가하게 되고, 반대로 시장금리가 상승하게 되면 순이자수익이 감소하게 된다. 이상을 정리하면 다음 〈표〉와 같다.

〈표〉 금리변동과 순이자수익(NII)의 관계

금리변동	갭(gap)의 부호		
	양(+)	0(zero)	음(-)
금리상승	순이자수익 증가	불변	순이자수익 감소
금리하락	순이자수익 감소	불변	순이자수익 증가
	↓		↓
리스크 노출	재투자 리스크 금리하락 리스크		재조달 리스크 금리상승 리스크

출처: 서영수, 「금융과 리스크 관리」, 교문사, 2010, p.135

제3절 유동성 리스크 관리

1. 의의

유동성이란 필요할 때 아무런 조건 없이 바로 현금화할 수 있는 능력을 말한다. 보통 금융기관이나 개인투자자들에게 유동성 능력이 있다는 것은 다음을 의미하며, 이 중 하나라도 갖추고 있으면 유동성을 해결할 수 있다.

- 항상 현재처럼 사업을 하기 위한 충분한 현금을 확보할 수 있는 능력
- 항상 적정가격에 시장에서 자금을 차입할 수 있는 능력
- 문제 발생 때 문제해결을 위한 시간을 확보할 수 있는 능력

일상생활에서 유동성 문제는 조달한 자금의 만기와 운용하는 자금의 만기가 일치하지 않을 때 발생한다. 대체로 이런 문제는 또 다른 곳에서 비슷한 조건으로 자금을 차입해서 유동성을 해결하기 때문에 평상시에는 그렇게 문제 되지 않는다. 다만 자금을 신규로 재차입할 때 그전보다 더 높은 이자 비용을 지불하게 된다면 문제이다. 한편, 유동성 문제는 금융환경 변화에 따라 평상시에도 문제가 되지만 기업이나 개인투자자의 신용, 즉 신용 리스크

나 금리 리스크 등 다른 리스크에 노출되면서 더욱 가중된다. 리스크의 연쇄적인 파급효과는 최종적으로 유동성에 직결되기 때문에 일단 유동성에 노출되면 회복하기가 어렵다. 그래서 유동성 리스크를 처음이자 마지막 리스크라 한다.

2. 종류

1) 시장 유동성 리스크

대부분 기업이나 개인투자자들은 유동성 문제가 발생하면 불가피하게 보유자산 중 부담 없는 순서대로 처분해서 유동성을 해결한다. 그런데 공교롭게도 해당 자산을 처분할 만큼 충분히 시장에서의 거래량이 부족하여 정상적인 가격으로 처분할 수 없는 상황이 발생하면 문제다. 부득이 일정 처분손실을 감수하거나 최악의 상황에는 아예 거래가 이루어지지 않을 수도 있음을 감수해야 한다. 이런 경우를 시장 유동성 리스크에 노출됐다고 하며, 주로 발행 규모가 작거나, 유통시장이 제대로 발달해 있지 않으면 자주 발생한다.

2) 자금조달 유동성 리스크

유동성 문제를 해결하기 위해 보유자산 처분이 순조롭지 않으면 추가적인 대안은 다른 데서 동일한 금액을 차입하는 수밖에 없다. 이때 비정상적인 시장 상황이 발생하여 해당 차입시장이 급격히 축소되거나 소멸할 수가 있다. 예를 들어 정부의 대출규제 및 금융긴축 정책 등으로 인해 신규자금지원이나 기존자금을 회수하는 경우이다. 이러면 해당 자금을 적기에 확보할 수 없거나 예상되는 자금 소요 시기보다 앞당겨 자금을 확보할 수밖에 없다. 당연히 불필요한 비용이 발생한다. 이런 경우를 자금조달 유동성 리스크에 노출됐다고 한다.

3. 유동성 리스크 측정

간단한 예를 들어보자. 어떤 금융기관의 영업 첫날, 예금 1억 원을 맡기려는 고객과 잠시 후 대출 1억 원을 받으려는 고객이 지점에 왔다. 예금이자는 연 3%이고, 대출이자는 연 5%라고 하면 1억 원 ×5% − 1억 원 ×3% = 2백만 원'으로 향후 1년간 2백만 원의 이익이 예상된다. 그런데 예금고객은 6개월만 예치하고자 하는 대신 대출고객은 1년을 사용하기로 한다면 6개월 후 은행은 바로 유동성 리스크에 노출된다. 6개월 후 예금이 만기가 되어 1억 원이 인출되는 반면, 빌려준 대출금이 상환되려면 아직도 6개월이 남아 있기 때문이다. 만약 6개월 후 은행은 예금 1억 원을 추가로 유치하거나 재예치하지 못하면 지급불능 사태에 처하게 되므로 이를 방지하는 모든 수단을 마련해야 한다. 결국, 예금을 재유치하기 위해 보다 높은 예금금리를 제시한다면 당초에 기대하였던 2백만 원이라는 이자수익은 줄어들게 된다. 설령 고금리 예금을 유치하여 유동성 리스크, 즉 만기 불일치를 해결하였다 하더라도 은행은 또 다른 금리 리스크에 노출된다. 이처럼 향후 6개월 동안 시장금리가 어떻게 변동하는가에 따라 이자수익의 손실이 발생할 수도 있다.

4. 유동성 갭

금융기관은 유동성 리스크를 관리하고자 금리 만기 갭처럼 '유동성 갭'을 이용한다. 이는 만기 구간대별로 자산과 부채를 구분하여 유동성 갭을 계산하도록 만든 표이다. 만약 자산에서 부채를 차감한 유동성 갭이 양수(+)이면 유동성에 문제가 없다는 의미이고, 반대로 유동성 갭이 음수(-)이면 해당 구간에서 유동성에 문제가 있다는 의미이다. 다음 〈표〉는 유동성 갭의 예시이다. 이 〈표〉에 의하면 1개월 동안 유동성 갭이 -20억 원이므로 즉각적인 유동성 대책이 필요하며, 주로 단기에 유동성 갭이 음수(-)일 때가 가장 문제시된다.

〈표〉 만기 구간대별 유동성 갭(예시)

구분(억원)	0~1개월	1~3개월	3~6개월	6~1년	1년 이상	합계
자산	50	70	90	80	60	350
부채	70	60	100	60	60	350
갭	-20	10	-10	20	0	0
누적 갭	-20	-10	-20	0	0	0

출처: 서영수, 「금융과 리스크 관리」, 교문사, 2010, p.145

제4부

디지털 투자의
리스크 관리

제9장

투자자산의
리스크 관리

제1절 주식투자 리스크 관리

1. 주식투자의 기초

1) 주식시장의 의의

흔히 주식이 거래되는 곳을 주식시장이라 하는데, 이는 17세기 영국의 산업혁명 이후부터 지금까지 일반인들이 가장 쉽게 접근할 수 있는 대표적인 투자시장이다. 예나 지금이나 주식시장에서 수많은 투자자가 수익을 내고자 고군분투한다. 주식이란 주식회사의 자본을 이루는 단위 금액을 표기하고 그 권리를 나타내는 증서이다. 주식가격은 그 주식을 발행한 회사가 보유한 가치의 산유물이다. 가치는 원칙적으로 현재 시점에서 미래의 회사 성장성을 평가하는 것으로 알 수 있다. 기술적으로 표현하면 미래에 벌어들이는 수익의 현금흐름을 현재 시점으로 모두 환원하여 계산한 값이다. 그런데 미래에 벌어들일 것이라고 예상한 금액은 사람마다 모두 다르다. 이런 현상이 주가에 반영되어 가령, A 회사의 주가를 어떤 사람은 저렴하다고 생각하고 어떤 사람은 비싸다고 생각하기 때문에 사고팔고 하는 거래가 이루어지는 것이다. 그러면 싸다 또는 비싸다고 하는 근거는 무엇인가? 기본적으로 미래의 흐름을 예측하는 기준이 서로 다르기 때문이다. 이것 때문에 주식시장이 존재하며 한편은 수익이 생기고 누군가는 손실이 발생하는 제로섬(zero sum)게임을 한다. 그렇다면 주식시장에서 수익의 편에 서기 위해서 먼저 무엇을 해야 하는가? 수익에는 그에 상응한 리스크가 반드시 따르며 이를 어떻게 관리하느냐가 가장 중요하다. 주식시장에서 리스크란 간단히 변동성을 의미하며, 분산(표준편차)으로 계산한다.

2) 주식투자 유형 및 운용전략

주식시장에서 가장 대표적인 투자유형으로 시장 추종형과 절대 수익형을 들 수 있다. 예를 들어 시장을 이길 수 없으므로 주식시장이 어떻게 되든 대체로 상승한다고 믿고 이를 추종하고 싶다면 시장 추종형 투자자이다. 반대로 시장성과 무관하게 결과적으로 많은 수익을 얻을 수도 있고 적은 수익을 얻을 수도 있지만, 얼마가 되었든 비교적 고정된 수익을 추구하고 싶다면 절대 수익형 투자자이다. 일반적으로 1년 이상의 투자 기간과 수익률 외의 거시경제 트렌드 등 다른 부분도 관심을 두는 투자자라면 시장 추종형일 가능성이 크다.

시장 추종형 운용전략으로 우선 가치주 전략을 들 수 있다. 이는 정통적인 주식투자의 방법론 중 하나로, 주식의 적정가치를 산출한 다음 실제 가격과 비교해 적정가치 대비 저렴하다고 판단되면 매수하고, 비싸다면 매도하는 전략이다. 따라서 회사의 주가와 실제 적정가치의 괴리율을 우선시한다. 두 번째로 성장주 전략이다. 이는 주식이 포함된 산업군, 기업이 보유한 핵심기술의 미래가치 등을 고려해 현재보다는 미래 성장할 가능성이 큰 주식에 투자하는 전략이다. 즉 현재가치보다는 미래의 성장성을 우선시한다. 이 전략은 대표적인 밸류에이션 지표인 PER(Price Earning Ratio), PBR(Price Book Value Ratio) 등의 매력도가 다소 낮더라도 미래 성장성이 높다면 매수한다. 따라서 포트폴리오에서 이 전략을 활용할 때는 매도 타이밍과 방법이 아주 중요하다. 세 번째로 퀄리티 전략이다. 이는 가치주 전략과 성장주 전략의 중간적인 형태로 현금흐름이 좋고 자본수익률(ROE; Return on Equity)이 높은 기업에 투자하는 전략이다. 따라서 부채가 적고 재무상태가 우수한 기업에 투자한다.

한편, 절대 수익형 운용전략으로는 지금껏 가장 널리 알려진 인컴 전략이 있다. 이는 주로 인컴 자산에 투자해 고정된 수입을 확보하는 전략이다. 주로 인컴형 펀드에 투자하거나 고배당 주식에 투자한다. 두 번째로 앱솔루트 리턴 전략이 있다. 이는 상호 간 상관관계가 낮은 주식을 모아 투자하는 전략이다. 상관관계가 낮은 주식, 즉 가격이 반대로 움직이는 주식에 투자하면 가격이 급락하거나 급격히 흔들릴 때 포트폴리오의 리스크를 상쇄시킬 수 있다.

2. 주식의 리스크 관리 지표

1) 베타(β) 계수

주식의 리스크를 간단하게 계산하는 모델로 자본자산가격모델(CAPM; Capital Asset Pricing Model)을 들 수 있다. 이는 21세기 최고의 금융 재무학자였던 윌리엄 샤프(William Sharpe)와 존 린트너(John Lintner), 그리고 피셔 블랙(Fischer Black)이 개발하였는데 시장 전체의 리스크와 비교해서 개별 주식의 리스크를 측정하는 모형이다. 여기서 샤프는 CAPM에서 더 간단한 모형, 즉 시장모형을 제시하였다. 그는 이 모형에서 주식의 리스크 측정수단인 베타(β)를 도출하였다. 시장모형은 예를 들어 어떤 주식 j의 수익률 R_j가 시장 전체수익률 R_M에 대하여 선형관계가 있다고 가정한 수익생성모형인데 이를 식으로 나타내면 다음과 같다.

$$R_j = \alpha_j + \beta_j R_M + \epsilon_j$$

α_j: 상수항, β_j: 기울기

R_M: 시장 전체수익률 (예: 종합주가지수 등)

ϵ_j: 자산 j의 고유특성을 반영한 변수

위 식에서 개별주식의 변동성, 즉 리스크를 계산하기 위해 좌변과 우변에 분산을 취해보자. 그렇게 되면 상수항은 항상 고정된 값이기 때문에 분산은 0(zero)이 된다. 따라서 다음과 같은 식을 도출할 수 있다.

$$\sigma_j^2 = \beta_j^2 \sigma_M^2 + \sigma^2(\epsilon_j)$$

위의 식은 샤프가 주장한 대로 상당한 의미를 내포하고 있다. 그는 개별주식의 변동성은 두 개의 항으로 구성되어 있으며, 첫 번째 항을 체계적 리스크 (systematic risk), 두 번째 항을 비체계적 리스크(unsystematic risk)라 하였다. 체계적 리스크는 주식시장 전체(예를 들면 종합주가지수)의 수익률 변동에 기인한 리스크로 분산효과가 불가능한 시장 고유의 리스크를 의미하며 시장 전체의 리스크라고도 한다. 그리고 비체계적 리스크는 주식시장 전체의 변동과 관계없이 기업 고유의 이유로 인해 발생하는 리스크이며 분산효과가 가능하고, 달리 기업 고유의 특수 리스크라 한다. 이에는 주로 기업의 주가가 시

장과는 별도로 움직이는 요소가 해당하는데, 예를 들어 대규모 신규계약 체결, 기업이 소유한 부동산에서 광물자원 발견, 노사문제, 분식회계, 재무담당자의 공금횡령 등이다. 이런 요소로 인해 주가가 요동치는 리스크는 분산투자로 상쇄할 수 있다. 포트폴리오 이론의 핵심은 주식들이 항상 동일한 방향으로 움직이지 않는 한, 개별주식에서 발생한 수익의 변동은 다른 주식에서 발생하는 수익의 변동으로 서로 상쇄되거나 완화된다는 것이다. 분명한 것은 두 번째 항은 분산투자로 제거할 수 있지만, 첫 번째 항은 분산투자를 해도 없어지지 않는다는 사실이다. 현실적으로 시장을 주도하는 주식들은 대개 같은 방향으로 움직이기 때문에 분산투자한 포트폴리오도 역시 같은 방향으로 갈 수밖에 없다. 이는 분산투자가 만능이 아니라는 의미이다. 위의 식에서 리스크를 계산하기 위해서는 표준편차를 구해야 한다. 이를 구하기 위해 아래와 같이 좌변과 우변에 제곱근을 취하면 된다.

$$\sigma_j = \sqrt{\beta_j^2 \sigma_M^2 + \sigma^2(\epsilon_j)}$$

위 식 중 오른쪽 제곱근 안의 두 번째 항은 포트폴리오를 구성하면 0(zero)이 될 수 있기 때문에 최종적으로 아래와 같은 식을 얻게 된다.

$$\sigma_j = \sqrt{\beta^2 \sigma_M^2} = \beta \sigma_M$$

위 식을 통하여 분산투자 하에서 개별주식의 변동성, 즉 리스크는 시장 전체의 변동성에 베타를 곱하면 계산할 수 있다. 만약 베타를 구하려면 다음과 같이 하면 된다.

$$\beta = \frac{\sigma_j}{\sigma_M}$$

베타는 개별주식의 변동성을 시장지수 변동성으로 나누면 되며, 실무적으로는 과거의 경험데이터를 가지고 개별주식의 수익률을 종속변수로 하고 시장 전체 수익률, 즉 종합주가지수(KOSPI)수익률을 독립변수로 놓고 회귀분석을 통하여 산출한다. 이렇게 산출된 베타값이 바로 개별주식의 리스크이다. 이는 시장 전체 리스크를 1이라고 할 때 개별기업의 체계적 리스크의 정도가 얼마인지를 나타내는 수치이다. 만약 어느 기업의 베타가 2라면 이 기업은 시장 전체, 즉 평균보다 두 배 더 리스크가 크다는 것이고, 베타가 0.5라면 시장 평균에 절반 정도라는 것이다. 따라서 투자자는 개별기업의 베타를 고려해 적절한 포트폴리오를 형성함으로써 주식투자에 따른 리스크를 자신의 취향에 맞추어 조정할 수 있다. 예를 들어 시장 평균과 같은 수준으로 리스크를 맞추려면 베타가 2인 주식에 1/3, 그리고 베타가 0.5인 주식에 2/3 투자하면 이 포트폴리오 베타는 1이 된다. 결론적으로 체계적 리스크는 베타로 조정하고 비체계적 리스크는 포트폴리오를 구성함으로써 주식에 대한 리스크를 선제적으로 관리할 수 있다. 여기서 중요한 것은 리스크에는 보상이 따른다는 점이다. 즉 리스크 회피자에게 리스크를 떠안게 하려면 그에 상응한 보상을 해주어야 한다는 것이 합리적인 법칙이다. 이런 논리에 따르면 포트폴리오 효과로 인해 자연스럽게 제거되는 비체계적인 리스크는 보상할 필요가 없다. 종목 간의 상관관계에 의해 본인의 노력 없이도 스스로 알아서 리스크가 상쇄되기 때문이다. 따라서 투자 세상에서 어떠한 비체계적 리스크를 떠안는다고 해서 그에 따른 추가 보상을 기대해선 안 된다. 리스크를 떠안는 대가로 추가 보상을 받을 수 있는 부분은 전체 리스크 가운데 분산투자로 제거할 수 없는 체계적 리스크뿐이다. 그러므로 베타가 진정한 리스크 지표가 되는 것이다.

현실적으로 주식시장에서 개인투자자들이 적절하게 포트폴리오를 구축하고 운용하기는 상당히 어렵다. 왜냐하면, 주식매입의 최초시점에는 나름 적절하게 배분한다손 치더라도 실시간 변화하는 주식시장에서 그에 맞는 포트폴리오를 시간에 따라 조정하는 것이 생각보다 쉽지 않기 때문이다. 이런 문제를 해결할 수 있는 것이 인덱스펀드(index fund) 투자이다. 이는 종목 선택에 대한 고민 없이 저렴하게 시장을 살 수 있다는 것이 매력이다. 더욱 매력적인 것은 소액으로 매우 폭넓은 분산이 가능하다는 점이다. '시장 변화를 이기는 투자'의 저자, 버튼 G. 맬킬(Burton G, Malkiel)은 1973년에 이미 인덱스방식의 투자수단이 소액 투자자들에게 절실하다고 주장하였다.

2) 주식 VaR(Value at Risk)

VaR는 1990년대 초에 개발되었던 새로운 리스크 관리 측정 도구이다. 당시에는 아주 혁신적이고 기발한 도구로 인정되어 전 세계 대부분 금융기관이 사용하였다. VaR는 간단히 주어진 신뢰구간에서 발생할 수 있는 최대 손실액을 말한다. 예를 들어 내가 어떤 투자자산을 갖고 있는데 보유 기간 1주일, 신뢰수준 95% 하의 VaR가 10억 원이라 하자. 이는 '나의 투자자산 포지션의 가치에 영향을 미치는 어떤 리스크 요인의 변화로 인해 1주일 동안에 발생할 수 있는 손실이 10억 원보다 작다는 사실을 95% 신뢰수준에서 확신할 수 있다.'라는 의미이다. 다시 말하면 '1주일 동안에 10억 원보다 큰 손실이 발생할 확률이 5%'라는 의미이다.

예를 들어 1개의 A 주식 10억 원을 1주일 동안 보유하는데 A 주식의 직전 1년 동안 수익률의 일별 변동성, 즉 표준편차가 2.69%라 하자. 신뢰수준 99% 하에서(신뢰 계수는 2.33) A 주식의 VaR는 다음과 같이 계산되는데 A 주식을 일주일 동안 보유했을 때 최대로 예상되는 손실액은 약 1억 4천만 원이다. 보유 기간은 총 일주일을 영업일로 환산하면 토요일과 일요일은 제외하고 5일이 된다.

$$A \text{ 주식 } VaR = 10억원 \times 2.33 \times 2.69\% \times \sqrt{5} = 140,149,500원$$

만약 A 주식의 과거 일별 변동성을 모르고 주가지수 전체의 변동성과 그에 따른 베타값을 알고 있으면 역시 VaR를 계산할 수 있다. 위의 예처럼 A 주식 10억 원, 전체 주가지수(예: KOSPI) 일일 변동성이 1.7%, A 주식의 베타(민감도)가 1.6이라면 VaR 값은 다음과 같이 계산되며 최대 손실액은 약 1억 4천 2백만 원[1]이다.

$$A \text{ 주식 } VaR = 10억원 \times 2.33 \times 1.7\% \times 1.6 \times \sqrt{5} = 141,713,044원$$

이제는 한 개를 추가해서 B 주식까지 보유한다고 해보자. B 주식에는 5억 원을 투자하고 똑같이 일주일 동안 보유하기로 했다. 마찬가지로 B 주식의 직전 1년 동안 수익률의 일별 변동성(표준편차)을 계산해 보니 2.92%였다. B 주식의 VaR는 다음과 같이 계산된다.

---

1 위의 두 가지 방법으로 산출한 A 주식의 VaR 값이 차이 난 이유는 민감도 지표인 베타계수를 산출하는 과정에서 발생한 것이다.

B 주식을 일주일 동안 보유했을 때 최대로 예상되는 손실액은 약 7천 6백만 원이다. 개별적으로 보면 A 주식의 최대 손실액은 1억 4천만 원이고, B 주식의 최대 손실액은 7천 6백만 원이다. 이를 합하면 전체 2억 1천 6백만 원의 손실이 예상된다. 그러나 두 주식을 합하면 A 주식과 B 주식 간의 상관관계로 인하여 포트폴리오 효과, 즉 분산효과가 생긴다. 만약 A 주식과 B 주식 수익률 간의 상관관계가 0.48이라 하자. 이제 A 주식과 B 주식으로 구성된 포트폴리오 VaR를 계산해 보자. 계산 공식에 따라 포트폴리오의 익스포저(5억 원 + 10억 원 = 15억 원), 신뢰 계수(2.33), 보유 기간(일주일)은 이미 알고 있으며 포트폴리오의 상관관계가 반영된 일별 변동성만 구하면 된다. 포트폴리오 분산을 구하는 공식은 다음과 같다.

$$\sigma^2_p = w^2_A\sigma^2_A + w^2_B\sigma^2_B + 2w_Aw_B\rho_{AB}\sigma_A\sigma_B$$

W_A는 A 주식에 투자한 비율로서 (10억 원/15억 원) = 2/3이고, B 주식에 투자한 비율 W_B는 (5억 원/15억 원) = 1/3이다.

만약 세 개의 변수인 경우에도 순차적으로 공분산을 반영하여 구할 수 있으며 4개 이상인 경우에도 똑같은 방식이 적용된다. 다만 계산 절차가 복잡해진다. 따라서 실제 펀드를 구성하거나 포트폴리오 효과 차원의 개별종목이 10개 이상만 되더라도 공분산을 구하기 위해서는 전산시스템을 이용해야 한다. 두 종목의 포트폴리오 변동성(표준편차)은 위의 공식에 각각의 숫자를 대입하여 구하면 다음과 같다.

$$\sigma_p = \sqrt{(\frac{2}{3})^2(0.0269)^2 + (\frac{1}{3})^2(0.0292)^2 + 2(\frac{2}{3})(\frac{1}{3})(0.48)(0.0292)(0.0269)}$$
$$= 2.4263\%$$

따라서 주식 포트폴리오의 VaR는 다음과 같이 계산할 수 있다.

포트폴리오 VaR = 15억원×2.33×2.4263%×$\sqrt{5}$ = 188,730,000원

앞의 개별주식 A와 B의 VaR 단순 합은 2억 1천 6백만 원이었으나, 포트폴리오 VaR는 1억 8천 9백만 원으로 감소하였다. 즉 두 종목의 포트폴리오로 인해 예상 손실액이 2천 7백만 원이나 줄어든 셈이다. 포트폴리오를 구성하면서 리스크 감소 효과가 나타난 것이다. 한편, 종목이 늘어나 3개 또는 5개, 10개가 되더라도 계산 방법은 동일하다. 이처럼 개별 리스크별 상관관계를 고려하면 충분히 리스크를 분산시킬 수 있다. 분산효과는 아직까지 가장 강력한 리스크 관리 수단으로 활용되고 있다.

〈Tip〉 한국 주식시장과 미국 주식시장의 차이점

우선 미국 주식시장은 상승과 하락 표시가 한국과 다르다. 미국 주식시장은 상승할 때 파란색으로 표시되고, 하락할 때 빨간색으로 표시된다. 이에 반해 한국 주식시장은 상승할 때 빨간색, 하락할 때 파란색으로 표시된다. 또 상한가와 하한가 제도가 없으며 주로 실적에 따라 주가가 움직인다. 대체로 미국 주식은 상/하한가가 없어 주가변동 폭이 클 것 같지만 그렇지 않다. 실적이 기대치보다 너무 낮은 경우를 제외하고는 주가변동 폭이 안정적이다.

그리고 주식 시가총액이 세계에서 가장 크다. 미국은 국가별 시가총액 기준으로 세계 1위이며 한국에 비해 대략 20배 정도 더 크다. 그러므로 미국증시는 세계증시에 많은 영향을 미친다. 그 외 종목 기호를 알파벳으로 표시한다. 예를 들면 스타벅스의 약자(티커)는 'SBUX'이다. 페이스북은 'FB', 넷플릭스는 'NFLX', 애플은 'APPL' 등이다. 따라서 종목명이 긴 ETF나 주식 이름을 외우기보다는 티커를 알아두면 좋다. 주식 거래시간도 길다. 미국 주식시장은 정규 거래시간을 제외하고도 프리(Pre)마켓과 애프터(After)마켓이 있다. 정규 거래시간은 한국시각으로 23:30~06:00이고, 현지 시각으로는 09:30~16:00이다. 프리마켓은 정규시장 전에 5시간 30분 거래되며, 애프터마켓은 종료 후 4시간 거래된다. 한국시각으로 프리마켓은 16:00~23:00, 애프터마켓은 06:00~10:00이다. 한편, 미국 주식시장의 경우 국내 자본시장법과 외국환 시장법이 적용된다. 국내에서 해외 ETF나 해외주식에 투자할 때는 미국 현지에서 거래하는 경우가 아니라면 한국증권사를 통해 거래해야 하는데 이는 자본시장법과 외국환 시장법이 적용되기 때문에 그렇다. 마지막으로 미국은 장기투자자금, 기관자금, 글로벌 자금 비중이 높다. 예컨대 미국에는 50대 후반부터 연금을 받을 수 있는 '401K'라는 퇴직연금 제도가 있는데 우리나라보다 연금계좌에서 금융투자 비중이 높으며 주로 주식형 펀드 위주 금융상품 등을 운용한다.

제2절 채권투자 리스크 관리

1. 채권투자의 기초

1) 채권의 정의

근래에 일반인들도 채권투자에 관심이 아주 많아졌다. 그러나 채권은 주식과 달리 거래형태가 다양하고, 거래조건도 상당히 복잡하다. 그로 인해 채권투자자라면 무엇보다 채권의 정확한 의미와 독특한 특성을 이해해야 한다. 채권이란 한마디로 돈을 빌릴 때 언제까지 사용하고 갚겠다는 증서이다. 물론 돈을 빌려준 사람은 그 대가로 이자를 받는다. 따라서 채권은 언제까지, 즉 만기까지 이자를 제때 주고 제때 받으면 전혀 문제가 없다. 더구나 만기에 원금을 제대로 돌려받으면 더할 나위 없이 좋은 투자수단이다.

채권시장은 채권이 거래되는 곳으로 주식시장처럼 실시간으로 누구든지 참가하기가 어려우며, 거래 규모도 주식시장보다 많다. 이런 이유는 채권이 가지고 있는 독특한 속성 때문이다. 우선 채권은 발행 시에 이미 발행자가 지급해야 하는 이자와 원금의 상환금액과 그 기준이 확정된 확정이자부 증권이다. 따라서 투자 원금에 대한 수익은 발행 시에 이미 결정되는 것이므로 투자 시점에서 발행자의 원리금 지급능력 보유 여부가 가장 중요시된다. 둘째, 채권은 원금과 이자의 상환 기간이 사전에 정해져 있는 기한부 증권이다. 그러므로 시간이 지나면서 남아 있는 잔존 기간만이 채권의 수명이 된다. 그러니 잔존 기간이 무한정한 주식처럼 변화무쌍할 수가 없다. 이는 투자자의 다양한 욕구를 맞추기에는 역부족이라는 셈이다. 일반 투자자 중 만기나 발행자의 신용 등에 관심 있는 사람들만이 채권에 투자하는데, 이에 해당하는 투자 주체는 주로 기관투자가들이다. 그들은 상당한 자금을 장기로 운용하되 안정적인 수익을 창출하는 것이 당면과제다 보니 채권투자에 적격이다. 안정성이 우선인 고객의 펀드나 기업의 흥망이 걸려 있는 투자자금, 국가의 존망이 걸려 있는 재정자금을 주식시장처럼 변동성이 큰 시장에 투자할 수는 없다.

2) 채권의 수익률

주식투자는 수익 계산이 비교적 쉽다. 주당 얼마 하는 주식을 몇 주 매수하였는데 얼마에 몇 주 매도하면 득실이 얼마라는 식으로 단순 계산이 가능하기 때문이다. 그러나 채권은 매매 구조가 주식보다 복잡해서 투자수익 계산이 쉽지 않다. 채권을 새로 발행하면 그 증서에 액면가, 만기, 표면금리(표면이율)를 표시한다. 액면가는 처음 발행하는 채권의 금액란에 표시하는 금액을 말한다. 만기는 1년 만기, 5년 만기 등으로 표시한다. 표면금리는 채권 발행자가 발행가를 기준으로 정기적으로 또는 만기에 일시적으로 이자를 지불할 때 기준이 되는 금리로 발행금리 또는 쿠폰비율(coupon rate)이라고도 한다. 보통 시중에 유통되는 채권은 발생 시점에 일정 부분 할인해 주는데 이를 할인채라고 한다. 만약 액면가 10만 원 채권을 5천 원 할인된 9만 5천 원에 매입했다고 하자. 이 경우 우선 액면가와 구입가(발행가)의 차액 5천 원의 수익이 생기고, 또 채권 표면금리에 따른 이자를 정기적으로 받는다. 만기에는 10만 원을 돌려받는다. 이 경우 채권수익률은 채권매입에 따른 실질수익 합계가 발행가의 몇 퍼센트나 되는지를 의미하며 이를 식으로 나타내면 다음과 같다.

할인채의 수익률=[(액면가−발행가)+표면금리에 따른 이자]/발행가

위 식에서 보면 알 수 있듯이 할인채의 수익률은 표면금리가 높을수록, 그리고 할인발행 폭인 액면가와 발행가의 차이가 클수록 높다. 그러나 발행가와는 반비례하므로, 발행가가 높을수록 할인채의 수익률은 하락한다. 할인채의 발행가를 기준으로 볼 때 채권의 가격과 수익률은 반비례하고 표면금리와 수익률은 비례하는 것이다. 따라서 할인채를 사서 만기까지 보유할 생각이라면 표면금리가 높고 발행가는 싼 채권을 사는 것이 유리하다. 다만 만기 전에 매매되는 할인채는 수익률 계산이 복잡하다. 할인채는 매매가 이루어질 때마다 종목별로 남은 잔존 만기가 달라지고 시장 실세금리 변화를 반영해 표면금리 수준이 변하면서 매매가와 수익률도 달라지기 때문이다. 그래서 할인채의 수익률과 가격은 증권회사나 은행 등 채권을 거래하는 금융기관이 종목별로 만기까지 남은 기간, 시중금리 수준, 이자 지급 조건 등을 반영한 복잡한 계산을 통해 수시로 고시한다.

3) 채권의 가격

투자자가 채권을 매수할 때는 그만큼의 투자가치가 있다고 판단하기 때문이다. 즉 시장에 내다 팔 때 최소한 손해 보지 않을 만큼의 가치가 있다고 본

것이다. 자본주의 사회에서 주류경제학자들의 핵심 이론의 하나는 '모든 자산의 가치는 그 자산이 가져올 미래 현금흐름들의 현재가치 합으로 결정된다.'라는 것이다. 그러나 보유자산의 미래 기간 창출하는 현금흐름을 예측하기는 쉽지 않으며 더구나 그 현금흐름의 성격에 따라 적용해야 할 할인율도 달라서 자산가격을 결정하는 것은 주어진 금융환경에 따라 다를 수밖에 없다. 이는 자산가격이 정확하지 않을 수도 있다는 의미이다. 채권은 그나마 다행이다. 우선 만기가 정해져 있으며 할인율도 금융시장에서 거래되는 시장수익률을 적용하면 되기 때문이다. 채권의 가치평가는 그 채권을 소유함으로써 얻을 수 있는 미래 현금흐름, 즉 만기까지의 이자액과 만기에 지급되는 원금 상환액에 대한 현재가치의 합으로 계산되며, 현재가치 계산 시 적용되는 할인율은 가장 대표적인 시장이자율을 사용한다. 따라서 채권가격을 계산하기 위해서는 사전에 표면이자율(coupon rate), 차입원금(principal), 만기(maturity)가 필요하고, 마지막으로 시장할인율이 있어야 한다. 이것을 식으로 나타내면 다음과 같다.

$$\text{채권의 현재가치} = \frac{\text{표면이자}}{1+\text{시장이자율}} + \frac{\text{표면이자}}{(1+\text{시장이자율})^2} + \cdots$$
$$+ \frac{\text{표면이자}}{(1+\text{시장이자율})^n} + \frac{\text{원금}}{(1+\text{시장이자율})^n}$$

만약, 시장에서 형성된 채권가격이 n년 만기 채권의 현재가치보다 낮으면 채권시장에 사려고 하는 수요자가 많이 생겨 채권가격은 상승할 것이고, 반대로 채권가격이 현재가치보다 높으면 채권시장에 초과공급이 발생하여 채권가격은 하락할 것이다. 따라서 채권시장의 균형은 채권가격이 채권의 현재가치와 같을 때 성립한다. 한편, 채권가격을 결정하는 핵심적인 요인은 할인율, 즉 시장이자율이다. 왜냐하면, 표면이자율, 원금, 만기는 채권발행 시 이미 정해져 있어서 변하지 않는다. 다만 할인율만이 시시각각 변하는 것이다. 우선 양자는 반비례하므로 시장이자율이 상승하면 채권가격은 하락하고, 반대로, 시장이자율이 하락하면 채권가격은 상승한다. 만약 조만간 시장이자율이 상승할 것으로 예측되면 보유채권의 가격이 하락할 것이므로 처분할 것을 고민해야 한다. 반대로 시장이자율이 하락할 것으로 예측된다면 계속해서 보유해야 할 것이다. 이는 채권투자 시 염두에 두어야 할 가장 기본적인 내용이다. 문제는 시장이자율이 상승과 하락을 반복할 때이다. 이런 경우에는 매매타이밍을 잡기가 쉽지 않다. 그만큼 채권투자가 어렵다는 것을 알 수 있다. 특히 만기 중간에 매매차익을 얻는 경우가 그렇다.

시장이자율이 하락할 때의 채권가격 상승 폭이, 시장이자율이 상승할 때의 채권가격 하락 폭보다 더 크다. 이는 시장이자율이 하락할 때 채권가격의 상승 속도가 시장이자율이 상승할 때의 하락 속도보다 크기 때문이다. 즉 채권가격의 하락과 상승이 비대칭적이므로 채권가격은 시장이자율의 상승보다 하락에 대해 보다 민감하게 변동한다. 따라서 시장이자율이 하락하는 추세에서는 채권수익률은 가파르게 상승하게 된다. 그리고 같은 크기의 이자율변동이라면 만기가 긴 채권의 가격이 만기가 짧은 채권가격보다 큰 폭으로 변화한다. 또한, 만기까지의 기간이 길수록 같은 이자율변동에 대해 채권가격은 큰 폭으로 증가하지만, 그 증가율은 서서히 감소하는 체감형태이다.

시장이자율은 시장에서 거래되는 다양한 금융상품 수익률 중 가장 대표성이 있는 수익률을 적용하는데 국내에서는 3년 만기 국고채 수익률을 사용하며, 시장에서 거래된다고 해서 유통수익률 또는 만기수익률이라고도 한다.

채권의 시장수익률은 그 채권을 만기까지 보유했을 때 얻게 되는 예상 수익률을 말한다. 이는 현재 시점에서 만기까지의 미래 현금흐름을 현재가치로 합산하여 계산하였기 때문이다. 따라서 만기까지 보유하지 않고 중도에 처분하게 되면 구입 시점 당시 알고 있는 시장수익률과는 다르게 된다. 만약 오늘자 3년 만기 국고채금리가 3%라면, 이는 오늘 구입한 채권을 3년 동안 갖고 보유한 다음 만기가 돼서야 연평균 3%의 수익률을 얻는다는 의미이다. 만약 1년이 지난 시점에 처분한다면 1년이 경과한 후 남은 2년의 잔존 만기 동안의 현금흐름을 1년 후의 시장이자율로 할인하여 계산한 현재가치로 수익률을 다시 계산해야 한다. 다행히 시장이자율이 3%보다 떨어졌다면 할인율로 적용된 값이 더 작아졌으므로 채권가격은 올라가게 되고 덩달아 수익률도 상승한다. 이때 처분한다면 이익을 보게 된다. 이를 매매에 따른 처분이익이라 한다. 만약 처분하지 않고 단순히 계산만 하였다면 평가이익이 되는 것이다.

아직도 채권가격에 대하여 헷갈린다면 간단히 이해하는 방법이 있다. 시소를 생각하면 된다. 시소의 한쪽은 채권가격이고 다른 쪽은 시장이자율이다. 시장이자율이 상승하면 맞은편에 앉아 있는 채권가격은 하락한다. 반대로 시장이자율이 하락하면 맞은편인 채권가격은 상승하게 된다. 채권 만기가 길수록 가격의 상승 및 하락 폭도 커진다. 반면에 채권 만기가 짧다면 시소의 축으로부터 별로 떨어져 있지 않은 것과 같아서, 가격과 시장이자율의 상승 및 하락 폭도 크지 않다. 만기가 많이 남았다면, 즉 잔존 만기가 길수록 시소의 끝에 매달려 있는 것처럼 시장이자율이 위아래로 움직일 때마다 채권가격은 크게 달라진다.

4) 채권투자의 본질

2013년 9월에 발행한 30년 만기 국채 만기에 개인들도 입찰이 가능해짐에 따라 일반개인들의 30년 만기 국채투자 열풍이 불었던 적이 있었다. 이들은 이자수익보다는 단순히 시세차익을 노린 것이다. 채권수익률은 채권의 만기가 길수록 금리가 변할 때 그 차익도 커지기 때문에 장기일수록 유리하다. 이 때문에 국채 중 만기가 가장 긴 30년물이 발행되자 더 많은 수익을 기대한 투자자들이 몰려들었다. 만약 금리가 상승하면 반대로 시세차익은 기대할 수 없다. 계속 오르기만 한다면 최악의 경우 30년간은 보유해야 한다. 이러면 30년 가까이 금리변동성과 기회비용을 감당하기에는 너무 버겁다. 그래서 아직 채권투자는 국내외 기관투자가들의 영역이다.

시장금리는 발행시장에서 새로 발행되는 채권과 유통시장에서 이미 발행해 유통되고 있는 채권의 표면금리에 복합적 파장을 미친다. 보통 시장금리 수준이 낮아지면 새로 발행되는 채권도 표면금리가 낮아지게 마련이다. 그러면 이전에 발행되어 이미 유통 중인 채권은 표면금리가 상대적으로 높아지는 효과가 생긴다. 채권투자자로서는 표면금리가 높은 채권에서 더 많은 투자 수익을 얻을 수 있다. 따라서 새로 발행되는 채권보다 이미 유통 중인 채권을 사려는 수요가 많아진다. 그 결과 이미 유통 중인 채권의 매매가가 오른다. 이런 이유로 금리가 떨어지면 채권의 매매가가 오른다. 시장금리가 오르면 정반대 현상이 생긴다. 시장금리가 오르면 새로 발행되는 채권도 표면금리가 높아진다. 그 대신 이미 발행해 유통 중인 채권의 표면금리는 상대적으로 낮아진다. 투자자 측면에서 보면 표면금리가 낮은 채권은 투자수익이 떨어진다. 따라서 새로 발행되는 채권에 비해 이미 유통 중인 채권은 매수 수요가 줄어들고 그 결과 매매가가 떨어진다. 이런 이유로 금리가 오르면 채권의 매매가가 떨어진다. 결론적으로 채권 유통시장에서 이미 발행해 유통되고 있는 채권의 가격과 시장금리는 정반대 방향으로 움직인다. 한편, 시장금리와 채권매매가격은 상호 밀접하게 영향을 주고받는다. 금리가 채권값을 올리고 내리는 것과는 반대로 채권값이 시중금리를 올리고 내리기도 한다. 채권시장도 발행 물량에 비해 수요가 적을 때는 매매가격이 내려가므로 발행사들이 표면금리를 올려준다. 이자를 더 주어야 채권 수요가 늘어날 것으로 판단해서다. 이런 이유로 채권값이 떨어지면 채권 표면금리가 오르고 채권 표면금리 상승세를 반영해 시장금리도 오른다. 거꾸로 발행 물량에 비해 수요가 많으면 채권도 값이 오르기 때문에 발행사들이 채권 표면금리를 내린다. 금리를 내려도 충분히 채권을 팔 수 있다고 판단하기 때문이다. 이런 이치로 채권값이 오르면 채권 표면금리가 내리고, 채권 표면금리 내림세를 반영해 시장금리도 내린다.

채권투자의 본질은 이자수익에 달려있다. 그리고 만기에 원금을 회수하는 것이다. 그러나 시장금리 변동에 따른 채권가격의 등락을 노리는 시세차익이 목적이라면 달라진다. 이럴 경우 채권은 안전자산에서 위험자산으로 변하기 때문이다. 만약 기대한 대로 시장금리가 떨어져서 그만큼 자본차익을 얻었다면 문제가 되지 않는다. 그러나 알다시피 시장금리는 우리가 예측한 대로 움직이질 않는다. 누구도 알지 못하는 미래의 예측을 토대로 채권에 투자하는 것은 주식처럼 오르거나 내리는 것에 따라 수익이 결정되는 위험자산으로 전락해 버린다. 한 나라의 시장금리는 대내외적인 모든 변수의 움직임에 따라 결정되기 때문에 쉽게 예단할 수 없는 영역이다. 결과적으로 금리 향방은 아무도 모른다. 따라서 금리변동에 따른 투자수익을 노리는 채권투자는 전문가들조차도 헷갈리는 영역이다. 그러므로 일반개인들의 경우 대부분 이자수익을 목적으로 투자하는 것이 적합하다.

2. 채권의 리스크 관리 지표

1) 채권의 다양한 리스크

리스크란 '보유자산이 미래의 불확실성에 노출되어 손실이 발생할 가능성'이라고 정의하였다. 이 정의에 따르면 채권의 리스크는 '채권을 매입하고 난 후 시장이자율의 변동으로 인하여 보유채권의 가격이 하락할 가능성'이다. 채권의 가격을 결정하기 위해서는 표면이자, 원금, 채권 만기는 필수적으로 존재해야 하며 이들은 채권을 구입하는 초기에 이미 결정되어 있으므로 보유 기간 동안 변하지 않는다. 단지 변하는 것은 시장이자율, 즉 할인율의 변동이 며 이에 따라 보유채권의 가격도 변하는 것이다. 따라서 보유채권은 시장이 자율의 변동에 따른 리스크만 노출되는데 이를 시장 리스크라 한다. 시장 리스크에 노출되었다는 것은 채권의 구입 동기가 만기 이전의 매매차익을 목적으로만 하는 경우이다. 그러나 채권을 만기까지 보유하고 그동안 이자와 만기도래 후 원금을 받는 경우도 자주 있다. 이 경우에는 만기 동안에 시장이자율이 변동하더라도 채권보유자는 전혀 손실이 발생하지 않는다. 단지 평가손실이 발생했을 뿐이다. 만기까지는 구입 초기에 표기된 표면이자율에 따라 주기적으로 (보통 3개월) 이자를 받도록 확정되어 있다. 이런 경우에 노출되는 리스크는 이자율변동에 따른 시장 리스크가 아니라 만기까지 이자 또는 원금을 제때 못 받게 될 리스크이다. 이를 신용 리스크라 한다. 신용 리스크는 돈을 빌려 가는 사람, 즉 차주가 의도적으로 채무를 불이행하거나 외부 금융환경이 악화하여 불가피하게 신용상태가 악화함으로써 발생할 수 있는 손실 가능성을 말한다. 따라서 채권에 투자할 때 반드시 유념해야 할 부분이 채권을 발행한 기업의 신용도를 체크해야 한다. 채권투자 시 금리의 방향성이 틀렸다면 최소한 만기에 원금은 복구할 수 있다. 그러나 발행기업이 부도나면 원금손실로 직결된다.

채권거래에서 채무불이행 당사자는 채권 발행자이며 이들의 신용상태를 분석하는 전문기관들을 신용평가회사라 하는데 그 결과가 신용등급평가로 나타난다. 신용등급은 신용평가기관이 특정 유가증권에 대해 그 원리금이나 이자를 약정한 기간에 제대로 상환할 능력이 있는지를 분석하여 이를 알기 쉬운 기호나 문장으로 등급을 매기는 작업이다. 아래 〈표〉는 Moody's, S&P, 한국의 회사채 신용등급 분류기준을 정리한 것이다.

〈표〉 회사채 신용등급 분류기준

Moody's	S&P	한국	의　　미
Aaa	AAA	AAA	원리금 지급 확실성이 최고 수준임
Aa	AA	AA	원리금 지급 확실성이 매우 높지만, AAA등급에 비하여 다소 낮은 요소가 있음
A	A	A	원리금 지급 확실성이 높지만, 장래의 환경변화에 따라 다소 영향을 받을 가능성이 있음
Baa	BBB	BBB	원리금 지급 확실성이 있지만, 장래의 환경변화에 따라 저하될 가능성이 내포되어 있음
Ba	BB	BB	원리금 지급능력에 당면문제는 없으나 장래의 안전성 면에서는 투기적인 요소가 내포되어 있음
B	B	B	원리금 지급능력이 부족하여 투기적임
Caa	CCC	CCC	원리금의 채무불이행이 발생할 위험 요소가 내포되어 있음
Ca	CC	CC	원리금의 채무불이행이 발생할 가능성이 큼
C	C	C	원리금의 채무불이행이 발생할 가능성이 극히 큼
	D	D	현재 채무불이행 상태에 있음

한편, 채권을 조달하고 동시에 운용하는 경우가 있는데 대부분의 경제주체, 주로 일반개인보다는 금융기관을 포함, 모든 기업이 이러한 자금 운용 형태를 보인다. 이를 회계적인 측면에서 본다면 채권 등을 이용한 자금은 부채로 계상되고, 조달된 외부 자금들과 영업으로 벌어들인 이익금들은 합쳐져서 자산으로 운용된다. 물론 자금 성격에 따라 각각의 계정별로 세분된다. 채권은 주로 자산과 부채계정에 동시에 존재하기 때문에 금리변동에 따라 순자산에도 영향을 미치는데 이는 금리 리스크에 해당한다. 정리하면 채권은 시장 리스크, 신용 리스크, 금리 리스크에 노출되어 있다고 할 수 있다.

2) 듀레이션(Duration)

듀레이션은 보유한 채권의 만기까지 매 기간 수입되는 이자와 원금의 현금흐름을 합한 현재가치를 분모로 두고, 매 기간 들어오는 현금흐름을 기간별 가중치를 곱하여 산출한 현재가치를 분자로 두어서 이를 나눈 값이다. 이는 채권 현금흐름의 현재가치로부터 투자액을 회수하는데 소요되는 평균 상환 기간을 의미하며, 단위는 년(年)으로 표기한다. 통상 우리가 3년 만기 채권이라 함은 원금이 상환되는 기간이 3년이라는 의미이다. 사실 이것은 현금흐름상의 만기라고 할 수 없다. 액면 이자라는 화폐의 시간가치까지 고려하여 산출된 만기가 채권 운용이나 채권구조 분석에 훨씬 유용하기 때문이다. 그렇지 않으면 액면이자 지급일이 천차만별인 채권을 단순히 만기일만 가지고 분석할 수밖에 없다. 따라서 실질적인 만기를 나타내는 듀레이션이 필요하다. 듀레이션은 맥콜레이(Macaulay)가 최초로 개발하였는데, 그의 이름을 따서 맥콜레이 듀레이션이라고도 한다. 간단한 듀레이션을 예를 들어 산출해 보자. 액면가 1,000만 원, 표면이자율이 10%인 3년 만기 채권의 듀레이션은 다음 〈표〉에서처럼 2.735년(2,735/1,000)으로 이것이 실질적인 만기이다.
(단 시장이자율은 10%이다.)

〈표〉 듀레이션 계산

기간	현금흐름	현금흐름의 할인가치	할인가치×기간
1년	100만 원	91만 원	91만 원
2년	100만 원	83만 원	166만 원
3년	1,000만 원+100만 원	826만 원	2,478만 원
합계		1,000만 원	2,735만 원

이제 듀레이션의 정의를 일반적인 수식으로 나타내 보자. 채권의 현재가치
P는 다음과 같이 계산된다.

$$P = \frac{C}{1+r} + \frac{C}{(1+r)^2} + \cdots + \frac{C}{(1+r)^n} + \frac{F}{(1+r)^n} \qquad ---- ①$$

단, C: 액면이자, F: 원금, n: 만기 r: 시장이자율

위 ① 식을 다음과 같이 바꿔 쓸 수 있다.

$$P = C(1+r)^{-1} + C(1+r)^{-2} + \cdots + (C+F)(1+r)^{-n} \qquad ---- ②$$

위 ② 식에서 액면이자(C), 원금(F)과 만기(n)는 채권의 발행 시점에 이미
확정되어 있어서 그 값이 고정된 상수이다. 따라서 채권의 현재가치 P는 변
수 r의 함수라고 할 수 있다. 위 ② 식의 좌변과 우변을 변수 r로 1차 미분하
면 다음과 같이 된다.

$$\frac{dP}{dr} = -C(1+r)^{-2} - 2C(1+r)^{-3} - \cdots - n(C+F)(1+r)^{-n-1} \qquad ---- ③$$

미분은 수학적으로 순간변화율을 의미하는데 이를 현실적으로 계산할 수가 없어서 부득이 이를 이산적인 변화율로 바꾸는 데 큰 차이는 없다. 이렇게 바꾼 다음 각항마다 공통 인자인 $-(1+r)^{-1}$를 끄집어내어 정리하면 다음과 같은 식을 만들 수 있다.

$$\frac{\Delta P}{\Delta r} = -\frac{1}{1+r}\left[\frac{C}{(1+r)} + \frac{2C}{(1+r)^2} + \cdots + \frac{n(C+F)}{(1+r)^n}\right] \qquad ---- ④$$

위의 ④ 식에서 다시 우변의 $\frac{1}{1+r}$ 을 좌변으로 이동하면 다음과 같이 된다.

$$\frac{\Delta P}{\Delta r}\times(1+r) = -\left[\frac{C}{(1+r)} + \frac{2C}{(1+r)^2} + \cdots + \frac{n(C+F)}{(1+r)^n}\right] \qquad ---- ⑤$$

위의 ⑤ 식의 좌변과 우변을 앞의 식 ①의 좌변과 우변으로 각각 나누면 다음과 같은 식이 산출된다.

$$\frac{\Delta P}{P}\times\frac{(1+r)}{\Delta r} = -D \qquad ---- ⑥$$

즉 ⑤ 식의 우변을 ① 식의 우변으로 나누면 앞서 정의한 듀레이션이 되는 것이다. 위의 ⑥ 식을 좀 더 간단히 표현하면 다음과 같이 쓸 수 있다.

$$\frac{\Delta P}{P} = -\frac{D}{(1+r)}\times\Delta r \qquad ---- ⑦$$

위의 ⑦ 식에서 맥콜레이 듀레이션을 (1+r)로 나눈 것을 수정 듀레이션(Modified Duration)이라 하며, 현재 대부분 금융기관에서 실무적으로 사용하고 있다. 그래서 최종적으로 다음과 같은 식을 얻을 수 있다.

채권가격의 변화율 $(\dfrac{\Delta P}{P})$=-수정듀레이션(MD)×시장금리변화율(Δr) ---- ⑧

위의 ⑧ 식에서 ΔP는 채권가격의 증감을 의미하며, P는 채권가격이다. 따라서 좌변은 채권가격의 변화율을 의미하며, 우변은 듀레이션에다 시장금리 변화율을 곱한 값에 음수를 취한 것이다. 더불어 듀레이션은 위의 일차함수의 기울기이기도 하다. 이는 상당히 중요한 시사점을 갖고 있다. 한편, 최초로 듀레이션을 개발한 맥콜레이는 듀레이션의 엄청난 기능을 활용하지 못했는데, 이를 리스크의 민감도 지표로 활용한 사람은 수정 듀레이션을 발표한 힉스(Hicks)였다. 그는 위의 ⑧ 식이 의미하는 것처럼 채권가격의 변화율은 금리변화율과 듀레이션을 곱한 수치와 반대 방향으로 움직인다는 것을 피력하였다. 예를 들어 보유채권의 현재가치가 10억 원이고, 듀레이션(엄밀히 말하면 수정 듀레이션임)이 7년이라 하자. 만약 시장금리가 1%P 상승하면 보유채권의 가치는 위의 ⑧ 식에 의해 7%P 하락, 즉 7천만 원(10억 원 ×0.07)이 하락한다는 의미이다. 그러면 평가금액은 10억 원에서 7천만 원 손실을 차감한 9억 3천만 원이 된다. 만약 앞으로 시장금리가 상승한다고 하면 무엇을 먼저 고려해야 할까? 즉시 보유채권의 듀레이션을 줄이는 방안부터 검토해야 할 것이다. 즉 만기가 짧은 채권으로 갈아타야 한다는 것이다.

이처럼 듀레이션의 가장 큰 특징은 채권의 가치가 금리변동에 따라 어떻게 변동하는가를 선형적으로 파악해주는 데 있는데, 이 방법은 미래 현금흐름만 알 수 있는 자산이라면 그에 따라 듀레이션을 산출할 수 있으므로 얼마든지 자산가치의 변동을 예측해 볼 수 있다. 채권의 가치와 시장이자율, 그리고 듀레이션의 관계식을 그림으로 나타나면 다음 〈그림〉과 같다. 아래 그림처럼 실제 채권 가치와 듀레이션을 통한 채권 가치는 오차가 발생하는데 이 오차는 시장이자율이 크게 변화할수록 더욱 크게 발생한다. 따라서 듀레이션을 통한 채권 가치 변화는 어느 정도 오차가 있음을 전제해야 한다.

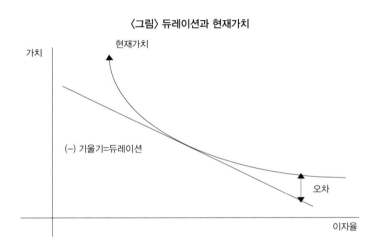

〈그림〉 듀레이션과 현재가치

한편, 듀레이션은 시장이자율의 변화가 채권의 현금흐름에 영향을 미치지 않는다는 가정하에 산출된다. 그러나 옵션이 부가된 채권, 즉 수의상환채권[2](callable bond)이나 상환요구채권[3](putable bond) 등은 수익률 변화가 현금흐름에 영향을 미치므로 듀레이션 공식에 의해 듀레이션을 계산할 수 없게 된다. 이 경우에는 유효 듀레이션(effective duration)으로 대신하게 되는데 이 부분은 다소 복잡하여 생략한다.

채권에서 듀레이션은 아주 중요한 개념으로 여러 가지 의미로 활용된다. 우선 듀레이션은 채권 현금흐름의 가중평균만기(weighted average time to

---

2　이는 발행기업에 미래 일정 기간에 일정 가격으로 채권을 상환할 수 있는 권리를 부여한 채권이다.

3　이는 채권소유자에게 일정 기간에 일정한 조건만 충족되면 원금의 상환을 청구할 수 있는 권리를 부여한 채권이다.

maturity)로 현금 흐름상의 평균적인 상환 기간을 의미한다. 또한, 원금을 회수할 수 있는 실질적인 만기이며 채권의 평균수명이라 할 수 있다. 수학적으로는 채권수익률 곡선의 1차 미분계수, 즉 기울기라 한다. 두 번째, 듀레이션은 현재가치로 계산된 채권 현금흐름의 균형점으로 재투자수익과 채권가격의 변화가 미치는 상반되는 영향을 서로 상쇄시키는 데 필요한 기간이다. 세 번째, 듀레이션은 무이표채, 즉 액면 이자가 없는 할인채권의 만기와 같다. 따라서 이표채의 듀레이션은 항상 만기보다 짧다. 앞에서 분석한 3년 만기 이표채의 듀레이션은 2.735년인데 이 채권은 만기가 2.735년인 무이표채와 동일한 속성을 갖는다. 무이표채는 현금흐름이 만기일에만 발생하므로 만기일까지 보유하는 투자자는 어떤 종류의 리스크에도 노출되지 않는다. 따라서 만기 3년인 이표채를 2.735년만 보유하면 일정한 조건에서 금리변동에 따른 리스크에 전혀 노출되지 않는다. 따라서 듀레이션 기간만큼 이표채를 보유한다면 일정한 조건에서 시장이자율이 변해도 채권가격과 재투자 수익률에 미치는 상반되는 영향이 서로 상쇄되어 순 효과를 영(zero)으로 만드는 것이 가능하지만, 만기일까지 보유하면 가격이 하락할 리스크는 없으나 재투자 수익률 리스크에 노출된다. 네 번째, 액면 이자율이 낮을수록 듀레이션은 길어진다, 그 이유는 액면 이자율이 낮을수록 만기 가중치, 즉 원금의 현재가치가 상대적으로 크기 때문이다. 다섯 번째, 액면 이자율과 만기가 고정되어 있고 시장이자율이 높을수록 듀레이션은 짧아진다. 그 이유는 시장이자율이 상승하면 먼 미래 현금흐름의 현재가치가 상대적으로 더 많이 감소하여 즉, 가중치가 감소하여 듀레이션은 짧아지게 된다.

3) 채권 VaR

앞에서 채권의 가격변화율과 듀레이션의 관계를 다음과 같이 유도하였다.

채권가격의 변화율 $(\frac{\Delta P}{P})$= - 수정듀레이션(MD)×시장금리변화율(Δr)

위 식의 좌변과 우변에 변동성(σ)을 취하면 수익률과 가격변화율의 변동성은 다음의 관계가 성립됨을 알 수 있다.

$$\sigma\,(\frac{\Delta P}{P})=MD\times\sigma\,(\Delta r)$$

따라서 채권 VaR 산출식은 위의 식을 이용하여 다음과 같이 유도할 수 있다.

채권 VaR = Exposure × 신뢰 계수 × 수정 듀레이션 × 시장금리 변동성

예를 들어, 만기 3년, 연 1회 액면 이자율 8% 지급, 액면가 10,000원, 만기수익률 10%인 채권이 있다고 하자. 또한, 직전 1년간 3년 만기 국고채금리의 일일 변동성은 0.45%이다. 채권의 듀레이션은 공식에 따라 계산하면 2.78년이다. 만약 이 채권에 100억 원 투자했다면 채권 VaR는 공식에 따라 다음과 같이 계산할 수 있다.

채권 VaR = 100억원 × 2.33 × $\frac{2.78}{1.1}$ × 0.45% = 2억 6천 5백만원

따라서 100억 원의 채권에 투자하면 최대 2억 6천 5백만 원의 손실이 예상된다.

제3절 펀드 투자 리스크 관리

1. 펀드 투자의 기초

1) 펀드의 정의

흔히 증권투자는 직접투자와 간접투자로 구분된다. 직접투자는 투자자 자신의 판단과 책임하에 주식, 채권, 파생상품, 부동산 등에 투자하는 것을 의미하고, 간접투자는 자신의 여유자금을 전문투자자에게 맡겨 운용하게 하는 것을 말한다. 전문투자자는 여러 투자자의 자금을 모아 투자하고 수익을 추구하는데, 투자를 위해 모인 자금을 펀드라 하며 이 펀드가 투자되는 시장을 펀드 시장이라 한다. 펀드 투자성과는 펀드매니저의 중개를 통한 해당 자산운용사의 운용실적에 달려있다. 결국, 운용의 키는 펀드매니저에게 달린 셈이고 그런 수고의 대가로 펀드투자자는 운용수수료를 기꺼이 부담한다.

2) 주요 펀드 유형

(1) 적립식 펀드

이는 은행의 정기적금처럼 매월 일정액을 적립하는 형태로 자금 납입 방법에 따라 정액적립식과 자유적립식으로 나뉘며, 주로 주식형, 채권형, 혼합형으로 구분된다. 주식형은 투자재산의 60% 이상이 주식으로 운용되는 경우이다. 또한, 혼합형의 경우 주식 비중이 50% 이상이면 주식혼합형이라 한다. 적립식 펀드가 인기를 끈 이유는 매입 단가 평준화 효과(Cost Averaging Effect)가 있기 때문이다. 이는 기간마다 일정 금액을 투자하면 주가의 상승과 하락에도 불구하고 평균매입 단가가 평준화된다는 것을 의미한다. 예를 들어, 다음 표는 어느 특정 종목의 주가가 1월에 1,000원, 2월에 1,500원, 3월에 1,000원, 4월에 500원으로 변동하였다고 가정하고 이 종목을 매월 100주씩 매입한 경우와 매월 100,000원씩을 투자한 경우의 평균매입 단가이다. 결과는 4개월 동안 A, B가 동일하게 400,000원을 투자하였으나, A는 1주당 1,000원, B는 1주당 857원으로 매입한 결과이고, 5월에 주가가 다시 1,000원으로 회복한 후 A는 수익률이 없지만, B는 16.5%의 수익이 발생한다.

〈표〉 매입 단가 평준화 예시

월	기준가격 (1주당)	동일 수량 매입 시(A)		동일 금액 매입 시(B)	
		매입주식 수	매입 금액	매입 금액	매입주식 수
1월	1,000원	100주	100,000원	100,000원	100주
2월	1,500원	100주	150,000원	100,000원	66.6주
3월	1,000원	100주	100,000원	100,000원	100주
4월	500원	100주	50,000원	100,000원	200주
합계		400주	400,000원	400,000원	466주
평균매입단가(1주당)		1,000원		857원	
5월	1,000원	매도 시 수익률 0%		매도 시 수익률 16.5%	

출처: 서영수, 「투자 리스크 관리 길잡이」, 2013, p.299

(2) 인덱스펀드

이는 사전에 정하여진 규칙에 따라서 운용되는 펀드로 운용 목표가 비교지수인 인덱스 수익률과 유사한 수익률을 실현하는 데 있으며, 대표적인 상품 유형은 KOSPI 200 등 주가지수를 추적하는 주식인덱스 펀드, 곡물과 금속 등 실물자산 선물지수를 추적하는 실물자산인덱스 펀드, 채권인덱스를 추적하는 채권인덱스 펀드 등이 있다. 또한, 한꺼번에 여러 종류의 주식을 대량으로 매매하기 때문에 시장가격에 영향을 줄 수 있으며, 이의 효율적인 구성을 위해 프로그램을 이용하여 거래한다. 한편, 시장수익률과 인덱스펀드 수익률이 일정규모 이상의 괴리가 발생하면 이 펀드를 재구성토록 자동 설계되어 있다. 이의 장점은 종목을 일일이 개별적으로 분석하지 않고도 시장수익률을 확보할 수 있다는 점과 운용이 투명하다는 점, 지수대비 수익이 낮을 가능성이 적다는 점 등이다. 한편, ETF(Exchange Traded Fund)는 상장지수펀드로 인덱스펀드를 거래소에 상장시켜 주식처럼 거래할 수 있는 금융상품이다. 이는 여러 종목을 한꺼번에 매수하는 것과 같은 효과를 내며, 간단히 ETF는 거래형 인덱스펀드라고 할 수 있다.

(3) 헤지펀드

헤지펀드는 차입, 공매도를 사용하면서 투자대상에 제한이 없이 고수익을 추구하고, 상당한 성과보수를 부과하고 종종 펀드 운용자 자신이 투자하면서 정기적 환매를 허용하고, 일반 공모펀드에 부과되는 규제를 회피하기 위해 사모로 발매되는 펀드이다. 헤지펀드는 '투자이익의 극대화, 비용의 최소화, 위험의 민감화'라는 3대 원칙에 따라 다양한 투자기법을 구사하며 다음과 같은 특징이 있다. 첫째, 레버리지를 이용하고, 대규모 매도포지션을 과감히 보유하는 등 이익 극대화를 위해 High Risk - High Return의 적극적인 전략을 구사한다. 둘째, 투자전략이 자산구성이나 투자시장 선택보다는 실현 가능한 성과에 중점을 두고 있어 높은 성과보수를 추구한다. 셋째, 공매도, 파생상품 거래 등을 활용하여 시장위험을 회피할 수 있는 헤지 기법을 병행하기도 하며, 차익거래를 통해 시장 상황과 관계없는 투자수익을 추구하기도 한다. 한편, 헤지펀드는 마진콜이 있을 때 증거금 부족분을 보전하기 위해서 기존에 투자한 자산을 회수하는데 이를 디레버리지(Deleverage)라 한다. 만일 이 과정에서 신용경색이나 금융위기 조짐이 발생하면 주가와 부동산가격이 하락하여 전체 금융시장에 충격이 온다.

2. 펀드 투자 리스크 관리지표

1) 변동성

변동성이란 연평균수익률에서 벗어나는 정도를 나타내는데 이는 과거 수익률 부분에서 연평균수익률이 매년 얼마나 고르게 나왔느냐는 것이다. 예를 들어 A 펀드와 B 펀드가 연평균수익률이 연 9%로 같다고 하지만 최근 5년 동안의 매년 수익률을 비교해 보면 다음 〈표〉와 같다. 분석 결과 A 펀드와 B 펀드의 연평균 9%가 나오는 과정이 다르다. A 펀드는 매년 수익률의 편차가 컸지만, B 펀드는 매년 고른 수익률을 보이며 연평균 9%의 수익률을 기록했다. 이런 경우 지금 투자하여 1년 뒤에 9%의 수익률을 올릴 가능성이 큰 펀드는 당연히 B 펀드이다.

수익률	A 펀드	B 펀드
1년 전	-2%	8%
2년 전	11%	10%
3년 전	-5%	9%
4년 전	5%	8%
5년 전	36%	10%
평균	9%	9%

2) 벤치마크 초과수익률

이는 특정 펀드의 일정 기간 운용수익률을 액면 그대로 평가하는 것이 아니라 비교의 기준을 설정하여 운용수익률을 상대적으로 비교하는 것이다. 예를 들어 A 펀드 과거 6개월 수익률이 -10%, 동 기간 코스피(KOSPI) 지수 수익률이 -20%라 하자. 이는 A 펀드가 상대적으로 10% 정도 운용을 잘했다고 하고 벤치마크 초과수익률이 우수하다고 한다. 따라서 벤치마크 초과수익률이 우수한 펀드를 고른다면 해당 리스크를 최소화하면서 적정 투자수익률을 기대할 수 있다.

3) 베타

베타는 펀드수익률을 지수상승률로 나눈 것이다. 예를 들어, 펀드수익률이 12%이고 주가지수는 10% 상승했다면 베타는 1.2이다. 반대로 펀드수익률이 8% 하락했는데 주가는 10% 떨어졌다면 베타는 0.8이다. 통상 베타가 1 이하이면 주가지수보다 수익률 변동이 적다는 의미이고, 1 이상이면 주가지수보다 수익률 변동이 크다는 의미이다. 일반적으로 베타 계수 〉 1이면 공격적 형태, 베타 계수 〈 1이면 방어적 형태이다.

4) 샤프 비율(Sp; Sharpe Ratio)

이는 간단히 투자수익률 대비 변동성 비율을 의미하며, 투자 기간에 위험의 1단위당 무위험 이자율을 초과 달성한 포트폴리오 수익률을 나타내며, 이것이 높을수록 위험을 고려한 후 투자성과가 좋았음을 의미한다. 즉, 위험 1단위당 어느 정도 보상받았는가 하는 위험 보상률을 의미하며 이 지수가 크면 클수록 우수한 것으로 평가한다. 이의 산출식은 다음과 같다.

$$S_P = (\frac{R_P - R_f}{\sigma_P}) = \frac{포트폴리오평균수익률 - 무위험평균이자율}{포트폴리오수익률의표준편차}$$
여기서 $R_P - R_f$ = risk premium

예를 들어 다음과 같은 세 종류의 펀드가 있다고 하자. 리스크를 고려하지 않으면 E 펀드가 17% 수익률로 가장 우수하다. 그러나 리스크를 고려한 샤프 비율을 계산해 보면 F 펀드가 0.5로 가장 높다. 따라서 F 펀드를 선택하는 것이 유리하다고 볼 수 있다.

〈표〉 펀드성과평가

Fund	연평균수익률	표준편차	샤프 비율
D	0.13	0.18	0.278
E	0.17	0.25	0.360
F	0.15	0.14	0.500

단, 무위험 수익률 = 0.08%

제4절 파생상품투자 리스크 관리

1. 파생상품 투자의 기초

1) 파생상품의 의의

파생상품은 실물자산(농산물, 비철금속, 귀금속, 에너지 등), 금융자산(통화, 주식, 채권 등)과 같은 여러 기초자산(underlying asset)의 미래 가격을 현재 시점에서 결정한 후 미리 정해진 조건에 따라 계약이 이루어지는 상품이다. 이 중 금융자산만을 기초자산으로 하면 파생금융상품(financial derivatives)이 된다. 파생상품은 본 거래에서 파생된 거래라는 의미로, 원래 본 거래에 내재한 리스크를 줄이기 위해 도입되었다. 예를 들어 원자재로 구리를 계속 사들여야 하는 전선 제조회사가 있다고 하자. 이 회사는 구리가 주원료인 제품을 만들기 때문에 구리 가격의 변동에 따라 원가도 변동된다. 만약 회사가 구리 가격의 오르내림에 따라 고객에게 받는 제품가격을 마음대로 조정할 수 있으면 구리 가격이 변동되더라도 회사가 손실을 볼 위험은 없다. 그러나 현실적으로 구리 가격변동에 따른 원가 변동을 제품가격에 바로 반영시키지 못하는 경우가 대부분이다. 따라서 구리 가격이 오르면 회사는 이익이 줄거나 손해를 보게 되며, 반대로 구리 가격이 내려가면 이익이 늘어난다.

다행히 이익이 늘어나면 좋지만, 이익이 줄거나 손해를 볼 때 회사에 치명적일 수 있다. 이를 피하고자 회사는 구리납품 회사와 미래의 일정 기간 구리 가격을 미리 확정해놓는 계약을 맺고 싶어 한다. 한편, 구리납품 회사 측에서는 전선 제조회사와는 반대되는 상황의 위험에 직면케 된다. 즉 구리 가격이 오르면 이익을 보고 구리 가격이 내려가면 손해를 보게 된다. 이런 상황에서 일정 기간 정해진 가격의 납품계약이 성사되면 양측 모두 구리 가격변화에 상관없이 일정한 이익을 유지할 수 있게 된다. 전선 제조회사 입장에서는 갑자기 오른 구리 가격으로 인해 원가가 급격히 올라 치명적 손실을 보게 될 가능성을 없애고, 구리납품 회사로서는 갑자기 구리 가격이 내려가 발생할 손실 가능성을 없앨 수 있다. 이 사례처럼 전선 제조회사와 구리납품회사가 서로의 치명적 손실을 줄이고자 정해진 조건으로 장기계약을 미리 할 수 있다면 가격변동의 위험을 줄일 수 있다. 그러나 양측의 조건이 맞지 않아 어느 한쪽에서라도 장기계약에 동의하지 않으면 가격변동의 위험은 사라지지 않는다. 이렇게 당사자 간 장기계약이 성립되지 않을 때는 제3의 기관이 개입해 가격변동의 위험을 떠안고 그 대가로 수수료를 받는 금융수익 모델이 생겨났다. 이렇게 본 계약의 위험을 떠안고 그 대가를 받는 상품을 파생상품이라 한다. 따라서 파생상품은 다른 금융상품에 비하여 위험하다. 또한, 파생금융거래는 거래상대방의 채무불이행 위험이 크고, 거래구조가 복잡하여 투기적 거래에 대한 내부통제가 이루어지지 않을 경우, 대형기관이라도 쉽게 재무적 어려움에 부닥칠 가능성이 크다.

한편, 파생거래는 기초자산에 바로 투자하는 것보다 간편하며, 소액의 증거금 또는 프리미엄만으로 거래할 수 있으므로 수익과 손실 변동 폭이 아주 높다. 가격 1point당 50만 원인 주가지수선물의 예를 들어보자. 만일 어떤 투자자가 선물가격 100포인트일 때 주가지수선물 1계약에 매수포지션을 취하였다면 그는 100 ×50만 원 = 5,000만 원에 해당하는 포지션을 취한 셈이다. 이를 액면 금액이라 한다. 그러나 투자자는 이 돈의 15%만 초기증거금으로 납부하면 주문을 내고 포지션을 취할 수 있다. 즉, 5,000만 원 거래하는데 15% × 5,000만 원 = 750만 원만 있으면 된다. 따라서 5,000만 원 기준으로 10% 수익 즉 500만 원의 수익이 발생하면 이 투자자는 사실상 $\frac{500만원}{750만원} \times 100 = 66\%$ 의 수익을 올린 것이다. 반대로 -10% 손실이 발생하면 역으로 -66% 손실이 발생한다. 이를 레버리지 효과라고 한다. 또한, 옵션거래는 초기증거금 없이 권리금[4]만 납부하면 되므로 선물거래보다 더 소액으로 해당 포지션을 취할 수 있다. 따라서 레버리지 효과가 선물거래보다 훨씬 크다. 파생상품은 여러 계약 형태를 이용하여 기초자산만으로 불가능한 다양한 포트폴리오를 구성할 수 있으며, 고수익형 투자자 또는 안정적인 투자자 등 투자자별로 원하는 욕구를 충족시켜준다.

2) 파생상품의 가격 결정

파생상품은 남의 위험을 떠안고 그에 대한 대가를 받는 상품이기 때문에 위험 가능성에 대한 정확한 예측이 관건이다. 예측을 잘못해서 위험부담에 대한 보상을 제대로 받지 못하면 파생상품회사의 손실로 연결되며, 이런 계약이 많으면 부도나기까지 한다. 다시 전선 제조회사의 예로 돌아가 보자. 현재 회사의 생산원가 상 구리 가격이 1톤에 1,000달러로 설정되었고, 1톤의 구리로 전선을 만들면 1,100달러의 가격으로 판매할 수 있다. 회사가 한 달

---

4 보통 해당 기초자산의 변동성만큼 계산한다.

에 1만 톤의 구리로 전선을 만들어 판매한다고 하면 회사는 한 달에 1,100만 달러의 매출을 올리고 구리 구입 대가로 1,000만 달러를 지급해서 100만 달러의 이익을 얻는다. 그런데 어느 달에 구리 가격이 1톤당 1,200달러로 오르면 생산원가에서 구리가 차지하는 금액이 1,000만 달러에서 1.200만 달러로 올라 100만 달러의 손실이 발생한다. 회사는 내부비용을 고려할 때 구리 가격이 올라도 견딜 수 있는 한계 수준이 있다. 예를 들어 구리 가격이 1,100달러 이상이면 회사가 심각해진다고 해보자. 그러면 회사는 구리 가격이 1,100달러 이상 오르더라도 1,100달러에 구리를 살 수 있는 계약을 맺고 싶어 한다. 이때 그러한 파생상품을 파는 금융기관은 회사에 구리 가격이 아무리 오르더라도 1,100달러에 구리를 살 수 있는 계약을 한다. 그러면 회사는 손실을 볼 위험을 제거할 수 있게 된다. 한편, 파생상품을 판매한 금융기관은 만약 구리 가격이 1,100달러를 넘어가면 1,100달러 이상의 가격에 구리를 사서 회사에 1,100달러에 넘겨야 하는 손실의 위험을 안게 된다. 따라서 금융기관은 이 위험에 대한 보상으로 회사에 수수료를 요구하는데 이를 리스크 프리미엄(risk premium)이라 한다. 리스크 프리미엄은 금융기관이 예상하는 구리 가격 인상 가능성, 즉 확률에 의해 정해진다. 만약 구리 가격이 1,100달러를 넘어설 확률이 매우 높으면 파생상품을 판 금융기관의 위험이 커지기 때문에 리스크 프리미엄이 커지고, 반대로 확률이 낮으면 리스크 프리미엄은 작아진다. 예를 들어 금융기관이 구리 가격이 1,100달러를 넘어서 1,200달러가 될 가능성이 50%라고 가정했다고 하자. 전선제조회사가 1만 톤에 대한 구리 가격을 1,100달러로 확정하는 파생상품 계약을 한다고 하면 금융기관의 예상 손실은 1,200달러에서 1,100달러를 뺀 100달러의 1만 배인 100만 달러가 된다. 그런데 1,200달러가 될 확률이 50%이므로 100만 달러의 50%인 50만 달러가 금융회사의 기대손실이다. 그러면 금융기관은 회사에 대해

50만 달러 이상의 리스크 프리미엄을 수수료로 받고자 한다. 그렇지 않으면 계약이 성사되지 않는다.

3) 파생금융상품의 분류

(1) 거래목적별 분류

첫째, 투기거래(Speculation)이다. 이는 파생금융상품 자체의 수요와 공급을 예측하여 수익을 실현하고자 하는 거래로 일종의 방향성 맞추기 게임처럼 수익과 손실의 보상 관계가 극명하게 드러난다. 투기거래자는 현물과 상관없이 파생금융시장에서 가격변동의 위험을 감수하면서 자기 책임하에 시세차익을 추구하는 사람이며, 파생금융시장에서 이들의 존재와 역할은 매우 중요하다. 즉, 시장 유동성을 제공하고 시장정보를 분석하면서 헤지의 위험을 인수하는 거래상대방 역할을 수행한다. 이러한 투기거래자는 보유 기간에 따라 초단기거래자(Scalper), 일일 거래자(Day Trader), 포지션 거래자(Position Trader)로 구분한다. 둘째, 헤지거래(Hedge)이다. 이는 단기, 중기적으로 현물거래의 손실을 헤지하기 위한 파생금융거래를 말한다. 셋째, 차익거래(Arbitrage)이다. 이는 현물과 선물가격 간의 차이(베이시스)가 이론적인 수준을 벗어날 때 가격 차를 노린 거래를 말한다. 넷째, 스프레드 거래(Spread)이다. 이는 결제월 간 선물 혹은 옵션 간의 가격 차를 노린 거래로 한쪽은 매수, 한쪽은 매도포지션으로 수익을 추구하는 거래를 말한다.

(2) 거래유형별 분류

우선 선도거래(Forward)를 들 수 있다. 이는 특정 상품을 미래의 일정 시점에 미리 정한 가격으로 매매하기로 현재 시점에서 합법적으로 계약하고 그 일정 시점에 매매가 완료되는 거래로 장외거래(over the counter, OTC, 알아서 자유롭게 마음대로) 시장이다. 이의 장점은 거래자의 필요에 따라 자유롭게 계약 내용을 조정할 수 있고, 선물계약이 없을 경우 이를 대처하는 역할을 수행하는데 주로 기업들이 외환 리스크를 관리하는 데 이용한다. 두 번째 선물거래(Future)이다. 이는 표준화된 특정 상품을 제도화된 시장에서 미래의 일정 시점에 미리 정한 가격으로 매매하기로 현재 시점에서 합법적으로 약속하는 거래로 선도거래와 대부분 유사하나 가장 큰 차이점은 장내거래이며 거래상품이 표준화되어 있다는 것이다. 세 번째 스왑거래(Swap)이다. 통상 스왑거래는 주로 채권시장과 외환시장에서 서로 다른 금융상품을 통합시켜주는 시장 간의 교량 역할을 한다. 대표적인 스왑거래로 이자율스왑과 통화스왑이 있다. 스왑 초기에는 은행은 각 스왑거래자를 연결하는 중개역할을 하고, 그 대가로 수수료를 받았는데 그 규모가 커지면서 은행이 스왑 딜러 역할을 직접 하게 되어 유동성이 확대되는 추세이다. 네 번째, 옵션거래(Option)이다. 이는 미래의 특정 일자에 현재 약정한 가격으로 거래대상 상품을 사거나 팔 수 있는 권리를 사고(콜옵션)파는(풋옵션) 계약을 말한다. 옵션권리를 행사하기 위해서는 상대방에게 옵션 프리미엄이라는 대가를 지불해야 한다. 따라서 옵션매수자는 프리미엄만 지불하면 되며, 증거금을 납부해야 하는 선물보다 위험을 간단하게 관리할 수 있게 된다. 그러나 그만큼 레버리지 효과가 크고 위험도 커진다. 예를 들어, A 회사의 주가가 현재 10만 원이고 11만 원에 그 주식을 살 수 있는 1개월 만기 콜옵션이 5,000원이라면, 100만 원을 가진 투자자가 투자하는 방법은 다음 두 가지가 있다. (단, 거래비용과 배당은 무시) 첫째, 주식 10주를 산다. 한 달 후 주가가 15만 원이 되면 투자자는 50%의 수익을 얻게 된다. 반면, 한 달 후 주가가 5만 원으로 하락하면 50% 손실을 보게 된다. 둘째, 콜옵션 200개를 산다. (200x5,000원=100만 원, 문제를 단순화하기 위해 옵션 1계약을 주식 1개로 가정) 한 달 후 주가가 15만 원으로 오르면, 1주당 4만 원의 차익이 생기므로 800만 원의 이득이 생긴다. 즉 수익률은 (800만 원-100만 원)/100만 원=700%가 된다. 반면 주가가 10만 9,000원이 되면, 주가가 행사가격 11만 원 이하이므로 옵션은 휴짓조각이 되고 수익률은 -100%가 된다. 결론적으로 옵션은 적은 자본으로 고수익을 창출할 수 있는 반면, 그만큼 리스크도 커지는 레버리지 효과를 갖는다. 특히 한국 옵션 시장에서 대박을 노리는 개미투자자들이 주로 쓰는 방법이 이런 '몰빵 매수'이다. 옵션거래에서 옵션매수자의 가격변동에 따른 수익은 약정 가격과 실제 가격의 차이에 따라 무한대로 커질 수 있으나, 손실은 옵션 프리미엄만큼 한정된다. 반면, 옵션매도자의 가격변동에 따른 수익은 옵션 프리미엄에 국한되지만, 손실은 무한대로 커질 수 있다. 결국, 옵션매도자는 옵션 프리미엄을 받고 거래상대방에게 사거나 팔 권리를 제공함으로써 손실 위험을 무한대로 감수하는 위험선호자(Risk Taker)가 된다. 한편, 옵션은 적절히 활용하면 안정적인 수익을 창출하는 수단이 될 수 있다.

2. 주요 투기성 거래 유형

1) 마진거래

마진거래란 간단하게 투자금을 빌려서 거래하는 것으로 공매수와 공매도로 나뉜다. 공매수(롱 포지션)는 거래소에서 돈을 빌려 매수하는데 해당 가격이 상승하면 수익이 발생한다. 반대로 공매도(숏 포지션)는 거래소에서 해당 자산(주식, 코인 등)을 빌려 먼저 매도하는데 해당 가격이 하락하면 수익이 발생한다. 주로 해당 투자대상의 가격이 하락할 것을 예상할 때 거래하는 전형이다. 대표적으로 FX(Foreign Exchange) 마진거래를 들 수 있다. FX 거래는 종전의 은행이나 대규모 거래자만이 참여하던 외환딜링 거래를 외화증거금 방식을 통해 레버리지를 높여 소규모 거래자들도 거래할 수 있도록 설계된 외환 파생상품이다. 이는 외환거래에서 주로 헤지거래로 활용되었던 선물환거래가 투기수단으로 변질한 전형적인 사례이다. 예를 들어 3개월 미국달러 선물환율이 1,300원일 때 어느 투기자가 3개월 후 현물환율이 1,400원으로 상승할 것으로 예상하고 3개월 선물환을 매입한다고 하자. 이 경우 예측이 적중되면 3개월 후에 달러당 1,300원에 달러를 사서 1,400원에 팔 수 있으므로 달러당 100원의 이익을 얻을 수 있다. 그러나 예측이 빗나가면 이 투기자는 고스란히 손실을 보게 된다. 두 번째로 가상화폐 마진거래가 있다. 이는 투자자가 거래소에 증거금을 예치하고 비트코인 가격의 시세를 예측해 돈을 거는 투자 방식을 의미한다. 이러면 투자자는 가상자산에 공매수(가격이 오른다는 예측)나 공매도(가격이 내려간다는 예측)를 할 수 있는데, 예측이 맞는다면 큰돈을 벌 수 있지만, 예상이 빗나가면 거액의 돈을 잃을 수 있다. 만약 투자한 자본금만큼 손실이 발생하면 마진콜이라는 강제청산을 당한다.

2) 레버리지/인버스 ETF 거래

(1) 레버리지 ETF

시장이 10% 상승하면 레버리지 ETF는 20% 상승한다. 하지만 반대로, 10% 하락하면 20% 손실이 날 수 있기 때문에 위험을 무시할 수 없다. 이는 주로 주식과 파생상품인 선물로 조립되어 설계된다. 레버리지 ETF 투자를 통해 수익이 나면 투자자들은 수익을 자랑하기 마련이다. 하지만 손실이 날 때는 아무도 이야기하지 않는다. 그래서 레버리지 ETF를 투자하면 전부 이익이 나는 것처럼 착각하기 쉬운데 절대 그렇지 않다.

(2) 인버스 ETF

인버스 ETF란 시장이 하락할 때 반대로 상승하는 ETF이다. 예컨대 '인버스 2X'는 2배의 인버스 레버리지로 시장이 1% 하락할 때 2% 상승하는 상품을 말한다. 이의 구조는 레버리지 ETF와 비슷하게 선물로 구성되는데 선물 매도 포지션을 가지고 있다는 점이 특징이다.

제10장

가상자산의
리스크 관리

제1절 블록체인

1. 의의

블록체인은 P2P(Peer to Peer) 네트워크를 통해서 관리되는 분산 데이터베이스의 한 형태로 거래정보를 담은 장부를 중앙서버 한 곳에 저장하는 것이 아니라 블록체인 네트워크에 연결된 여러 컴퓨터에 저장 및 보관하는 기술이다. 간단히 장부 기록 기술이라 할 수 있다. 일반적으로 장부는 거래하는 사람들이 직접 기록하는 것이 아니라 장부를 기록하는 사람들이 따로 있기 마련이다. 그런데 블록체인에서는 거래를 기록하는 데 제3자가 참여하지 않는다. 대신 블록체인 거래에 참여하는 당사자들이 거래기록을 블록으로 만들어 다른 거래기록들과 연결해 사슬 형태로 만든다. 이렇게 거래를 기록하는 행위를 채굴이라고 부른다. 그런데 거래를 기록하는 데는 시간과 노력이 필요하고 이것이 바로 블록체인 플랫폼을 유지하는 비용인 셈이다. 이 시간과 노력에 대한 보상으로 새로운 코인을 지급하기 때문에 마치 새로운 코인을 캐내는 것처럼 보여 채굴이라고 부르기 시작했다. 한편, 채굴이라는 단어가 회자하면서 '비트코인은 디지털 금'이라는 주장들이 나오기 시작했다.

2. 주요 특징

특징	내용
탈중앙화 (분산성)	• 제3자 또는 중개인 없이 개인, 법인 등이 직접 거래 가능 • 중앙집중형 시스템의 구축, 운영, 유지보수 비용 절감 가능
보안성과 투명성	• 거래 기록과 블록 데이터를 플랫폼에 참여하는 모두가 공동으로 소유하고 기록하기 때문에 거래기록의 조작이 어렵고 누구나 확인 가능
익명성	• 개인정보 없이 거래가 가능하므로 익명성이 보장되나, 특정 금융거래정보의 보고 및 이용 등에 관한 법률 시행 이후 거래소에서 거래하기 위해서는 익명성이라는 특성은 포기해야 함
안정성	• 분산형 네트워크로 구성되어 있어서 1개의 네트워크가 손실되어도 지속해서 운영 가능

출처: 홍기훈, 「NFT 미래 수업」, 한국경제신문, 2022, p.77

제2절 가상자산

1. 의의

가상자산이라는 용어는 암호화폐의 화폐라는 단어가 대중에게 잘못된 인식을 주지 못하게 하도록 FATF에서 각국에 암호화폐 대신 사용하도록 추천한 단어이다. 대부분 국가는 FATF의 추천에 따라 가상자산이라는 단어를 사용하고 있으나 일본은 암호자산이라는 용어를 쓰고 있다. FATF(Financial Action Task Force)는 자금세탁 방지 차원에서 결성한 조직으로서 파리에 본부를 두고 있다. 우리나라도 FATF의 회원국이며 2021년 현재 36개국의 회원이 있으며 FATF의 권고문은 회원국에는 법령에 해당하는 효력을 지닌다. 한편, 가상자산을 만든다는 것은 디지털 목적물을 주고받는 내역을 기록할 수 있는 네트워크 프로그램을 만든다는 의미이다. 이러한 프로그램은 비트코인을 포함해 통상 그 소스 코드가 아주 공개돼 있다. 따라서 누구나 이용할 수 있으며 때에 따라 자신의 입맛대로 바꿀 수도 있다. 그러므로 프로그래밍 자체의 부담은 별로 없다. 정작 힘든 것은 생성된 가상자산이 원활하게 운용될 수 있는 생태계, 즉 네트워크 참여자를 구성하는 일이다. 이는 웹사이트 구축은 어렵지 않으나 일정규모 이상의 방문자를 모으는 것은 지극히 힘든 것에 비유할 수 있다. 이러한 점을 간파한 이더리움 재단은 별도의 네트워크를 구축하지 않고도 기존의 암호화폐와 거의 동일한 기능 즉, 발행, 이전 등이 가능한 새로운 방식을 제시했는데 바로 이더리움의 스마트 콘트랙트(Smart Contract)를 이용하여 가상자산을 발행하는 방법이다. 또 이더리움은 두 가지 표준적 스크립트 탬플릿을 만들어 각각 ERC-20과 ERC-721이란 명칭을 부여했고 이를 자체적으로 네트워크를 구축하고 있는 다른 암호화폐와 구분하기 위해 토큰이라는 별칭을 사용하기 시작했다. 즉 가상자산은 자체 네트워크를 구축한 것을 지칭하고 토큰은 자체 네트워크 없이 프로그램으로만 작동한다는 의미로 구분했다.

* ERC(Ethereum Request for Comment)-20: ERC-20은 이더리움에서 만든 암호화폐 발행 프로그램의 표준이며 기본 탬플릿과 함께 제공되어 숙련된 전문가의 경우 10분 정도면 새로운 암호화폐를 만들 수 있을 정도로 간단하다.

* ERC-721: ERC-20이 일반 화폐와 유사하게 그 액면으로 가치가 결정되는 것에 비해 ERC-721은 각각이 고유물이며 그 가치가 모두 달라 대체 불가능 토큰으로 불린다. 예를 들어, 모든 1만 원권은 액면으로 서로 완전히 대체할 수 있지만, 액면을 없애고 각각을 고유물로 구분하기 시작하면 그 가치를 완전히 대체할 수 없다는 의미이다.

2. 스마트 콘트랙트와 토큰(Token)

스마트 콘트랙트의 기본 로직은 간단하게 ① 입금계약 체결 --〉 ② 조건 충족 --〉 ③ 이행(송금 완료)의 구조이다. 예를 들자면 자판기와 비슷하다. ① 일단 돈을 넣고 ② 원하는 음료를 고르면 ③ 상품이 나온다. 핵심은 조건이 충족되지 않으면 계약이 체결되지 않는다는 것이다. 이를테면 콜라가 먹고 싶어서 자판기에 1,000원을 넣었다고 가정해보자. 그런데 알고 보니 콜라 가격이 1,500원이다. 버튼을 아무리 눌러도 콜라는 나오지 않는다. 계약은 체결되지 않았고 자판기는 1,000원을 다시 내뱉는다. '자판기가 1,000원을 꿀꺽하면 어떡하지'라는 걱정은 안 한다. 자판기와 계약을 신뢰하기 때문이다. 이는 신뢰가 부족한 중고거래에도 적용할 수 있다. 예를 들어 A 씨가 B 씨에게 10만 원짜리 신발을 사기로 했다고 해보자. 자판기 때와는 달리 A 씨는 'B 씨가 돈만 꿀꺽하고 신발을 안 보내면 어떡하지'라는 걱정을 한다. 하지만 이더리움으로 결제하면 걱정이 없다. A 씨는 ① 10만 원어치 이더리움을 B 씨에게 송금하고 ② B 씨로부터 신발이 도착하면 ③ 결제가 완료되게끔 계약을 설정한다. 신발이 도착하지 않으면, 즉 조건이 성립하지 않으면 결제가 되지 않는다. 또 스마트 콘트랙트는 사물인터넷과 연동도 가능하다. 예를 들어 ① 쿠팡에 3만 원어치 이더리움을 송금 ② 세탁기에 세제가 떨어진 것을 센서가 인식 ③ 세제가 떨어지면 쿠팡에 세제를 자동 주문·결제한다. 이처럼 계약 조건과 내용은 자유롭게 설정할 수 있다.

3. 가상자산(코인)의 종류

대부분 코인은 기능에 따라 크게 세 종류, 즉 플랫폼 코인, 유틸리티 코인 그리고 거래용 코인으로 구분된다.

1) 플랫폼 코인; 운영체제

간단하게 플랫폼 코인은 구글의 안드로이드나 애플의 IOS 같은 운영체제로 보면 되며 이들의 역할은 유틸리티 코인이 잘 구동할 수 있도록 판을 깔아주는 것이다. 따라서 플랫폼코인 고객은 대부분 유틸리티 코인개발자이다. 만약 당신이 개발자라고 가정해보자. 어떤 플랫폼을 선택하겠는가? 될 수 있으면 많은 사람이 쓰는 플랫폼, 또 비용이 저렴하고 속도가 빠른 플랫폼을 선택할 것이다. 따라서 플랫폼 코인에 중요한 것은 거래 시 수수료가 얼마나 저렴한지, 처리 속도가 얼마나 빠른지 등이다. 그러므로 플랫폼 코인에 투자하기 전에 먼저 그 위에서 작동하는 유틸리티 코인이 몇 개나 되는지 살펴볼 필요가 있다. 플랫폼 코인 생태계 규모에 따라 해당 코인이 많으면 많을수록 해당 플랫폼 코인은 좋은 평가를 받을 가능성이 크다. 현재 플랫폼 코인의 대표주자는 역시 이더리움(ETH)이다. 때때로 이더리움 가격이 비트코인(BTC)보다 빠른 상승세를 보이는 이유도 전 세계에서 가장 흔히 쓰이는 플랫폼 코인이기 때문이다. 한편, 돈뿐 아니라 어떤 형태의 거래도 기록할 수 있다는 것이 이더리움과 비트코인의 기본적인 차이다. 자동차도, 부동산도, 콘텐츠도, 게임 아이템도 주고받을 수 있다. 단순 거래뿐 아니라 신원 증명, 의료 데이터 등 수많은 정보를 기록하고 저장할 수 있다.

2) 유틸리티 코인; 애플리케이션

유틸리티 코인은 비슷한 기능과 서비스를 묶어 범주화할 수도 있는데 주식으로 치자면 섹터라 할 수 있다. 즉 금융, 콘텐츠, 사물인터넷, 부동산, 물류, 게임, 통신, 스포츠, 헬스케어 등등 그 종류만 수백 개가 된다. 기본적으로 코인 투자에 앞서 선택한 코인이 어떤 섹터에 포함돼 있는지 살펴보는 것은 대단히 중요하다. 이는 해당 섹터에 호재가 있을 때 코인 가격이 비슷한 방향성을 띠기 때문이다. 또 섹터마다 시가총액이 가장 큰 코인, 이른바 대장주 위주로 투자하는 전략을 세워 볼 수도 있다. 섹터별로 시가총액이 큰 유틸리티 코인을 살펴보면 다음과 같다.

〈표〉 주요 섹터별 코인

분류	주요 코인
콘텐츠	세타(THETA), 코스모스(ATOM), 스팀(STEEM)
탈중앙 금융	유니스왑(UNI), 체인링크(LINK), 에이브(AAVE)
분산 컴퓨팅	인터넷컴퓨터(ICP), 파일코인(FIL), 비트토렌트(BTT)
사물인터넷	아이오타(IOTA), 헬리움(HNT), 이오스트(IOST)
메타버스	디센트럴랜드(MANA), 더샌드박스(SAND)
보안 인증	온톨로지(ONT), 시빅(CVC)
자산 대출	메이커(MKR), 컴파운드(COMP)
물류	비체인(VET)
스포츠	칠리즈(CHZ)
헬스케어	메디블록(MED)

출처: 매경이코노미, 「코린이를 위한 코인의 모든 것」, 매경출판, 2021, p.57

3) 거래용 코인; 결제와 송금

사용자와 거래소 간 코인거래를 위한 거래용 코인은 결제와 송금용 코인이 대부분이며 대표적으로 비트코인을 들 수 있다. 또 비트코인에서 파생한 라이트코인(LTC), 비트코인 캐시(BCH), 도지코인(DOGE) 등도 대표적인 거래용 코인이다. 은행 간 국제 송금 기능으로 주목받는 리플(XRP)도 마찬가지이다. 스테이블 코인도 거래용 코인으로 분류하는데 이는 미국달러나 유로화, 원화처럼 각 정부가 발행한 법정화폐 가격을 추종하는 코인으로 가상자산 시장의 주요 지급결제 수단으로 사용되고 있기에 글로벌 가상자산 거래에서 스테이블 코인을 통한 결제 비중은 상당히 높은 수준이고 주로 일반개인 보다는 대형 전문투자자를 중심으로 이루어지고 있다.

스테이블 코인은 크게 법화자산 담보형, 가상자산 담보형, 알고리즘형의 세 유형으로 구분할 수 있다. 법화자산 담보형은 법화, 예금, 유가증권 등을 준비자산으로 보유함으로써 가치를 고정하는 방식으로, 테더(USDT), USD Coin(USDC), 바이낸스 USD(BUSD), 팍스 달러(Pax Dollar), 제미니 달러(Gemini Dollar) 등이 그 예라 할 수 있다. 가상자산 담보형은 말 그대로 가상자산을 담보로 하여 발행하는 방식으로 DAI가 이 유형에 해당한다. DAI는 18개의 가상자산을 담보로 인정하고 있는데 그중 스테이블 코인인 USD Coin의 비중이 50% 이상으로 가장 크고, 다음으로 이더리움이 10% 내외를 차지하고 있다. 알고리즘형은 프로그래밍이 된 공급량 조절 방식을 통해 가격을 고정하는 방식을 따른다. 동 유형의 스테이블 코인은 테라(Terra)가 대표적인데, 테라는 거버넌스 코인인 루나를 통해 수요와 공급을 조절하는 방식을 이용하였다. 알고리즘형은 2022년 5월에 발생한 테라 사태로 시장의 신뢰를 잃었고, 현재 스테이블 코인 시장 내에서의 비중도 미미한 수준이다. 한편, 2022년 5월에 발생하였던 테라의 붕괴는 스테이블 코인의 대중적인 불신을 초래하는 상당한 위기감을 가지게 된 계기가 되었다. 테라는 시장가격이 1달러 아래로 하락하더라도 1개 테라로 1달러의 가치만큼 루나로 교환되게 함으로써, 두 코인을 이용한 차익거래를 통해 가격이 유지되도록 설계되었다. 하지만, 테라 예치자에 대한 과도한 이자 지급으로 지속가능성에 대한 의문이 커지는 가운데, 2022년 5월 들어 테라와 루나의 대량 매도가 일시에 발생하였다. 그래서 결국 차익거래를 통한 가격 유지 기제가 무력화되면서 테라의 가격은 회복할 수 없는 수준으로 급락하고 사용자들의 원금 회수가 불가능해졌다.

4. 가상자산의 가치평가(Valuation)

1) 전통적인 가치평가 방법

전통적인 밸류에이션 모델은 기본적으로 자산이 창출하는 수익이나 현금흐름에 기반을 두며 크게 절대적 가치평가와 상대적 가치평가로 나눌 수 있다. 절대적 가치평가는 다른 자산과의 비교 없이 오로지 그 자산에 내재해 있는 특성만을 기준으로 평가한다. 대부분은 미래에 기대되는 수익이나 현금흐름을 적정 할인율을 사용하여 현재가치로 전환하는 Discounted Cash Flow(DCF) 방법을 적용한다. 즉 부동산은 미래 월세 수익의 현재가치를, 채권은 미래 이자수익의 현재가치를, 주식 평가 또한 기업의 미래 수익을 현재가치로 할인한다. 한편, 상대적 가치평가는 유사한 자산가격과의 비교를 통해 적정가치를 산정하는 방식이다. 동종업계 회사들의 가치를 P/E ratio 기준으로 비교하는 분석이 대표적이다.

2) 비트코인의 가치평가

투자자산은 모두 가치를 지닌다. 금처럼 내재적 가치일 수도 있고, 중앙정부·기업에 의해 보증된 가치일 수도 있다. 하지만 비트코인은 어떠한 내재적 가치가 없을뿐더러 중앙정부·기업에서도 그 가치를 보증해 주지 않는다. 대중들이 비트코인에 부여하는 가치는 막연한 신뢰라고 볼 수 있으며 그렇기에 언제든지 사라질 수 있다. 반면 비트코인은 기존의 투자자산이 가진 한계점을 극복할 가능성을 지니고 있다. 현금은 인플레이션에 의해 언제든지 가치가 떨어질 수 있으며 은행에 예치된 자산은 위급한 상황에서 정부나 금융권이 강제로 동결할 수 있다. 금과 귀금속 자산은 부피 문제뿐만 아니라 해외로 임의로 반출하는 것이 불가능하다. 빌딩, 토지와 같은 부동산이나 실물자산은 원하는 곳으로 이동할 수가 없다. 기업의 주식은 기업이 망하면 휴짓조각이 될 수 있다. 따라서 비트코인은 아무런 내재적 가치도 없고 누구도 물리적으로 그 가치를 보증해 주지 않지만, 기존 투자자산의 문제점을 극복할 가능성을 제시했고 더불어 블록체인 기반의 독특한 암호 설계방식은 사람들에게 신뢰할 수 있는 자산이라는 인식을 심어주기에 충분했다. 또 비트코인이 세상에 나오면서 전통적인 내재적 가치와 법·제도적 장치에 의한 가치가 아니더라도 다른 방법으로서 가치가 보장될 수 있다는 가능성을 보여주었다. 바로 기술에 의한 신뢰 보장이다.

3) 네트워크 가치분석

인터넷의 발달로 네트워크 비즈니스가 활성화됨에 따라 플랫폼 기업들은 이전과 다른 네트워크 효과가 나타나므로 기존의 내재가치 분석과는 다른 방법이 적용될 수 있으며 가상자산 역시 플랫폼 경제의 특성이 있으므로 네트워크 가치분석의 방법이 준용될 수 있다. 네트워크 가치분석은 노벨경제학상을 수상한 프랑스 장 티롤(Jean Tirole) 교수의 플랫폼 이론, 인터넷의 모체인 이더넷의 개발자 로버트 메트칼프(Robert Metcalf)와 인터넷 기본언어 개발자 데이비드 리드(David Reed)가 제시한 가치평가 방법이다. 한편, 블록체인 또한 네트워크이다. 블록체인 네트워크가 무언가 유용함을 제공해 주고 이를 누리기 위해 사람들은 네트워크에 자발적으로 참여한다. 블록체인 네트워크가 제공하는 유용함은 지금까지 인터넷상에서 불가능했던 가치의 전달이라는 점이다. 예를 들어 실생활에서 누군가에게 1만 원을 전달하고 싶으면 내가 가진 1만 원을 상대방에게 전달하면 된다. 하지만 인터넷상에서 1만 원을 전달하기 위해 1만 원 지폐 사진을 찍어 상대방에게 휴대폰 메신저로 보냈다면 그 사진은 보낸 후에도 나의 휴대폰에 남아 있게 된다. 상대방에게 보낸 그 사진은 희소성을 가지는 물건이 아니라 이미지화된 '정보'이기 때문이다. 이것이 소위 이중 지불이라는 문제이며 이를 처음으로 해결한 것이 바로 비트코인이다. 이에 따라 지금까지 불가능했던 디지털상의 희소성을 구현할 수 있게 되었다.

4) 메트칼프의 법칙: 네트워크 가치평가(예시)

이 법칙에 따르면 네트워크의 가치는 네트워크 참여자(노드)들을 이어주는 연결고리의 숫자에 비례하는데, 참여자 수를 n이라고 하면 연결고리의 숫자는 $n(n-1)/2$로 표현된다. 예를 들어 네트워크 참여자가 1명이면 연결고리는 0이고 그 네트워크의 가치도 0이지만, 참여자 수가 2명이면 연결고리는 1, 4명이면 6, 8명이면 28로 가치가 증가하며 점근적으로 네트워크 참여자 숫자의 제곱에 비례한다. 이 법칙의 가장 큰 장점은 가상자산의 가치는 그 기반이 되는 블록체인 네트워크에서 시작한다는 본질에 충실한 평가방식이라는 것이다. 네트워크의 가치는 분명 네트워크의 활동성에 비례하며 이는 네트워크 참여자의 숫자가 견인한다. 이는 유동인구가 많은 역세권 부동산이 외진 골목에 있는 부동산보다 높은 가치를 지닌 것에 비유할 수 있다. 참가자가 많고 활동량이 많은 네트워크에서는 그만큼 가치 창출이 많거나 현재는 가치 창출이 없더라도 향후 그럴 수 있는 잠재력이 높다고 할 수 있다.

한편, 몇 가지 한계점도 존재한다. 첫째, 네트워크 참가자 수의 측정이 어렵다. 메타(페이스북)와 같은 중앙화된 애플리케이션의 경우 가입자 숫자를 쉽게 구할 수 있지만, 비트코인과 같은 탈중앙화 네트워크의 경우 대부분 지갑 주소 수치로 이를 대신한다. 하지만 중앙화된 거래소나 지갑 서비스를 통한 오프체인 사용자들도 많아서 온체인 지갑 주소 추이만으로는 정확성이 떨어질 수 있다. 둘째, 메트칼프의 법칙은 네트워크 참가자들의 중요성에 차이를 두지 않지만, 실제로는 참가자에 따라 그 네트워크 파급효과에 큰 차이가 있다. 평범한 일반인이 10만 원어치 비트코인을 사는 것과 일론 머스크 같은 인물이 조 단위로 비트코인을 매입하는 것은 네트워크 가치에 주는 영향력이 엄연히 다르다.

5. 디파이(DeFi)

디파이(DeFi)는 탈중앙화를 뜻하는 'decentralized'와 금융을 의미하는 'finance'의 합성어로, 탈중앙화된 금융시스템을 줄여 부르는 말이다. 즉, 정부나 기업 등 기존의 금융시스템과 달리 주로 블록체인 기술을 이용한 분산 네트워크를 통해 중앙기관이나 감독기관의 통제를 받지 않는 말 그대로 탈중앙화된 금융 생태계를 말한다. 금융은 사회와 경제시스템의 가장 핵심적인 한 축을 담당하고 있다. 금융기관은 경제 활동을 위해 필요한 자금의 순환을 촉진하는 중개자 역할을 한다. 하지만 블록체인이 개발된 계기처럼 전통적인 기존 금융시스템은 시스템 고유의 여러 가지 한계와 문제점이 존재한다. 2008년 미국 서브프라임모기지 사태가 대표적인 예다. 이러한 위기로 전통적인 금융시스템의 단점이 수면 위로 드러났고 개선의 필요성이 강하게 대두되었다. 결국, 기존 금융기관이 신뢰를 위해 필요한 자본 건전성 유지, 운영을 위한 직간접 비용, 이익 추구 등 다양한 비용지출 요인을 블록체인 기술로 대체할 수 있어, 디파이는 소비자 친화적인 금융으로 거듭날 것으로 기대된다. 디파이가 추구하는 목표를 요약하면 다음과 같다.

첫째, 결제 및 송금의 불편함과 비효율을 개선할 수 있다. 국가 간 송금은 스위프트(Society for Worldwide Interbank Financial Telecommunication, SWIFT) 방식으로 이루어지는데, 이는 국가 간 송금을 위한 표준 규약이다. 여기에 국가 간 송금을 위해서는 자금세탁 방지법 준수, 개인정보보호 등 처리를 위한 몇 가지 단계를 거쳐야 하고 그에 따라 시간이 소요된다. 또 국가를 넘어 타 은행 계좌로 송금 시 여러 가지 수수료가 발생한다. 일반적으로 보내는 쪽 은행과 받는 쪽 은행 모두에서 수수료를 부과한다. 결국, 수수료도 많고 시간이 오래 걸린다. 디파이 금융시스템의 큰 축을 차지하는 암호화폐를 사용하면 중개인 없이 당사자 간에 바로 전송을 통해 빠르게 금융거래할 수 있다. 또한, 은행에 비해 상대적으로 낮은 수수료로 송금이 처리된다. 하지만 실제로는 암호화폐도 여러 수수료와 비슷한 수준의 비용이 발생하기도 한다.

둘째, 누구에게나 금융서비스 접근성을 높일 수 있다. 대부분 사람은 은행을 통해 계좌를 개설하고 은행에서 제공하는 금융서비스를 받고 있다. 예를 들어 계좌를 개설하고, 급여를 받고, 타인과 이체를 통해 송금한다. 필요시 대출받고, 여유자금을 투자하는 등의 일을 할 수 있다. 그런데 세계은행에 따르면 2017년 기준으로 금융기관에 계좌를 소유하지 않은 인구가 약 17억 명으로 추산된다. 그중 절반 이상이 개발도상국 등의 저소득 국가의 사람들이다. 인터넷 연결을 통해 디파이로 구축된 금융서비스는 은행이 없는 수많은 사람이 기존 은행에서 요구하는 검증 프로세스를 거치지 않고 금융거래를 수행할 수 있는 수단이 될 수 있다. 디파이는 국경이 없고 검열이 없으며 모두를 위해 접근할 수 있는 금융상품을 추구하며 누구에게나 동등한 접근성을 제공한다.

셋째, 정보의 비대칭과 불투명성을 개선할 수 있다. 기존의 금융기관을 감독하고 감시하는 여러 법과 제도가 존재하지만, 사람이 하는 일이고 돈을 다루는 곳이기 때문에 항상 사고의 위험이 도사리고 있다. 하지만 금융기관에 투자하거나 예금을 예치한 고객이 금융기관이 하는 일을 완전히 알 방법은 없다. 그저 여러 감독기관과 정부 기관을 믿고 신뢰하는 수밖에 없다. 내부통제시스템 구축, 내·외부 감사, 감독기관 운영 등 거버넌스 구축을 통해 투명성을 갖추고 있지만, 그런데도 금융기관에서의 사고는 빈번하게 발생하고 있다. 또한, 현재 금융시스템에서는 접근의 불평등이 존재하며 공평하게 그 혜택을 누릴 수가 없다. 경제적으로 부유할수록 금융의 혜택을 더 누리고 빈곤층일수록 더욱 불리한 조건에서 금융 혜택을 누리거나 오히려 접근 자체가 불가능한 양극화가 존재한다. 디파이로의 전환 움직임은 이러한 비효율을 제거하고 금융 혜택의 격차를 해소하고 사각지대를 없애 모든 사람이 금융에 평등하게 접근할 수 있도록 하는 것이다.

6. 가상자산 거래소

1) 증권거래소와의 차이점

가상자산거래소는 증권거래소와 비슷해 보이지만 세부적으로 살펴보면 다음과 같은 차이점이 있다. 우선, 가상자산거래소는 개장 시간과 폐장 시간이 없는 매일 24시간, 1년 365일 운영되지만, 증권거래소는 개장 시간과 폐장 시간이 정해져 있다. 두 번째, 증권거래소는 모든 유가증권이 한국거래소 한 곳에서 유통되는 구조인 데 반해, 가상자산거래소는 서로 독립적으로 운영됨에 따라 거래소별 코인 가격이 다르다. 세 번째, 주식시장은 금융투자회사(채널)-한국거래소(거래 체결)-한국예탁결제원(실물 보관)으로 권한이 분산되는 구조인 데 반해, 가상자산시장은 가상자산거래소가 중개를 비롯해 상장, 예탁, 매매, 결제 등 거의 모든 기능을 단독으로 수행하고 있다.

2) 규제의 필요성

국내에서는 특정금융정보법(특금법)에 따라 세계 최초로 트래블 룰(Travel Rule)을 도입하면서 자금추적에 대한 투명성을 강화하였다. 국제자금세탁방지기구(FATF)는 가상자산이 자금세탁이나 테러 자금조달 행위 등에 활용되는 것을 막기 위해 고객 정보 수집 의무를 부과하는 트래블 룰 지침을 발표했고, 한국은 특금법 시행령 개정안에 이 내용을 포함했다. 또 원화마켓을 운영 중인 가상자산거래소들은 ISMS(정보보호관리체계) 인증 취득과 시중은행 실명 계좌 발급 의무화를 수용하면서 제도권 진입에 첫발을 내딛게 되었다. 가상자산거래소의 규제 필요성은 과거부터 꾸준히 제기되어 왔으며, 2022년 5월 테라·루나 사태로 가상자산 관련 법적 기반 마련이 시급하다는 분위기가 조성되었다. 테라·루나 사태 당시 국내 거래소들은 투자자 보호보다 거래수수료 수익에 집중하면서 많은 사람의 공분을 사기도 하였다. 가상자산거래소들은 루나를 유의 종목으로 지정하고 몇 주가 지난 후 거래를 종료했는데, 이때 상위 3대 거래소가 벌어들인 수수료의 합계 금액은 총 86억 원을 초과하였다. 가상자산거래소 내 코인 상장 및 폐지와 관련해 구체적인 요건과 절차가 투자자에게 공개되지 않는 등 정보의 비대칭도 심화하였다. 실제로 업비트의 경우 2017년부터 2022년 8월까지 총 334개의 코인을 상장하고, 이 중 절반 가까운 157개(47%)를 폐지하는 등 코인 상장과 폐지를 결정하는 거래소의 기준이 명확지 않았다. 현재는 발행사가 제공하는 정보를 단순 공시하는 수준에 그치고 있지만, 이에 대한 폐해가 증가하면서 상장제도에 대한 구체적인 법적 규제를 통한 투자자 보호가 시급하다고 하겠다. 또, 한글백서를 의무화하고 백서에 포함되어야 할 필수적인 내용과 형식을 구체적으로 명시해야 할 필요도 있다. 가상자산거래소의 불공정 거래행위는 명확한 근거의 부재로 여전히 규제의 사각지대이며, 고객 예탁금을 횡령하거나, 가상자산 가격을 임의로 조작하는 펌프 앤 덤프(Pump-and-dump), 자전 거래(Cross Trading)를 통한 시세 조정, 내부자거래 등의 논란은 계속되고 있다. 다만 특금법 시행령 개정을 통해 특수관계인 발행 가상자산 취급 금지, 내부 직원의 가상자산 거래 금지 등이 추가되었으나 불공정 거래행위를 제재하기에는 역부족이었다.

3) 거래 중개과정

가상자산거래소에서 자산매매는 실제로 실물이 거래되는 것이 아니라 단순히 장부에 숫자만 바뀌는 일종의 장부거래이다. 비트코인과 이더리움 같은 주요 가상자산은 이체 후 거래 완료까지 오랜 시간이 걸리지만, 거래소로서는 실제 블록체인 네트워크를 이용하지 않는 장부거래이기 때문에 주식처럼 빠른 매매가 가능하다. 거래 편의성을 고려할 때 장부거래 자체가 잘못된 것은 아니지만, 고객이 보유한 잔액만큼 거래소가 실제 코인을 가지고 있느냐에 대한 검증이 어렵다는 우려가 따른다. 과거 코인네스트라는 국내 가상자산거래소는 장부상 고객이 보유한 코인보다 실물 코인이 작아 압수수색을 당하기도 하였다. 가상자산은 거래소에서 개인 지갑으로 자산이 출금(이체)될 때 비로소 실질적인 이동이 발생한다. 거래소 내 거래는 실물이 아니라 숫자상으로 주고받는 것이며, 실제 실물과 연동되는 시점은 외부의 개인 지갑과의 입금 혹은 출금 시에만 발생한다. 거래소는 고객의 급작스러운 출금 요청에 대비해 충분한 유동성 확보가 매우 중요한데 고객으로서는 이에 대한 객관적 검증이 불가능하다. 은행의 경우 대량 인출사태에 대비하기 위해 지급준비금 제도에 가입하는 등의 소비자 보호 체계를 마련한 데 비해 가상자산거래소는 이에 대한 대비책이 전혀 없다.

한편, 가상자산 지갑이란 블록체인 네트워크에서 본인이 소유한 자산을 인증할 수 있는 개인 키를 관리하는 도구로 지갑 주소는 계좌번호, 개인 키는 비밀번호와 유사하다. 가상자산이 실제로 지갑에 들어 있는 것은 아니며, 실질적인 가상자산은 블록체인 네트워크에 존재하고 이에 대한 접근권(소유권)만 개인 키(패스워드) 형태로 지갑에 보관하고 있는데 만약 개인 키를 분실하면 코인을 모두 잃어버리는 것이므로 개인 키 자체를 코인이라 봐도 무방하다. 지갑 생성은 가상자산 생태계 진입을 위해 가장 기본적인 과정이지만, 코인별로 각각 만들어야 하고 사용해야 하는 프로그램도 각양각색이라 초보 투자자에겐 진입장벽으로 작용하기도 한다.

가상자산거래소는 가상자산 입출금을 위해 투자자별로 개별계좌를 제공하는데, 개인이 거래소 외부에서 자체적으로 만든 개인 지갑(예를 들어 메타마스크)과는 목적과 용도에서 차이가 존재한다. 즉, 둘 다 가상자산 거래에 사용한다는 점에서는 같지만, 개인 지갑은 가상자산을 더욱 안전하게 보관하는 데 더 집중하고, 거래소 지갑은 거래소 내 거래 편의성을 높이는 데 초점을 맞추고 있다. 거래소 개인계좌는 블록체인 네트워크에 연결되지 않은 채 거래소 내 코인 매매에만 활용된다. 왜냐하면, 거래소 내 코인 매매는 블록체인 네트워크와 무관한 장부거래이기 때문이다. 개인계좌는 거래소가 관리하기 때문에 패스워드 분실을 걱정할 필요가 없으나 거래소 해킹 가능성이 존재한다. 이에 반해 개인 지갑은 개인 키 관리만 잘한다면 해킹 가능성이 작지만, 개인 지갑 간 코인 이체 시 큰 비용과 시간이 소모되는 단점이 있다.

제3절 가상자산 투자 시 유의사항

1. 호재와 악재 유형 파악

가상자산의 호재는 아래와 같이 크게 다섯 가지로 나눠볼 수 있다. 1) 비트코인의 반감기 또는 하드포크가 이루어지거나, 네트워크 업그레이드 등 기술적인 호재 2) 특정 국가에서 받아들여지는 제도적 호재 3) 거래소에 상장되는 이벤트로 거래량이 많은 거래소일수록 상장에 따른 가격상승분이 높을 수 있다. 4) 콘퍼런스나 밋업(Meetup) 등 이벤트적인 호재 5) 특정 기업과 제휴를 맺는 마케팅적인 호재 등이다. 한편, 악재는 주로 비트코인의 하락에서 발생한다. 특정 국가에서 제도적인 규제를 하는 것이 대표적이다. 이 경우 2~3주 이상 계단식으로 가격이 내릴 수 있음을 유의해야 한다. 또는 특정 큰 호재가 연기되는 경우도 기대심리가 빠지면서 가격하락을 불러올 수 있다. 그외 거래소의 해킹 또는 지갑해킹도 악재가 될 수 있다.

참고로 비트코인 채굴을 위해 채굴기를 돌리는데, 반감기는 그 채굴량이 반으로 줄어드는 시기이다. 예를 들어 10개가 채굴되다가, 갑자기 채굴되는 양이 5개로 줄어드는 것이다. 통상 비트코인은 4년에 한 번씩 있는 반감기라는 사건을 기준으로 상승과 하락의 사이클을 갖는데 지금까지 2012년 11

월 28일, 2016년 7월 9일, 2020년 5월 12일 총 3번의 반감기를 맞이했다. 반감기를 거치면서 2009년 1블록당 50비트코인(하루 생산량 7,200비트코인)이었던 보상은 2012년 25비트코인(하루 생산량 3,600비트코인), 2016년에는 12.5비트코인(하루 생산량 1,800비트코인), 2020년에는 6.25비트코인(하루 생산량 900비트코인)으로 줄었다. 다음 반감기는 2024년 5월로 예상되며 2022년 말 기준 시장에는 1,950만 개가 채굴되어 유통 중이고, 앞으로 시장에 공급되는 비트코인은 150만 개다. 4년마다 도래하는 비트코인 반감기는 2140년에 모두 끝나고 그 이후에는 비트코인을 채굴할 수 없다. 또 하드포크는 기존 가상자산이 업그레이드되어 새롭게 생성되는 가상자산을 말한다.

2. 우수코인과 불량코인 유형 파악

우수코인은 기본적으로 코인의 사용처가 명확하며 대부분 세계 유명거래소에 상장되어 있고 대체로 시가총액이 상위 10위에 속하는 코인들은 우수하다고 볼 수 있다. 또 지속해서 업데이트되고 있으며, 대기업에서 직접 코인을 만들었거나 혹은 대형기관에서 투자 포트폴리오로 편입한 코인도 우수하다고 볼 수 있다. 그 외 정기적인 코인 보고서와 호재 등 다양한 소식들이 언론에 노출된다거나 해당 커뮤니티에 욕설과 비방이 없고 투자자와 운영진 간 사이가 좋다는 평판 등이다. 반대로 불량코인은 우선 투자설명회가 열리는 장소가 허름하며, 또 설명회에 코인에 대해서 잘 모르는 중·장년층이 많다. 무엇보다 거래소 상장이나 목표가격 등 여러 비밀을 쉽게 알려 주거나 코인 프로젝트의 쉬운 내용을 매우 어렵게 설명할 때는 십중팔구 불량코인일 가능성이 크다고 할 수 있다. 그 외 코인에 대한 허황한 가격과 전망을 수시로 알리며 원금손실이 없다고까지 홍보하거나 다단계 종사자들이 신뢰 관계를 맺으려 열변을 토하며 코인 구매를 강요한 경우, 구글 검색창에 협력사 또는 코인 이름을 검색했을 때 뉴스 등 관련 정보가 오래된 코인도 불량코인 범주에 들어간다.

3. 종목 선택 시 체크포인트

일차적으로 우수코인과 불량코인을 구분한 후 구체적으로 해당 가상자산을 선택할 때 체크할 포인트를 정리하면 다음과 같다. 첫째, 해당 코인의 백서를 차분하게 정독하고 주요 내용을 암기해야 한다. 코인 백서란 코인개발자가 코인의 목적과 개발과정, 개발 후 적용목표 등을 상세하게 기술한 보고서이다. 개발자들은 이 백서를 가지고 초기투자를 받는다. 그러므로 백서를 정독하면 코인에 대해 많은 부분을 이해할 수 있게 된다. 두 번째, 개발진과 개발 진행 과정의 정기적인 모니터링이다. 지금까지 수많은 코인이 생겨났고 동시에 더 수많은 코인이 사라졌는데 생존하는 코인은 만들어진 후 목표에 맞는 적용과정과 꾸준히 업그레이드했기 때문이다. 따라서 참여하는 개발진이 체계적으로 목표과정을 이행하는지 주기적으로 모니터링해야 한다. 세번째, 장기접근의 마음가짐과 심리훈련이다. 아직도 대부분의 많은 투자자가 귀동냥으로 'OO 코인이 좋다더라', 'OO 코인이 요즘 핫하다더라'라는 소문을 듣고 바로 매수하곤 한다. 그러나 가상자산 시장은 아직도 초창기이기 때문에 변동성이 심하고 이를 단기매매로는 감당하기 어렵다. 가능하면 저점에 매수해서 장기투자로 임하는 것이 유리하다. 만약 장기적으로 상승할 것이라고 확신했더라도 지금 당장 반 토막이 나고, 2~3배 벌고 있는 주변 사람들을 보면 마음이 초조해지고 버티기가 쉽지 않다. 따라서 안정적인 마음가짐을 지속 유지하는 심리훈련도 필요하다. 마지막으로 블록체인 기술의 사업성을 체크해야 한다. 만약 블록체인의 기본특성인 투명성, 분산원장이 꼭 필요하다면 사업성이 있을 수 있지만 특별한 이유 없이 단순히 블록체인을 도입하는 사업은 기대만큼 결과가 좋지 못했다. 따라서 블록체인 기술의 사업성을 꼼꼼하게 체크해야 한다.

제4절 가상자산 거래 시 유의사항

1. 거래소의 해킹 여부 점검

가상자산은 블록체인 기술이라는 최상의 보안기술이 주는 안정성을 기반으로 고안되었지만, 아직은 보안 관련 인프라가 미성숙하여서 관련 해킹이 빈번하게 일어나고 있는 현실이다. 사실 해커들에게 가상자산은 꿀단지처럼 매력적이다. 단, 한 번이라도 가상자산 탈취에 성공하면 이를 회수하거나 되돌리기가 매우 어렵고, 현금화가 쉽기 때문이다. 우선 거래소에서 해킹이 빈번하게 발생하는 이유와 거래소에서 가상자산 거래 시 어떤 일이 발생하는지 간단히 살펴보자. 아래 〈그림〉은 거래소와 블록체인과의 관계를 보여준다. A와 B가 가상자산을 구매하면, 거래소들은 구매가 일어난 것처럼 중앙서버 장부에 숫자만 조작해 표시할 뿐 실제 블록체인 거래는 일어나지 않는다. A와 B는 자신들이 구매한 가상자산이 그들 명의의 주소로 블록체인에 보관된다고 생각하지만, 모든 가상자산은 거래소의 주소에 일괄 보관될 뿐이다.

이때 〈그림〉의 Z처럼 별도의 지갑을 설치 후 지정한 주소로 이전을 요청하면, 거래소는 그제야 일괄 보관하던 것 중 일부를 실제 블록체인 거래를 통해 이전한다. 거래소들의 보안수준은 천차만별이지만 아직도 적절한 관리 감독

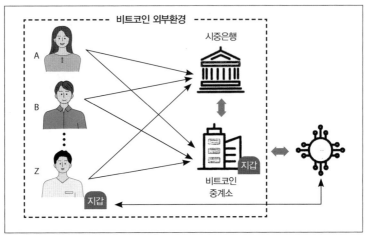

〈그림〉 가상자산 거래소의 거래 과정

출처: 한국핀테크지원센터, 『헬로, 핀테크(보안인증·블록체인)』, 2021, p.249

은 이루어지지 않고 있다. 그러므로 해커들은 비교적 손쉽게 거래소를 해킹한 다음, 가상자산을 절취할 수 있다. 다시 앞 〈그림〉을 보자. 〈그림〉 중 Z가 해커라고 가정하자. Z는 이제 다음의 과정을 거쳐 A의 가상자산을 절취할 수 있다.

① Z는 거래소를 해킹한 다음, 자신의 신원이 A인 것처럼 속인다.
② Z는 해킹한 거래소에 자신이 지정한 가상자산 주소로 A가 위탁한 모든 가상자산을 송금할 것을 요청한다.
③ 해킹을 당해 Z를 A로 오인하고 있는 거래소는 A가 위탁한 모든 가상자산을 거래소 명의의 주소에서 Z가 지정한 주소로 이전한다.

지금까지 가상자산 거래소에 대한 해킹 사건은 빈번하게 발생했는데 이 중 세간의 집중 관심을 받았던 사건만 정리해서 살펴보자. 첫 번째로 가상자산을 투자해본 사람이라면 누구나 한 번쯤 들어본 마운트곡스 거래소 해킹 사건이다. 마운트곡스는 일본에 기반을 둔 가상자산 거래소로 2007년 게임 카드 온라인 거래소로 설립되었고 2010년 가상자산 거래소로 개편되었다. 이후 마운트곡스는 2014년까지 전 세계 모든 비트코인 거래의 70% 이상을 처리하는 세계 최대의 가상자산 거래소로 성장했으며, 현재는 대형 해킹 사건으로 파산한 상태이다. 마운트곡스의 무서운 성장세 속에서 2011년 거래소 지갑의 프라이빗 키가 도난당했고 이후 2014년 2월까지 비트코인 85만 개(당시 4,700억 원 규모)를 해킹당하였다. 이에 따라 마운트곡스 사이트는 폐쇄되었고, 회사는 파산했으며 CEO는 체포되었다. 이를 계기로 가상자산이 해킹으로부터 안전하지 않다는 인식이 확산하며 비트코인 가격이 폭락하기도 했다. 이후, 수년간 해커를 추적하며 피해자 보상과 남은 자산 처분을 위한 소송과 법원 경매가 진행되었다. 마운트곡스는 분실된 비트코인 중 약 25%인 20만 비트코인을 회수하였으며 2021년 11월 해킹 사건의 피해자 집단인 마운트곡스 채권단은 15만 개에 달하는 비트코인을 보상받기로 최종 확정되었다. 당시 구체적인 배상 계획은 미정이었으나 채권단이 이를 일시에 현금화할 때 시장 충격이 불가피할 전망이어서 투자자들의 긴장이 고조되기도 하였다.

두 번째, 코인체크 해킹 사건이다. 코인체크는 일본에 기반을 둔 가상자산 거래소로 2012년 비트코인 결제서비스를 위해 설립되었으며, 2014년 마운트곡스 거래소가 파산하면서 같은 해 7월 가상자산 거래소로 전향하였다. 이후 1년 만에 최대 거래소로 성장하였다. 2018년 1월 코인체크는 5억2,300만 개의 넴(NEM)이라는 알트코인(당시 5,700억 원 규모)을 해킹당하였다. 당시 원인은 외부 공격에 취약한 핫월렛(Hot Wallet)을 보관했기 때문으로 분석된다. 이는 가상자산을 보관하면 외부에서 데이터에 접근하지 못하도록 인터넷에 접속하지 않아야 한다는 경고를 무시한 결과였고, 국제단체에서 권고하는 보안기술을 도입하지 않은 것으로 알려져 문제가 되기도 하였다. 코인체크는 해킹 사건 이후 피해고객 26만 명 전원에게 4,500억 원 상당의 보상안을 발표하며 사건을 마무리하였다.

세 번째, 폴리네트워크 해킹 사건이다. 폴리네트워크는 중국에 기반을 둔 디파이(DeFi) 플랫폼사로 2014년 앤트쉐어스로 설립되었으며 2017년 네오로 변경하였고, 2020년 폴리네트워크 프로젝트를 추진하였다. 2021년 8월 해커는 스마트 계약 시스템의 취약점을 악용하여 당시 7,100억 원 규모의 가상자산을 훔쳤다. 폴리네트워크 상 소유자에 대한 엑세스 권한을 부여하는 숨겨진 기능이 있었는데, 해커가 이를 해독하였다. 그런데, 해당 해커는 훔친 가상자산 전액을 회사에 돌려주었다. 그가 범행을 실행하게 된 동기는 자금을 빼돌리기 위한 것이 아니라 폴리네트워크에서 문제점을 발견해서 해당 버그와 시스템 오류를 전 세계에 알리기 위해서였다고 한다. 이렇게 사건은 일단락되었고 폴리네트워크는 59만 달러의 포상금을 그에게 지급하기로 했지만, 그는 포상금을 거절하며 화이트해커로 남았다.

마지막으로 로닌네트워크 해킹 사건이다. 로닌네트워크는 블록체인 모바일게임 엑시인피니티를 구동하는 블록체인 네트워크로 베트남 개발사 스카이마비스가 소유한 네트워크이다. 2022년 3월 로닌네트워크는 17만 개의 이더리움(7,400억 원 규모)을 해킹당했다. 스카이마비스에 따르면 엑시인피니티의 플레이어가 감당이 안 될 규모로 증가하기 시작한 2021년 11월부터 해킹이 시작되었다. 회사 관계자는 "서버가 감당해야 하는 트래픽 부하가 상당했고, 서버 부하를 낮추기 위해 보안절차를 느슨하게 할 수밖에 없었다"라고

하였다. 2021년 12월에는 트래픽 부하 관련 상황이 진정되었지만, 보안절차 강화를 잊었고, 이에 따라 해커들이 백도어를 이용해 침입한 것으로 파악된다.

한편, 한국 역시 2010년대 후반부터 크고 작은 해킹시도가 끊이지 않고 있는데 주로 가상자산 시장이 과열된 틈을 타 가상자산 거래소를 사칭하는 가짜 사이트 접속을 유도하는 문자메시지를 통해서다. 최근에는 가상자산 거래소 이용자 계정을 탈취한 뒤 해당 계정으로 시세 조작을 시도하고 이후 가상자산을 빼돌리는 수법으로 진화하고 있다. 즉, 처음부터 특정 거래소를 공격하는 것이 아니라 다크웹에서 유통되는 개인정보를 수집한 뒤 가상자산을 보유한 계좌를 물색하는데 해커가 수백, 수천 개의 거래소 계좌를 확보하면 시세 조작 가능성도 무시할 수 없다. 또 거래소 해킹과 관련된 또 다른 의혹은 자작극 논란이다. 외부에서는 해커의 진위 여부를 확인하기가 쉽지 않다 보니 거래소 내부자가 돈을 빼돌리고 해킹당했다고 자작극을 벌여도 투자자로서는 이를 검증할 수 없다.

2. 거래소 사기 예방

가상자산 거래소 관련 피해사례 중 대표적인 것은 거래소가 가짜 코인을 판매해 투자자 돈을 가로채는 사기 유형이다. 가상자산은 실물자산이 아니다 보니 눈으로 그 실체를 확인할 수가 없다. 이를 노려 전산상으로만 존재하는 가짜 가상자산을 만들어 자체 거래소에서 판매하는 방식이다. 사실 투자자는 다른 거래소나 개인 지갑으로 자신이 산 가상자산을 전송해보지 않는 이상 가상자산이 가짜라는 것을 알아차리기 어렵다. 거래소 내 가상자산 거래를 조작해 가격을 올리는 이른바 가두리펌핑 사기도 성행한다. 거래소가 직접 만든 가상자산은 거래량이 거의 없는데 이를 자체적으로 사들여 내부적으로 가격을 올린 뒤 다른 투자자를 끌어들이는 수법이다. 이러면 가상자산 가격은 올라가지만, 거래량이 없어 일반 투자자는 팔고 싶어도 팔 수가 없다. 투자한 돈이 사실상 출금할 수 없는 상태로 묶여버리는 것이다. 이렇게 가격을 뻥튀기한 가상자산은 몇 달 동안이나 거래가 전혀 이뤄지지 않는 경우도 비일비재하다. 대체로 거래소가 자체적으로 발행하는 가상자산 투자는 안 하는 것이 상책이다. 그동안 국내에서 일명 거래소 코인이라는 이름으로 거래소가 직접 가상자산을 발행해 상장시킨 뒤 가입자 투자금을 받아 잠적하는 사건이 잇따랐다. 특정 거래소에서만 거래되는 가상자산은 투자 위험성이 아주 높을 수밖에 없다.

한편, 2022년 11월 11일 파산을 신청, 전 세계 가상자산 시장에 큰 파문을 초래하였던 FTX 사태도 거래소의 사기라고 할 수 있다. 그 경위를 간단히 살펴보자. 미국 기업가 샘 뱅크먼 프리드(Sam Bankman-Fried)는 2017년 알라메다 리서치(Alameda Research)라는 암호화폐 투자회사를 세운 뒤, 이 회사를 통해 조달한 자금으로 2019년 FTX 암호화폐거래소를 설립하였고, 이후 승승장구한 끝에 2022년에는 글로벌 3대 암호화폐거래소로 성장하였다. FTX가 자체적으로 발행한 토큰 FTT를 알라메다 리서치가 초기에 매입하면서 FTT 가격이 상승하였고, 동시에 알라메다 리서치의 장부상 이익이 폭증하면서 이를 근거로 투자받아 또 다른 코인에 투자하는 순환구조를 형성하였기에 가능하였다. 당시 글로벌 최대 암호화폐거래소였던 바이낸스도 FTX 초기투자를 통해 최소 2천3백만 개 이상의 FTT를 소유(약 $583M 규모)하였다. 사건 발단은 암호화폐 전문 매체 〈코인데스크〉가 FTX 계열사 알라메다 리서치의 재무건전성에 의혹을 제기하면서 시작되었다. 여기에 바이낸스

CEO 자오창펑이 〈코인데스크〉 기사를 이유로 바이낸스가 보유 중인 5억8천3백만 달러 규모의 FTT 토큰을 전량 매각하겠다는 트윗을 올리면서 사건은 일파만파로 커졌다. 이에 알라메다 리서치 CEO 캐롤라인 엘리슨은 자오창펑의 발언에 "시장 충격을 최소화하기를 원한다면 오늘이라도 당장 1개당 22달러에 매입하겠다"라고 제안했지만, 시장은 이미 걷잡을 수 없을 만큼 패닉 상태에 빠져버렸다. 더불어 알라메다 리서치가 과도한 FTT 담보 레버리지 투자를 감행했고, 여기에 FTX의 부실 경영과 고객자금 유용 등의 의혹이 불거지면서 유동성 위기가 발생하였다. 점차 불안감을 느낀 개인과 기관은 앞다퉈 FTX에 예치한 자금을 인출하기 시작했고, 이에 따라 FTX의 유동성 위기는 더욱 가속화되었다. 이에 바이낸스는 FTX 인수 의사를 타진하며 검토 절차를 진행했지만, 최종적으로 인수를 철회, 결국 FTX는 파산을 신청했고, 이후 6억6천2백만 달러 상당의 코인유출 소식과 함께 해킹 가능성도 제기되었다. 또 내부통제와 감시의 부재 역시 이번 사태를 막지 못한 결정적 요인이라는 지적도 이어지는 가운데, 샘 뱅크먼 프리드는 이번 사태의 진원지인 알라메다 리서치의 부채를 상환하기 위해 FTX에 예치된 약 100억 달러에 달하는 고객자금을 임의 사용한 혐의까지 받게 되었다. 당시 FTX가 제출한 파산신청서에 따르면 FTX 부채는 100~500억 달러, 채권자는 10만 명에 이르는 등 사상 최대 규모이고 개인투자자는 물론 블랙록과 소프트뱅크, 세쿼이아 캐피털, 타이거글로벌매니지먼트와 같은 기관투자자도 손실. 캐나다에서 세 번째로 큰 연기금인 온타리오 교사 연기금도 FTX 펀딩에 두 차례 참여한 것으로 알려졌고, 싱가포르 국부펀드도 투자자 명단에 포함되었다. 사실 FTX처럼 자체 발행한 코인을 담보로 대출을 받아 이를 레버리지로 규모를 확장하는 비즈니스모델은 일종의 관행으로 가상자산시장에서 흔히 볼 수 있는데, 이러한 모델은 투명성이 보장되지 않기 때문에 발행사의 임의 거래가 가능하다는 점에서 상당한 리스크가 따르며, 이러한 구조는 시장에 충격을 가하여 담보가격이 급락하면 담보가 강제 청산되면서 연쇄적으로 문제를 일으킬 수 있음을 시사한 대표적인 사례라 할 수 있다.

3. 스캠코인 사기 예방

가상자산은 누구나 직접 개발해 거래소에 상장할 수 있다. 이를 화폐공개(ICO; Initial Coin Offering)라고 한다. 현재 세계 가상자산 거래소에 등록된 알트코인은 무려 1만여 개에 달한다. 이렇게 많은 가상자산 중 눈에 띄기 위해 일부 개발자들은 터무니없이 높은 수익률이나 그럴듯한 스토리텔링으로 투자자들을 현혹한다. 투자자들이 모여들어 가상자산 가격이 급등하면 가장 많은 양을 보유한 개발자들이 불시에 매도하고 먹고 튀는 경우가 적잖다. 매도 폭탄이 터진 가상자산은 엄청난 손실을 떠안은 수많은 피해자를 양산한다. 이처럼 사실과 다른 내용으로 투자자를 현혹해 투자금을 유치하는 행위를 스캠이라 하고 여기에 활용된 가상자산을 스캠코인이라고 한다. 스캠코인 피해가 급증하기 시작한 것은 가상자산 붐이 일며 ICO가 잇따르던 2017년부터다. 이런 범죄유형 가운데 러그풀(Rug Pull)이 새로 등장했다. 러그풀은 가상자산 시장에서 프로젝트 개발자가 갑자기 사라지거나, 프로젝트를 돌연 중단해 해당 프로젝트에 투자한 사용자가 피해를 보는 것을 말한다. 러그풀은 2021년 전체 사기 피해액에서 37%를 차지하는 등 비중이 가파르게 커지고 있다. 국내에서도 진도지코인과 스퀴드 코인으로 대표되는 러그풀 사기가 전체 피해 중 3분의 1을 차지했다. 개발자가 전체 물량의 15%에 달하는 진도지코인을 한꺼번에 매도한 뒤 공식 홈페이지를 폐쇄하고 달아나면서 이 코인 가격이 97% 폭락하고 피해자가 속출했다. 대체로 스캠코인의 사기 수법은 그 수준에 따라 유형별로 구분할 수 있다.

1) 초보 수준의 스캠코인 유형

이는 처음부터 사기를 목적으로 만든 스캠코인으로 애초에 실현 불가능한 목표인데 해결할 수 있는 기술이나 정보가 있다며 고수익을 보장하는 코인이 대부분 여기에 해당한다. 대표적인 사례로 유명거래소 상장을 앞두고 있어 상장되기만 하면 원금의 몇 배는 손쉽게 불릴 수 있다고 투자자를 유혹하는데 주로 가상자산과 블록체인에 대한 지식이 부족한 노령층이나 주부 등이 주된 대상이다. 또 이들은 가상자산 투자로 단숨에 큰돈을 벌고 싶다는 심리를 이용하는데 2018년 7월 보물선 코인을 앞세워 전 국민을 상대로 대형 사기 행각을 벌였던 신일골드코인이 대표적이다. 업계 전문가들은 초급 스캠코인은 백서 내용만 자세히 살펴봐도 사기인지 아닌지 판별할 수 있다고 조언한다. 허무맹랑한 이슈를 던지거나 난제를 해결할 수 있는 독보적 기술력 같은 과장된 미사여구를 남발하며 홍보에 열을 올리는 백서는 일단 의심을 해봐야 한다는 주장이다. 특히 초급 스캠코인은 대체로 백서에 전문가조차 알기 힘든 용어를 남발하고 앞뒤 문맥이 맞지 않아 잘 읽히지 않는 경우가 많다. 또한, 가상자산 거래소에 상장되지 않은 채 '거래소에 상장되면 가격이 몇 배 이상 뛴다.'라는 식으로 홍보하는 코인은 스캠코인일 가능성이 매우 크다.

2) 중급 수준의 스캠코인 유형

이 경우 사기를 목적으로 한다는 점은 초급 스캠코인과 같지만, ICO를 한 후 실제 거래소에 상장한다는 점이 다르다. 일반 투자자는 상장된 코인은 비교적 안전할 것으로 생각한다. 스캠코인으로 사기를 치려는 집단은 이런 투자자의 믿음을 노리고 거래소 상장 이후 시세 조작으로 막대한 차익을 거둔 후 사라져 버린다. 이런 중급 스캠코인은 대부분 상장 기준이 깐깐하지 않은 소규모 거래소나 신생 거래소를 이용한다. 중급 스캠코인을 걸러내기 어려운 것은 정교한 수준의 백서를 작성하는 것은 물론, 블록체인 개발자를 직접 고용해 코인을 개발하고 전반적인 시스템을 짜기 때문이다. 또 투자자의 의심을 피하려고 이름 없는 소규모 가상자산 거래소에 뒷돈을 주고 코인을 상장시킨 뒤 자신이 가진 코인을 모두 매각하고 잠적하는 수법을 주로 활용한다. 이런 스캠코인의 특징은 거래소 상장 직후 가격이 폭락해 ICO 당시보다 더 낮은 가격으로 내려가면서 결과적으로 다수의 초기 투자자가 막대한 경제적 피해를 보게 된다는 점이다. 대표적인 사례로 센트라코인(CTR)이 있다. 센트라코인은 ICO 때 세계적인 복싱선수 플로이드 메이웨더 주니어가 홍보에 나서면서 쟁점이 된 코인이다. 특히 주목된 내용은 비자, 마스터카드와 제휴를 맺고 이들 카드의 결제상점에서 센트라코인을 현금처럼 쓸 수 있다는 부분이었다. 하지만 비자와 마스터카드와의 제휴가 사실이 아닌 것으로 밝혀졌고, 센트라코인 창립자들은 개발에 들어갈 돈을 대부분 연예인을 고용해 마케팅에 쓰거나 ICO를 홍보하는 데 탕진한 것으로 드러났다. 초기에는 편리한 코인 결제 기능에 유명인까지 홍보에 나서면서 코인 가격이 치솟았지만, 결국 사기로 밝혀지고 투자자들은 큰 피해를 보았다.

3) 고급 수준의 스캠코인 유형

여기에 해당하는 코인은 처음부터 사기를 목적으로 했다기보다는 추진 과정에서 백서대로 실현할 수 없거나 수익성이 떨어져 중도에 개발 계획을 내부적으로 포기한 경우다. 애초에 사기를 치려고 만든 코인이 아니다 보니 단순 스캠코인으로 판단하기에는 모호한 측면도 있다. 고급 스캠코인은 처음에는 기술력과 조직을 갖추고 블록체인 프로젝트를 진행한다. 백서에 적힌 로드맵에 따라 코인을 열심히 개발하고 가상자산 거래소에도 상장시키지만, 기술적 한계에 봉착하면서 결국 애초에 목표한 이상을 실현하기 어렵다는 것을 깨닫고 중간에 개발을 포기하는 게 보통이다. 그런데 개발을 중도 포기한 코인은 스캠코인으로 전락할 가능성이 크다. 한편, 가상자산 시장을 비관적으로 보는 일부 전문가들은 현재 가상자산 거래소에 상장된 코인의 약 90% 정도가 결국 처음 설정한 목표를 달성하지 못하고 개발을 중도에 포기함으로써 결과적으로 고급 스캠코인이 될 가능성이 있다고 바라본다.

이상 지금까지의 가상자산의 사기 예방법을 정리하면 다음과 같다. 첫째, 높은 수익률을 보장한다는 가상자산은 일단 의심해야 한다. 투자설명회는 물론 유튜브, SNS, 메신저 등에서 지나치게 높은 수익률을 앞세우는 홍보물은 사기일 가능성이 크다. 둘째, 가짜 거래소를 조심해야 한다. 최근 발생한 큰 피해사례들은 들어본 적도 없는 생소한 가상자산 거래소를 이용하다가 발생했다. 가능하면 많은 사람이 이용하는 대형 거래소를 이용하는 것이 바람직하다. 또한, 국내 대형 은행들과 정식으로 협약을 맺고 계좌를 운용하는 업체인지 확인하는 것이 좋다. 셋째, 사기 피해사례를 적극적으로 활용해야 한다. 또 다른 사기 피해를 막기 위해 정보를 공유하는 사람들도 많이 생겨났다. 인터넷 포털에는 회원 수가 수만 명 이상 되는 금융사기 예방 카페가 활발히 운영되고 있고, 사기 피해사례를 공유하는 웹사이트도 많으니 이를 활용하는 게 좋다. 넷째, 사용자 스스로 보안수칙을 준수하는 것이 가장 중요하다. 가상자산 특성상 거래가 한 번 이뤄지면 되돌릴 수 없기 때문이다. 사용자는 가상자산 지갑복구 구문을 노출해서는 안 되며, 거래소 로그인에도 지역 제한이나 2단계 인증 등 보안 기능을 활성화해야 한다.

⟨Tip⟩ 가상자산을 이용한 자금세탁

범죄자들이 자금을 주고받는 주된 도구로 가상자산을 사용하는 비율이 지속 확대되는 이유는 그만큼 자금세탁과 은닉이 용이하기 때문이다. 이들은 특히 모네로와 대시 등의 다크 코인류를 선호하는데 가상자산이 기존에 가지고 있던 익명성보다 더 강력한 자금세탁 기능을 제공하기 때문이다. 모네로는 당사자의 가상자산 주소와 함께 의도적으로 다수의 제삼자를 한데 섞어 그중 누가 실제 거래당사자인지 모르게 하는 코인이다. 이와 함께 일회성 가상자산 주소를 사용하는 스텔스(Stealth) 주소를 지원하는 등 거래당사자를 모호하게 하는 다양한 기능을 지원한다. 대시는 여러 발신 당사자를 한데 묶어 총합을 만든 뒤 그 금액을 여러 갈래로 쪼개서 다수의 수신자에게 전달함으로써 거래당사자들을 특정하기 힘들게 하는 기술이다. 최근에는 악덕 코인 개발자들이 경쟁적으로 강력한 자금세탁 기능을 탑재하여 이를 홍보하는데 자금세탁 기법은 크게 두 가지 방식으로 나뉜다. 첫째, 거래당사자의 가상자산 주소를 숨기는 방법을 쓴다. 대표적인 방법이 여러 송신자와 수신자들을 묶으며 때에 따라 허위 송·수신자들도 섞는 방법을 사용하여 실제 거래당사자들이 누군지 특정하기 힘들게 만든다. 둘째, 가상자산 거래를 위해 접속한 IP 주소의 추적을 방해하는 소프트웨어를 이용한다.

4. 스테이블코인 거래 시 유의사항

1) 스테이블코인 런(run)과 이용자 위험

스테이블코인은 그 가치가 보존될 것이라는 시장의 신뢰가 전제되어야 결제 수단 또는 가치저장 수단 역할을 할 수 있다. 하지만 경제적 스트레스 상황 등에서는 스테이블코인이 정상적으로 상환되지 않을 수 있다는 우려가 발생하고, 이에 따라 스테이블코인에 대한 신뢰도가 하락할 수 있다. 스테이블코인의 신뢰도에 부정적 영향을 미치는 요인으로는 준비자산의 가치 및 유동성 감소, 준비자산에 대한 안전망 부재, 불명확한 상환 조항, 사이버 보안과 관련된 운영 리스크 등이 있을 수 있다. 만약 스테이블코인의 신뢰도가 하락하면 스테이블코인에 대해 대량 상환이 청구되는 일종의 코인 런(run)이 발생할 수 있고, 이는 스테이블코인에 대한 부정적 전망만으로도 촉발될 수 있다. 더 나아가 코인 발행사가 상환요청에 대응하기 위해 준비자산을 대량으로 매각하면 코인 런이 자금시장의 위기로 확산할 수 있고, 이런 현상이 다른 스테이블코인이나 금융기관으로 전이되는 전염 현상이 나타날 우려 또한 존재한다. 스테이블코인 런의 잠재적 영향은 해당 코인 준비자산의 규모와 유동성, 금융시장의 상황에 따라 달라질 것이며, 특히 금융시장이 경색된 상황에서 발생하는 코인 런은 큰 파급력을 가질 것이다. 아울러 스테이블코인에 대한 건전성 규제가 없는 상황에서 런이 발생하면 금융시스템 전반의 리스크로 발전할 가능성도 있다.

2) 지급결제 위험

결제 수단으로 사용되는 스테이블코인은 신용 리스크, 유동성 리스크, 운영 리스크 등 전통적인 결제 시스템이 갖는 리스크와 같은 위험에 노출된다. 기존 결제 시스템은 시스템 운영자에 의해 리스크가 중앙집권적으로 관리되는 반면, 일부 스테이블코인의 의사결정은 분산화되어 있고 리스크 관리에 대한 책임도 단일조직이 부담하지 않는 복잡한 운영을 하고 있어 체계적인 리스크 관리가 이루어지지 않을 수 있다.

〈표〉 스테이블코인 관련 지급결제 리스크

구분	세부 내용
운영 리스크	- 정보 시스템이나 내부 프로세스 결함, 인적 오류, 경영 실패, 외부사건 등으로 인해 서비스가 중단될 위험 - 이는 기존 결제 시스템에도 나타나는 리스크이나, 스테이블코인은 거래의 유효성 검증, 분산원장의 관리 등과 관련한 새로운 운영 리스크가 존재
정산 리스크	- 결제 시스템에서 정산이 예상대로 이루어지지 않을 위험 - 합의형 블록체인을 이용하는 스테이블코인은 최종 결제 시점을 명확하게 정의할 수 없어 불확실성을 야기함
유동성 리스크	- 다른 결제 시스템과 스테이블코인 거래시장 간의 시차 발생 시 유동성 위험이 발생할 수 있으며, 이로 인해 결제 가능한 스테이블코인의 수량이 일시적으로 부족해질 수 있음

출처: 이소영, "미국의 스테이블코인 규제방안 주요 내용 및 시사점, 예금보험공사, 2021

3) 경제력 집중 및 독과점화 야기

특정 스테이블코인은 규모 및 범위의 경제, 네트워크 효과, 선점 효과 등의 영향으로 급속히 성장하였다. 만약 특정 스테이블코인의 규모가 매우 커지고 독과점화되면 이는 시스템 리스크를 발생시킬 수 있는 배경이 된다. 이러한 경제력 집중 및 독과점화 현상은 여러 리스크를 야기할 수 있다. 첫 번째로 스테이블코인 발행자, 전자지갑 제공 기업 등 핵심 참여자의 운영상 실패가 시스템 리스크로 발전하여 금융안정과 실물경제에 악영향을 미칠 가능성이 있다. 두 번째로 스테이블코인 발행자, 전자지갑 제공 기업, 일반기업 등이 제휴 관계 등을 통해 결합한 사업을 제공하면 경제력이 과도하게 한곳에 집중될 위험이 있다. 이는 은행과 산업의 결합이 초래하는 위험과 유사하게 경쟁 저해 및 금융과 실물의 과도한 결합위험 등을 초래할 수 있다. 세 번째로 독과점화 현상이 심해지면 소비자가 스테이블코인을 다른 상품이나 서비스 구입에 이용할 때 수수료 등 과도한 비용을 부담하게 될 우려가 있다.

〈Tip〉 테라-루나 사태 개요

한국인이 만든 스테이블코인이라고 해서 유독 국내 가상자산 투자자의 총애를 받았던 테라폼 랩스(Terraform Labs)는 테라 USD가 1달러의 가격을 유지하기 위해 1달러에 페그(peg)된 또 다른 가상자산 루나(LUNA)를 발행하여 두 가상자산 간 재정거래 알고리즘을 이용하는 구조로 발행되었다. 하지만 2022년 5월 8일 테라 USD에 대한 대규모 투매로 테라 USD의 가격이 급락하고, 이에 연동해 루나의 발행량이 급증하며 루나의 가치가 급락하자, 테라폼 랩스는 루나의 가격하락에 대비해 보유하고 있던 비트코인으로 루나 매입에 나섰지만, 테라 USD와 루나 가치 방어에 실패하였다. 그로 인해 1달러에 고정되어 있어야 하는 테라 USD의 가치는 5월 8일 이후부터 하락하기 시작해 5월 15일 0.18달러대까지 급락하였고, 이러한 디페깅(Depegging) 현상으로 인해 손해를 본 가상자산 투자자나 관련 업체들이 속출하였다. 급기야 테라 USD와 루나의 동시 급락으로 패닉에 빠진 코인 보유자들이 테라 블록체인의 DeFi인 앵커(Anchor)에 예치해 두었던 테라 USD까지 회수해 시장에 매도하면서 테라 USD의 급락은 도저히 막을 수가 없었다. 이러한 과정이 계속되면서 시장의 신뢰를 잃은 테라 USD와 루나의 가치는 크게 훼손되었고, 결국 투자자들에게 큰 피해를 안기고 파산하고 말았다.

5. 디파이(DeFi) 이용 시 유의사항

디파이 이용 시 유의해야 할 사항을 정리하면 다음과 같다. 첫째, 디파이 시스템에 관한 기술적인 오류를 주기적으로 검토해야 한다. 디파이 금융거래는 기본적으로 블록체인을 활용한 스마트 계약 등을 이용한다. 그런데 이 스마트 계약 자체의 코드에 문제가 있거나 기술 자체에 오류가 있다면 큰 문제가 발생한다. 블록체인에 관한 완벽한 기술은 없으므로 개발자 코드에 문제가 있는 경우 디파이 프로토콜 자체에 심각한 약점 등의 오류가 발생할 수 있음을 유의해야 한다. 두 번째, 담보자산의 가치변동도 주기적으로 모니터링해야 한다. 디파이 금융서비스 중 대출상품을 이용할 때 담보로 다른 암호화자산을 제공해야 한다. 지금의 가상자산은 변동성이 높아서 가치가 자주 변동한다. 담보 가치가 폭락하면 담보로 사용되는 암호화 자산의 가치가 급격히 떨어질 수 있으며, 이 경우 디파이 금융서비스 제공자는 담보 일부를 청산할 수도 있다. 세 번째, 거래 손실에 대한 보호장치가 없음을 유념해야 한다. 전통적인 은행 등 금융기관과 달리 디파이 금융상품을 이용하면 규제나 보험이 없다는 점이 큰 위험이다. 디파이 대출은 다른 암호화 자산을 담보로 제공하지만, 누구도 손실에 대한 보호, 보장 등이 없다. 예금상품 또한 변동성이 심하고 손실에 대한 법적인 보호가 전혀 없는 신기술상품이기 때문에 손실에 대한 책임은 고스란히 이용자의 몫이다. 네 번째, 익명의 계좌 개설이 악용될 소지가 크다. 디파이 금융을 이용하기 위해 실명인증 없이 계좌 개설이 가능하다. 이런 방식은 금융서비스 접근성이 혁신적으로 높아지게 하지만 반대로 익명으로 지갑을 개설하는 경우 발생할 수 있는 여러 문제점도 있다. 누구나 가상자산 지갑을 개설하면 자금의 이동 흐름을 추적하기가 쉽지 않고 범죄 등 부정한 거래에 악용되거나 출처가 불분명한 자금의 거래에 악용될 소지가 크다. 실제로 많은 범죄조직이 가상자산을 활용하고 있다. 특히 랜섬웨어 해킹 공격 등을 통해 시스템 운영을 정지시킨 다음 몸값을 요구할 때 가상자산을 이용하는데 거래의 익명성과 추적이 어려운 점을 노린 것이다.

한편, 가상자산을 활용해 해외송금을 하는 경우 현재 국제은행 간 통신협회(SWIFT) 시스템을 활용하는 것보다 훨씬 빠르게 송금할 수 있다. 하지만 여기에도 여러 위험 요소가 존재한다. 먼저 가상자산 자체의 심한 변동성이다. 환율 변동성으로 인해 많은 기업과 개인이 송금 시에 위험관리를 하고 있지만, 가상자산의 변동성은 더욱 심하므로 송금과정에서 단시간 내에 가상자산의 폭락 등으로 인해 손실을 볼 수도 있다. 또한, 잘못된 지갑 주소로 송금 시에 다시 돌려받을 방법이 아예 없다. 기존 은행을 통해 송금 시에도 실수로 잘못된 계좌번호로 돈을 보내면 되돌려 받기가 상당히 까다롭고 복잡하다. 하지만 가상자산을 활용한 디파이 금융시스템을 통해 잘못된 송금이 이뤄지면 현실적으로는 되돌릴 방법이 없다. 디파이의 익명성 때문에 송금이 이뤄진 후에 상대편 지갑 주인의 정보를 확인할 수 없기 때문이다.

제5절 가상자산 투자사례를 통한 교훈

사례 1. 어느 대학생의 투자사례

나는 울산에서 대학교에 다니는 복학생이다. 군대를 다녀오니 부모님에게 손을 벌리기 싫어 평일에는 편의점 아르바이트, 주말에는 공장에서 자동차 부품 조립 아르바이트하면서 차곡차곡 돈을 모아 등록금을 마련했다. 힘들게 돈을 벌어 보니 돈 1만 원 소비하는 것이 무서웠고 부모님이 주는 용돈의 소중함을 알았다. 어느 날 우연히 공장에 있는 아는 형이 가상자산을 소개해 줬다. 지금 가입하면 3만 원을 공짜로 준다고 하였다. 처음에는 토토라고 생각해서 하지 않았다. 그런데 주변 동료들이 받기 시작하자, 그제야 3만 원을 받기 위해 거래소에 가입하였다. 거래소에 가입하니 그곳은 신세계였다. 수십 퍼센트가 넘게 상승하는 코인들이 있었고 신기해서 비트코인에 대해서 검색엔진을 통해 검색해 보니 비트코인이 처음에는 10원으로 시작했는데 지금 1,300만 원이었다. 그때 나는 문득 이런 생각이 들었다. "만약 내가 10만 원을 투자해 놓으면 언젠가 1,000만 원이 되어 있을 수 있잖아?"라고 생각하면서 가지고 있는 돈 10만 원을 추가로 넣었다. 일주일 후 코인 지갑을 열어보니 20% 상승하여 2만 원이 증가했다. 일하지 않아도 2만 원을 벌 수 있다는 것에 나는 신기했다. "만약 내가 100만 원을 넣었다면 일주일 만에 20만 원 벌었잖아?" 나는 가상자산 투자를 다짐하며 배구 리그에 많이 나오던 무 대리에게 전화를 걸어 500만 원을 대출해서 투자를 진행했다. 대출해서 돈을 넣은 몇 달 간은 승승장구했다. 밥을 먹고 싶으면 빠르게 단타 쳐서 번 돈 3만 원으로 식비를 충당했다. 대학생

치고는 돈을 많이 벌게 되었다. 마치 세상이 전부 내 돈으로 보였다. 평일에 힘들게 아르바이트를 하면서 돈을 벌지 않아도 되겠다는 판단이 들어 평일 편의점 아르바이트를 그만두게 되었다. 문제는 그 이후부터 발생하게 되었는데 갑자기 큰 조정이 오기 시작하더니 내가 가지고 있는 돈이 며칠 만에 50%나 급락한 것이다. 조금 더 정신을 가다듬고 한두 달 안에는 올라가겠지 하며 생각했지만 몇 달이 지나도 오를 기미를 보이지 않고 있다가 급기야는 내가 가진 자산이 −80%를 찍게 되었다. 밥을 먹을 때, 여자 친구와 만날 때, 학교 공부할 때마다 코인 생각밖에 나지 않았다. "왜 내가 그때 팔지 않았을까?"를 되뇌며 현실 부정을 하였다. 그리고 코인 가격이 내려가 내 삶에 영향을 끼치게 되니 정신이 똑바로 차려졌다. 매달 대출금을 갚기 위해 다시 편의점 아르바이트를 시작하고, 남들보다 더 열심히 악착같이 돈을 벌 수밖에 없었다. 나는 왜 이렇게 꼬였을까? 도대체 어디서부터 잘못한 것일까?

--〉 가상자산이든 주식이든 기본적으로 나만의 원칙을 세워야 한다. 최소한 재산형성을 위한 방향을 정했다면 그다음엔 자신이 지킬 원칙을 분명히 해야 한다. 어떤 방향을 정했든 공통으로 적용할 수 있는 두 가지 원칙이 있다. 하나는 '잘 모르고 투자하지 말자'이다. '남들이 하니까, 그냥 잘될 것 같아서'가 베팅의 근거가 돼선 곤란하다. 투자하려면 먼저 그것을 알아야 한다. 모르는 대상에 접근하는 투자는 도박과 큰 차이가 없다. 다른 하나는 '판단의 근거를 바탕으로 투자했다면 쉽게 휘둘리지 말자'이다. 대상이 무엇이든 투자하고 나서 빠르게 수익을 올리는 일은 흔치 않다. 처음엔 손실을 보면서 시작하는 사례가 더 많다. 자신의 근거가 잘못된 것만 아니라면 투자로 인한 고통의 시기를 감내해야 한다.

사례 2. 어느 직장인의 투자사례

2017년 12월 초 나의 첫 투자는 시작되었다. 직장동료가 가상자산으로 큰돈을 벌었다는 소리를 듣고 나도 투자라는 것을 한번 해볼까? 30년 넘는 인생을 살며 투자라고는 한 번도 안 해본 나도 여태까지 열심히 살았는데, 그래 나도 투자를 한번 해보자는 생각으로 처음에는 소액 10만 원으로 투자를 시작했다. 하루가 지날수록 몇 시간이 지날수록 가상자산의 단가는 높아져 갔고 10만 원으로도 몇 만 원의 수익이 날 수 있다는 자체가 신기했다. 처음에는 10만 원이었지만, 며칠 뒤 100만 원만 더 투자해보자는 생각이 들어 100만 원으로 투자를 다시 시작하였다. 역시나 수익이었다. 수익 난 것을 직장동료와 이야기를 하며 큰돈이 큰돈을 불러올 수 있다는 얘기에 혹하여 투자하다 보니 나의 투자금액이 나날이 늘어가고 있었다. 3,000만 원이 있어도 흙수저, 없어도 흙수저라는 말에 혹해 그래 나도 크게 투자해서 크게 수익을 만들어 보자는 생각으로 하다 보니 나도 모르게 마이너스통장까지 동원하여 2,500만 원이라는 금액까지 투자하고 있었다. 주로 샀던 코인은 단가가 낮아서 많이 살 수 있는 백 원 단위인 코인이나 현재 혹은 이전에 상승률이 높았던 알트코인 위주로 구매를 시작했다. 유튜브를 보면서 차트 공부도 해보려고 했으나 초보 투자자인 나로서는 이해하기도 어려웠고 굳이 차트 공부를 하지 않아도 잘 오르는 종목에 투자하면 수익이거나 기다리면 투자금액 본전까지는 왔기에 차트 공부의 필요성을 느끼지 못했다. 그땐 몰랐다. 이 시점이 엄청난 하락장이라는 것을, 가상자산 가격이 점점 내려가는 것이었다. 나는 신나게 '이 가격이면 거저'라는 생각으로 하락하는 가격에도 계속 매수를 진행하였다. 그런데 다음날 정신을 차려보니 마이너스가 1,000만 원을 넘었다. 그때까지도 몰랐다. 조금 있으면 회복할 수 있을 거야, 그런 내 기대감과는 달리 날이 가면 갈수록 더더욱 내려갔다. -95%, 2,500만 원을 투자하여 남아 있는 돈이라고는 100~200만 원이었고 보기가 싫었다. 회피하고 싶었다. 나처럼 이렇게 잃은 사람들은 다들 코인 판을 떠났다. 나 또한 떠났다. 나는 도망가 있었다. -95%를 잃고 남은 100만 원, 이걸 빼서 뭐 하겠나 싶어 3년간 최대한 버티기 중이다. 2021년 비트코인이 5,000만 원이 다 돼가는 시점인 지금 다시 로그인을 해봐도 마이너스 88%, 나는 비트코인이 아닌 알트코인에 투자해서 버텨도 소용이 없었다.

--〉가상자산 시장에서 우선 차트를 모른다면 거래하지 말아야 한다. 가상 자산은 100% 차트를 중심으로 호재와 악재가 나오는데 이런 차트를 모르고 투자한다면 이는 눈 감고 상대와 싸우는 것과 같다. 참고로 내가 투자할 코인이 가치를 갖는지 확인하는 가장 정확한 방법으로 깃허브(GitHub)를 들 수 있다. 깃허브는 컴퓨터 프로그램 소스를 공유하고 협업할 수 있도록 도와주는 서비스인데 가상자산 개발자들은 깃허브를 통해 개발 중인 코인의 코드를 공개해 투자자 신뢰를 얻는다. 쉽게 얘기하면 '우리 지금 열심히 개발하고 있고, 그 증거는 여기 있다.'라며 투자자에게 공개하는 것이다. 또 공식 사이트, 유튜브, 트위터 등 마케팅채널을 살펴보는 것도 도움이 된다. 다만 마케팅채널 확인 시 오픈채팅방과 텔레그램만 있는 경우는 특히 주의해야 한다. 그 외 상장코인이라 하더라도 거래소가 믿을 만한 곳인지를 꼭 살펴야 하는데 대표적으로 코인마켓캡 사이트에서 가상자산 거래소 거래량과 순위 등을 확인할 수 있다.

사례 3. 정신과 상담사례

* 이기영 씨(가명)는 코인을 분석할 능력이 없어서 동료 이야기를 듣고, 유튜브를 찾아 이른바 '전문가의 카리스마'에 의존해 코인을 매수했다. 처음에는 소액으로 시작한 투자지만 하루에 20~30%, 어떤 코인은 100% 이상 가격이 오르는 것을 보면서 흥분 게이지도 급상승했다. "쉽게 부자가 되는 방법을 왜 이렇게 늦게 알았을까?" 하면서 대출한도를 다 채워 추가 매수했다. 그런데 이때부터 이 씨가 산 코인

가격이 내려갔다. 심지어 하루에 30~40%가 내려가는 바람에 잠시도 시세 창에서 눈을 뗄 수가 없었다. 회의하면서도 온통 시세 걱정뿐이고, 화장실 간다고 하면서 잠깐잠깐 가격을 봤다. 잠잘 때도 순위는 쉬어주지 않았고 투자 후 잠을 푹 자본 적이 없는 것 같았다. 반등 후 고생 끝에 돈을 좀 벌었나 싶더니 곧 곤두박질이다. 이 씨는 자신이 매수한 코인이 가망이 없는 것 같아 다른 코인으로 갈아탔는데 곧 운명이 바뀌었다. 이상하게 자신이 팔면 오르고, 자신이 사면 내리는 것이 아닌가. 누가 놀리는 것 같아 화가 나지만 하소연할 곳도 없다. 이 씨의 경우 '초심자의 행운'과 같은 초기의 우연한 이익 경험이 악재가 됐다. 도파민이 관여하는 뇌 속 보상 회로에 기능적 변화가 생긴 것으로 보인다. 인지적 편향, 과신, 집단의 압력, 탐욕, 공포와 같은 강렬한 정서가 맞물려 상호작용하는 패턴이 반복되면서. 상승장에서는 FOMO(상승장에서 나만 소외될지 모른다는 불안감, Fear of Moving Out)가 나타나고 하락장에는 FUD, 즉 공포(Fear), 불확실성(Uncertainty) 그리고 의구심(Doubt)이 발생한다. 투자시장은 늘 불안할 수밖에 없는 곳이다.

* 30대 김승현 씨(가명)는 결혼 전 코인 투자로 크게 손해를 보고 중단한 일이 있었다. 결혼 후 김 씨는 투자하지 않으면 뒤처질 것 같은 마음에 아내 몰래 5000만 원을 대출받아 다시 코인 투자를 시작했다. 처음에는 승승장구했지만, 곧 손해를 보기 시작했다. 급한 마음에 이른바 잡코인을 자주 매매하는 양상을 보이다 결국 원금을 다 날렸다. 대출 상환일이 다가오자 부모에게 실토한 후 각서를 썼고 부모는 빚을 대신 갚아줬다. 그러나 며칠 안 돼 제2금융권으로부터 빚을 내어 투자를 또 시작했고 이후 불어난 부채가 더 이상 감당이 안 되자 부모에게 다시 도움을 요청하면서 가족과 함께 클리닉을 찾았다. 본인과 가족 모두 우울과 불안이 심각한 상태였다. 김 씨의 경우 베팅금액 증가, 금단, 조절 불가, 2차적 피해, 추격 베팅, 거짓말, 대리 변제 등 다양한 행위중독 증상이 발생하고 반복된 것이다.

--〉위의 상담사례를 통해 당장 코인 투자를 멈추어야 할 유형을 정리하면 다음과 같다.

- 자기조절 실패형: 하루 종일 수십 번 거래 창을 확인하는 자
- 일상생활 불가형: 업무, 수면, 취미 등 일상에 불편을 느낀 자
- 극도의 자극 추구형: 충동적 매매로 한탕주의에 빠진 자
- 위험회피형: 가격하락을 못 참고 공포, 의심, 불안 속으로 빠진 자
- 게으름뱅이형: 투자에 대한 고민 없이 일단 저지르고 보는 자

제11장

가상 세상(메타버스)의
리스크 관리

제1절 가상 세상(메타버스)

1. 메타버스

1) 의의

메타버스는 가상, 초월 등을 뜻하는 영어단어 메타(Meta)와 우주를 뜻하는 유니버스(Universe)의 합성어로, 현실 세계와 같은 사회·경제·문화 활동이 이뤄지는 3차원의 가상 세상을 가리킨다. 이는 1992년 미국 SF 작가 닐 스티븐슨(Neal Stephenson)이 소설《스노 크래시(Snow Crash)》에 언급하면서 처음 등장한 단어이다. 그러다 2003년 린든 랩(Linden Lab)이 출시한 3차원 가상현실 기반의 세컨드라이프 게임이 인기를 끌면서 널리 알려지게 되었다. 메타버스는 가상현실, 즉 컴퓨터로 만들어 놓은 가상의 세계에서 사람이 실제와 같은 체험을 할 수 있도록 하는 최첨단 기술보다 한 단계 더 진화한 개념으로, 아바타를 활용해 단지 게임이나 가상현실을 즐기는 데 그치지 않고 실제 현실과 같은 사회·문화적 활동을 할 수 있다는 데 그 의의가 있다.

메타버스는 활용목적에 따라 크게 사회관계 형성 플랫폼, 디지털 자산거래 플랫폼, 원격협업 지원 플랫폼의 3가지 유형으로 구분할 수 있으며 각각의 유형은 초기에는 독립적으로 발전하다가 여러 유형이 상호 융합하며 기능이 통합된 형태로 발전될 것이다. 간략히 살펴보자. 첫 번째, 사회관계 형성 플랫폼으로 SNS·게임에 집단놀이, 문화 활동 등을 접목한다. 이에는 게임을 하나의 사회로 인식하는 로블록스, 생활과 소통을 중심으로 사회관계를 형성하는 페이스북, 아바타와 놀이 중심의 사회관계를 형성하는 제페토, 자유롭게 세상을 창조하고 다른 이용자와 함께 활동하는 마인크래프트, 플레이어 간 소통을 위해 제공된 게임 내 가상공간인 포트나이트 등이 있다. 두 번째, 디지털 자산거래 플랫폼으로 가상부동산이나 가상상품 등을 직거래한다. 이에는 블록체인 기반 가상토지 및 건물을 거래하는 디센트럴랜드, 디지털 트윈 지구에서 가상부동산을 거래하는 어스 2, 이용자가 소유한 가상부동산과 창작 상품을 거래하는 더샌드박스 등이 있다. 세 번째, 원격협업 및 소통지원플랫폼으로 원격 의사소통 및 다중협업 지원을 한다. 이에는 혼합현실 환경에서 원격협업을 지원하는 MS 메시, 산업 분야 실시간 원격협업 및 시뮬레이션을 지원하는 NVIDIA 옴니버스, 화상회의 플랫폼인 게더타운 등이 있다.

2) 유형

비영리 기술연구단체 ASF(Acceleration Studies Foundation)는 메타버스를 크게 4가지 유형으로 나눴다.

(1) 증강현실(Augmented Reality)

이는 일상적인 세계 위에 네트워크화된 정보와 위치 인식 시스템을 덧붙여 실제 현실 세계를 확장하는 기술이다. 즉 현실의 이미지나 배경에 2D 또는 3D로 표현되는 가상 이미지를 겹쳐 보이게 하면서 상호작용을 하는 환경을 말한다. 증강현실은 현실이 완벽히 차단된 상태인 가상현실에 비해 몰입도는 낮지만, 일상생활에서 활용 가능성이 크다는 것이 특징이다. 증강현실은 현실 세계에서 가상 대상물의 정확한 배치를 기반으로 실제를 대체하는 것이 아닌 보완한다는 것이 핵심이다. 대표적인 것이 위치기반 AR 게임인 포켓몬 GO(Pokemon GO), 몬스터볼이다. 스마트폰으로 게임을 실행하면 카메라에 잡힌, 즉 사용자 앞에 놓인 실제 환경이 게임 배경이 되고, 여기에 포켓몬, 몬스터볼과 같은 그래픽이 입혀진다. 또 유럽의 항공기 제조사 에어버스에서는 미라라는 증강현실 시스템을 도입해 항공기의 연구·개발·생산에 관련된 모든 정보를 3차원으로 제공하고 있다. 이를 통해 3주나 걸리던 브래킷 검사 기간을 단 3일로 단축할 수 있었다. 최근에는 증강현실을 시각적 자극에 한정하지 않고, 청각, 후각, 촉각 등 모든 감각을 총체적으로 자극해 현실감을 증폭한 세계로 기술이 발전되고 있다. 그 외 스마트폰으로 밤하늘의 별을 비추면 별자리 이름과 위치를 알려주는 스카이 가이드앱, 텅 빈 방을 비추면 공간 크기를 측정해 원하는 대로 가구를 배치할 수 있는 이케아 플레이스앱 등을 들 수 있다. 또 구글이 만든 스마트 안경으로 증강현실 기술을 활용한 웨어러블 컴퓨터인 구글 글라스, 자동차 옵션 HUD(헤드업 디스플레이)도 비슷한 사례이다.

(2) 라이프 로깅(Life logging)

이는 사물과 사람에 대한 일상적인 경험과 정보를 직접 또는 기기를 통해 기록하고, 가상의 공간에 재현·공유하는 활동을 의미한다. 즉, 자기 삶에 대한 다양한 경험과 정보를 텍스트, 사운드, 영상 등으로 기록하여 다른 사용자들과 공유함으로써 삶의 순간을 데이터화해서 SNS나 가상공간에서 소통하는 것이다. 예를 들어, 우리가 일상처럼 사용하는 인스타그램, 페이스북 등의 SNS나 스마트워치를 이용해 이동 거리, 수면 주기, 소비한 칼로리 등을 기록하고 공유하는 경우와 나이키의 런 클럽처럼 러닝 거리, 심박수 등 건강정보를 기록·공유하는 앱 등이 라이프 로깅 분야에 포함된다.

(3) 거울 세계(Mirror Worlds)

이는 거울이라는 단어가 붙은 것처럼 현실 세계의 모습, 정보, 구조 등을 최대 사실적으로 반영하되 정보 면에서 확장된 가상세계를 말하는데 3D 지도서비스인 구글어스가 대표적인 사례이다. 거울 세계는 디지털 트윈기술을 활용해 현실 세계를 그대로 복제한 디지털 세계다. 복제의 대상이 사용자가 사는 세상이고, 여기에 3차원 공간에 대한 라이프 로깅 기술 등이 사용돼 더욱 현실감 있는 정보를 제공한다. 따라서 거울 세계는 게임이나 가상현실 기반 플랫폼과 같은 일반적인 가상세계와는 다르며 활용도도 더욱 높다. 예를 들어, 우리가 사는 세계 곳곳을 그대로 재현한 가상세계를 통해 위치 정보와 지형, 건물의 모습은 물론 맛집 정보나 사용자의 평가까지 알아볼 수 있다. 우리에게 익숙한 거울 세계가 또 있는데, 음식배달 앱, 에어비앤비 등이 여기에 포함된다. 여행을 계획하며 한 번쯤 찾아봤던 에어비앤비는 개인이 보유한 숙박시설을 등록하고 필요기간 동안 임대할 수 있는 숙박공유 플랫폼이다. 이용가격, 위치뿐만 아니라 내부구조, 숙박 시 사용할 수 있는 생활용품·가전제품 정보까지 확인할 수 있다. 거울 세계는 기술 발전이 가속화될수록 점점 현실 세계에 근접하면서 미래 가상현실을 구현할 것이라는 전망이다. 세계 곳곳 위성사진을 수집해 주기적으로 업데이트하면서 시시각각 변화하는 현실 세계 모습을 반영하는 구글어스가 대표사례이다.

(4) 가상 세계(Virtual Worlds)

이는 말 그대로 가상의 사이버 공간을 의미한다. 실제 세계를 확장해 유사하거나 새롭게 창조된 세계로, 다중 접속을 지원하는 온라인게임 대부분이 여기에 속한다. 대표적인 것이 로블록스이다. 3D 가상세계에서 레고 모양의 아바타를 통해 서로 소통하며, 게임과 놀이뿐 아니라 로벅스(Robux)라는 자체 가상화폐로 돈을 벌거나 소비할 수도 있다. 로블록스는 게임을 통해 세상의 모든 우리를 하나로 모으는 것을 미션으로, 수백만 개의 몰입도 높은 3D 게임들을 탐험하며 상상력을 계발하고, 게임도 직접 만들고, 친구들과 즐겁게 지낼 수 있는 플랫폼이다. 한편, 가상세계는 현실과 유사하거나 혹은 완전히 다른 공간, 시대, 문화적 배경, 등장인물, 사회 제도 등을 디지털 데이터로 구축한 것으로, 이용자가 아바타를 통해 현실 세계의 경제적·사회적인 활동과 유사한 활동을 하는 곳으로 포트나이트 게임이 대표적인 사례이다.

3) 주요 특징

첫째, 정보의 바다이다. 가상공간은 데이터베이스 공간이라고도 말할 수 있다. 따라서 접속한 사용자들이 스스로 데이터 생산의 주체가 될 수 있다. 이러한 데이터는 디지털 데이터를 의미하며, 가상공간에서 영구적으로 저장될 수도, 끊임없이 복제될 수도 있다. 둘째, 쌍방향 상호작용 매체이다. 가상공간에서는 한 방향의 의사소통 및 메시지에 대한 일방적 수용이 아닌, 개개인의 생각과 의견을 쉽게 전파할 수 있다. 현실 세계의 수직적이고 폐쇄적인 환경에서 내놓기 힘들었던 의견이나 화제들도 가상공간에서는 당당하게 피력할 수 있다. 이러한 상호작용은 모든 사람을 피동적인 소비자가 아닌 능동적인 생산자로 변환시켜 준다. 더 이상 누군가가 생산한 제품과 서비스를 일방형으로 사용하기만 하는 것이 아닌, 스스로 콘텐츠 및 제품을 생산하고, 이를 다른 사람에게 판매할 수 있게 되는 것이다. 셋째, 네트워크 세상이다. 가상공간에서는 네트워크를 통해 개개인을 연결한다. 인터넷을 통해 사람들은 서로에게 연결되고, 의사 전달, 토론, 채팅 등 활발한 사회 활동이 이루어진다. 즉, 인간 고유의 감정, 사상, 의견 등도 디지털 데이터로 변환되어 네트워크를 통해 전달되고 있다. 넷째, 삶의 터전이 된다. 가상공간이 누군가에게는 현실 공간과 다름없는 삶의 터전 및 안식처가 될 수 있다. 사람들은 가상공간에서 교육, 쇼핑, 영화 보기, 음악 감상, 게임과 같은 엔터테인먼트, 명상과 같은 휴식 등 현실 세계에서 할 수 있는 대부분의 일을 영위할 수 있게 된다. 점차 가상현실과 증강현실 기기 및 각종 IT 기술들의 발전으로 우리는 앞으로도 더욱 많은 시간을 가상 환경에서 보내게 될 것이다.

2. NFT(Non Fungible Token)

1) 의의

대체 가능한 토큰은 어느 시점에 발행되었든 1:1로 동등한 가치를 갖고 별도로 구분되지 않는 특성이 있으며, 비트코인과 이더리움 등의 가상자산이 이에 해당한다. 반면, NFT는 다른 토큰으로 대체할 수 없는 토큰으로, 블록체인 기술을 통해 토큰마다 고유 정보를 기록하여 상호교환이 불가능한 가상자산을 의미한다. 결론적으로 NFT는 ▲고유한 정보를 지니고 ▲상호교환이 불가하며 ▲분할이 되지 않는 특성이 있고, 디지털상에 존재하는 유·무형 자산에 소유권을 부여하는 것이 핵심이다. 아래 〈표〉는 대체가능 토큰과 대체불가능 토큰을 고유성, 교환성, 분할성 면에서 비교 요약한 것이다.

특성	대체가능 토큰	대체불가능 토큰
고유성	같은 유형의 토큰은 그와 동일한 유형의 다른 토큰과 같은 기능을 하며, 서로 구분이 불가능함	같은 유형의 토큰들임에도 각각은 고유한 정보와 속성을 가지고 있기 때문에 서로 구분이 가능함
교환성	토큰은 동일한 값을 가지는 토큰으로 교환이 가능함	하나의 토큰은 고유한 값과 고유의 접근 권한을 가지고 있기 때문에 동일한 유형의 다른 토큰으로 대체될 수 없음
분할성	더 작은 단위로 나눌 수 있음. 총합이 동일 값을 가지고 있기만 하면 어떤 단위를 사용하는지는 의미가 없음	인증서나 신원과 관련된 토큰 또는 특정 작품의 일부분을 소유하는 것은 논리적으로 불가하므로 분할이 불가능함

출처: 홍기훈, 「NFT 미래수업」, 한국경제신문, 2022, p.69

현실 세계에서도 특정 재화의 원본이 존재하고 복사본도 여럿 존재하지만, 현실 세계에서는 원본과 복사본이 100% 일치할 수 없다. 특히 미술품의 경우 작가의 붓 터치, 크기, 분위기 등 복사본에서 느낄 수 없는 미학적 가치들을 느낄 수 있으며, 매년 수많은 사람이 이를 감상하기 위해 미술관을 방문한다. 하지만, 디지털 세상에서의 원본은 복사본과 100% 같으며 어떠한 차이도 느낄 수 없기에 일반적인 사람들은 NFT가 어떤 점에서 희귀하고 유일한지 잘 와 닿지 않는다. 결론적으로, NFT는 특정 재화의 원본과 복사본 품질의 차이를 증명하는 도구가 아닌 원본임을 증명하는 디지털 세상 속 '등기권리증'이라고 정의할 수 있다. 즉, 대체 불가능한 고윳값(정보)으로 디지털 자산을 가치화하여 투자자산으로서 거래할 수 있도록 환경을 구축한 것이 NFT의 핵심가치이다. 이제는 나만의 사진이나 영상, 미술품, 부동산, 게임 아이템 등 다양한 디지털 자산에 NFT를 부여하여 유일성을 확보함으로써 새로운 가치를 가지고 거래소에서 유통할 수 있게 되었다.

기존에 가상공간에서 창작·거래한 디지털 자산은 플랫폼 내에서만 존재하며 플랫폼이 사라지면 해당 자산이 소멸 및 삭제되는 등 사용자의 소유권이 불분명하였다. 또한, 디지털 자산은 동일한 형태로 무한히 복제될 수 있어 그 희소성의 가치가 모호하며, 디지털 자산의 재산권에 대한 명확한 구분이 없었다. 그러나 NFT는 메타버스 내 원본과 소유권 개념을 생성하고 이를 자산화하여 생산·거래·판매할 수 있는 기반을 마련하였으며, 이로 인해 디지털 자산거래와 메타버스 서비스의 생태계를 확대하고 있다. 또한, 메타버스가 단순히 인터넷 서비스에 그치지 않고 가상-현실 간의 연계를 확충하고 더 나아가 가상경제로의 대전환을 촉진할 것이다. 한편, NFT에 활용된 블록체인 기술은 프로그래밍을 통해 업데이트가 가능하며, 연결된 공개정보 등을 이용한다면 그 활용범위는 더욱 넓어질 것이다. 최근에는 멤버십 카드, 디지털 티켓 등의 기능과 더불어, NFT 소유자 한정으로 이벤트나 할인서비스를 제공하는 마케팅용으로도 활용하는 등 다양한 비즈니스모델이 개발되는 중이다. 최근 기존산업에 NFT를 붙였다는 이유로 회사의 주가, 자산가격 등이 솟구치는 일들이 빈번하게 일어나고 있음을 알 수 있다. 물론 메타버스와 같은 가상세계와 맞물려 NFT가 새로운 디지털 혁신으로 자리 잡는 것을 부정할 수는 없으나, NFT 자체의 본질적 가치를 모른 채 가격만 상승하는 것은 시장에 혼란을 초래할 수도 있다. 단순하게 보자면 NFT는 단지 디지털 세상 속의 등기권리증에 불과하며, 무엇보다 우선시 되어야 하는 건 NFT로 발행되는 대상의 사회적 가치이다. 결과적으로 원본성을 유지하는 기술은 그 원본의 가치가 높을 때 유효하기에, 가격이 오르는 것에 열광하는 투기적인 요소를 지양하고 시장의 수요에 맞는 비즈니스모델 설계가 무엇보다 중요하다 하겠다.

2) 주요 용어

■ Drop: NFT 작품들이 거래소에 등록되어 판매되는 걸 드랍이라 하며, 거래소에 따라 경매로 진행되는 작품이나 큐레이팅된 작품을 드랍이라 부르기도 한다.

■ Airdrop: 공중에서 뿌린다는 뜻으로, NFT 작품을 무료로 나누어 주는 걸 의미한다. 보통 NFT거래소가 오픈할 때나 아티스트들이 새로운 작품을 알리기 위해 무료로 배포하는 경우가 있다. 이렇게 에어드랍으로 얻은 작품들은 해당 NFT거래소의 마켓플레이스에서 재판매할 수 있는데 사전에 거래소에서 허용해야만 가능하다.

■ Transaction: NFT가 거래되는 과정으로 'A에서 B로 소유권이 넘어갔다.' '얼마에 넘어갔다.' 등 다양한 정보들이 담긴 거래 내역을 말한다. 통상 절차가 복잡해서 NFT거래소에서는 소유권변동 등에 대한 정보만 보여주는 경우가 많다.

■ Minting: 그림, 사진 등의 디지털 파일을 NFT로 만드는 걸 의미한다. 원래 Mint가 법정화폐를 '주조한다.' '틀에 부어 만든다'라는 뜻이 있어 도입된 용어이다.

■ Gas Fee: 이는 거래수수료로 가스비라고도 하며 채굴자들에게 지불하는 수수료, 즉 네트워크 이용요금이라고 보면 된다. 통상적으로 작품을 NFT로 만들 때, 판매할 때, 구입할 때 등 다양한 순간에 가스비가 필요한데

무료라는 것은 이런 수수료가 없다는 뜻이다.

- Crypto-currency Wallet: 이는 암호화폐를 보관하는 지갑으로 메타마스크, 카이카스 등 암호화폐별로 쓰이는 지갑이다. 메타마스크는 이더리움 코인을 거래하는 암호화폐 지갑으로 여우 모양으로 되어 있어 여우 지갑으로도 불린다. 카이카스는 카카오의 블록체인인 클레이튼 기반의 암호화폐 지갑을 말한다. 한편, NFT 투자에 앞서 가장 먼저 시작할 것은 NFT를 보관할 지갑을 만드는 것이며 지갑 주소는 꼭 별도로 기록해야 한다. 잊어버리면 저장된 NFT를 찾을 수 없다.

3) 종류

(1) 게임 아이템

기존 게임에서는 개발사가 독점적으로 아이템, 게임머니 등을 발행하고 공용서버에 저장되어 사용자는 사실상 게임 내에서만 재화에 대한 소유권 주장이 가능하였다. 물론 게임 아이템을 법정화폐로 교환 및 판매하는 등 경제 활동이 가끔 이루어졌으나 가능한 게임의 종류, 아이템, 거래량이 극히 제한적이었으며, 이를 보증해 줄 제도적 장치가 극히 미비할 뿐 아니라, 게임 서비스가 종료될 때 게임 내 소유한 재화의 보상에 관한 구체적 제도가 마련되어 있지 않아 게임사용자들이 피해를 보던 것이 태반이었다. 그러나 블록체인 기술 도입을 통해 게임을 플레이하면서 얻은 캐릭터, 아이템 등의 디지털 자산화가 가능해졌으며, 동시에 사용자는 자산교환 판매를 통해 수익을, 플랫폼 및 게임 개발사는 재화가 거래될 때 발생하는 수수료로 수익 창출을 할 수 있는 P2E(Play to Earn) 게임 장르가 생겨났다. 이제 게임은 단순히 즐기는 것을 넘어 현실 및 가상세계를 넘나들며 경제 활동에 기여할 수 있는 새로운 비즈니스모델로 재탄생하였다. 따라서 게임플레이어는 아이템에 대한 진정한 소유권을, 개발자는 게임 아이템 거래로 추가적인 소득을 얻을 수 있게 된다. P2E 장르의 성공 가능성을 보여준 최초의 게임으로 엑시 인피니티를 들 수 있는데 간단히 살펴보자. 엑시 인피니티는 베트남 스타트업 스카이 마비스(Sky Mavis)가 만든 게임으로 이더리움 기반의 블록체인 게임이다. 이 게임은 엑시라는 몬스터를 구입해 던전을 돌고 플레이어들과 배틀을 벌여 이기면 되는 단순한 구조로, 게임에서 이기면 스무스러브포션(SLP)을 주는데 이를 거래소에서 현금화가 가능하다. 스카이 마비스는 게임 내부자산이 자유롭게 거래 가능한 토큰이 되는 미래를 확신하며, 게임 커뮤니티가 운영하는 게임을 개발하고 플레이어를 위한 경제적 자유를 만드는 것이 목표였다. 국내에서는 미르4가 있는데 이는 국내 게임사인 위메이드가 출시한 글로벌 P2E 게임으로, 게임 내에서 획득한 흑철을 게임 내 코인인 드레이코와 교환하고, 이를 다시 위믹스 코인으로 교환해 현금화가 가능한 구조이다. 한편, 'P2E'라는 새로운 형태의 게임 방식의 등장과 함께 게임사와 이용자들이 수익성에 주목하면서 게임 자체의 재미는 잃어 가고 있다는 지적이 잇따르고 있으며, 게임의 목적이 수익을 위한 수단으로 전락할 경우, 향후 이용자들에게 외면당할 가능성도 있다고 지적되고 있다. 무엇보다 중요한 것은 게임 자체의 재미를 우선시하고 완성도를 높여 경쟁력을 강화하는 것이고, 게임플레이어의 수익을 얻게 해주는 NFT 등의 블록체인 기술은 하나의 콘텐츠로 활용해, 향후 게임의 재미와 더해 건강한 게임 생태계를 조성하는 것이 필요하다 하겠다.

(2) 디지털 수집품

디지털 수집품의 대표적인 예는 이더리움을 기반으로 출시된 크립토키티 게임을 들 수 있는데 이는 2017년에 출시된 블록체인 기반의 고양이 육성게임이다. 고양이 캐릭터를 수집하고 교배시켜 새로운 고양이를 탄생시킬 수 있는데 새로 태어난 고양이를 사고팔 수 있으며 몇몇 고양이는 1억 원이 넘는 가격에 팔리기도 했다. 희소성은 사회 구성원들의 욕구를 만족시킬 만큼 그 재화가 충분치 않다는 것을 의미하는데 인간의 소유욕을 자극하는 희소성의 가치는 무한하다. 사실 인간은 기본적으로 욕구가 많으며 자신의 역량보다 더 높은 가치를 원하는 것이 일반적이다. 현실 세계에서도 기념주화, 우표, 운동화 등 많은 사람이 관심을 두고 있는 수집품이 높은 가치로 평가되어 거래되고 있다. 특히, 구매력이 높은 스포츠, 엔터테인먼트, 캐릭터 등 강력한 IP를 기반으로 하는 산업과의 결합을 통해 투자상품으로도 주목받고 있다. 디지털 수집품으로써 NFT의 시초는 크립토 펑크(Crypto punks)로 2017년 뉴욕 소프트웨어 회사 라바랩스가 개발한 이더리움 기반의 프로젝트로이다. 이는 가로와 세로 24픽셀로 이루어진 얼굴 이미지의 아바타를 총 10,000개, 즉 남자 6,039개, 여자 3,840개, 좀비 88개, 유인원 24개, 외계인 9개를 발행하였으며, 아바타들은 서로 다른 외모, 성격, 스타일을 지니며 그 특성이 희귀할수록 높은 가치로 평가된다. 최근 NFT 붐이 시작되면서 크립토 펑크는 그 역사성을 인정받아 고가에 거래되고 있으며, 2021년 6월 소더비 경매에서 1,100만 달러에 거래되어 화제가 된 바 있다. 또 미국 NBA 팬들의 소유욕을 자극하는 NFT 카드가 발행되었다. 미국 프로농구연맹인 NBA는 블록체인 스타트업인 Dapper Labs와 합작하여 NBA 탑샷(Top Shot) 서비스를 출범하였는데, 탑샷은 각 NBA 선수의 하이라이트 영상을 담은 라이브 카드를

NFT로 발행하여 판매된다. 이에 소비자들은 카드팩을 뽑거나 마켓플레이스에서 카드를 구매할 수 있으며, 이를 통해 NBA 팬들은 좋아하는 선수의 카드를 구매해 주요 장면을 소유할 수 있게 되었다. 국내에서는 블록체인 스타트업 22세기 미디어가 이세돌 9단이 알파고와의 바둑 대결에서 '신의 한 수'라고 불리는 제4국의 백78수를 NFT로 발행하였는데, 이에는 대국 당시 바둑판 위에 흑돌과 백돌이 차례로 놓이는 모습과 기보를 배경으로 촬영한 이세돌의 사진과 서명 등이 담겨 있다. 한편, 오픈씨 경매 결과에 따르면 이세돌과 알파고의 대국이 담긴 이 NFT는 한화로 약 2억 5천만 원에 낙찰되었다.

(3) 예술품

예술품은 NFT와 가장 연관성이 높은 분야다. 디지털 아티스트들은 자신이 프로그래밍한 코드에 따라 형성된 패턴들을 NFT로 발행하고, 전시하고, 판매한다. 무엇보다 디지털 예술품을 NFT로 발행하면 제작 연도, 창작자, 거래 이력 등 예술품의 가격에 가장 큰 영향을 미치는 요소들에 대한 정보를 투명하게 공개할 수 있다. 특히, 희소성의 가치가 무엇보다 중요한 미술품시장에서 NFT는 디지털 세상 속 진품 구별 및 정보 저장이 가능한 점을 내세우며 미술시장의 판도를 바꾸는 기술로 등장하였다. 또한, 저명한 작가들의 작품이 주로 거래되는 기존의 미술시장과 달리 아마추어 작가, 일반인 등 누구나 자신의 미술품을 NFT로 발행하여 마켓에 올릴 수 있다는 장점이 있다. 그동안 미술품시장이 소수의 부자를 위한 전유물이었다면, NFT 미술품은 저렴한 비용으로 누구나 손쉽게 구매할 수 있어 최근 MZ세대들의 적극적인 참여로 대중화를 끌어냈다.

구분	기존 미술품	NFT 미술품
거래 화폐	현금	가상화폐(이더리움 등)
거래방식	갤러리 · 경매 · 아트페어	경매 · NFT 거래소(오픈씨 등)
구매 수수료	15~25%(경매), 10~50%(갤러리)	2.5%(오픈씨)
가치 상승요인	미술사(史)와 전문가 평가	밈(meme) 유행, 커뮤니티 평가
단점	작품 파손과 보존 어려움	가상화폐의 불안정성
매도 난이도	상	중 · 하

출처: 정보통신기획평가원, "NFT, 디지털 자산을 담아낼 그릇이 될 수 있을까?", ICT, 2022

기존 미술품들은 기술적 가치, 즉 도구나 재질보다는 작가의 명성, 미학적 가치, 작품이 지닌 역사적 의미 등을 중점적으로 평가하였다. NFT 미술품 역시 기존의 방식과 크게 다르지 않지만, NFT라는 기술을 앞세워 무분별하게 작품들이 발행되어 부정확한 가치가 형성되는 경우도 종종 발생하였다. 일례로 캐나다 온타리오주에 사는 앨러나 에징턴이라는 작가는 평생 갤러리에 한 번도 출품하지 못하였으나, 작품 '에시컬'을 NFT로 발행, 경매에 올린 결과 10만 캐나다달러(약 9,000만 원)에 판매된 경우가 있었다. 따라서 NFT 미술품의 무조건적인 구매나 투자보다는 그 뒷면에 숨겨진 의미와 가치를 찾아 작품을 선별하는 것이 중요하다.

(4) 기타

그 외 음악과 미디어 파일을 NFT로 발행할 수도 있다. 이런 파일을 NFT로 발행하면 진정한 소유권을 보유한 개인들만 파일에 접근할 수 있도록 구조화할 수 있으며, 불법 복제 등으로 인한 저작권 분쟁과 같은 일을 사전에 방지할 수 있다. 또한, NFT는 특정 행사 또는 이벤트 티켓에도 활용될 수 있다. 이벤트 기획자는 특정 블록체인 플랫폼에서 정해진 수의 NFT를 발행해 티켓으로 만들고, 티켓을 구매한 고객들은 이를 모바일 기기를 통해 NFT 지갑에 보관할 수 있다. NFT 티켓으로 이벤트 참여자의 신원조회가 저절로 될 뿐 아니라 티켓위조도 방지할 수 있다.

4) NFT 평가

현재 이더리움 기반의 NFT 데이터베이스를 제공하는 Nonfungible.com에서는 NFT 프로젝트별 평가척도를 5가지로 나누어 전체와 카테고리별로 점수화해서 제공하고 있다.

① 거래량: 정해진 동안 성립한 거래의 건 및 규모
② 상호작용: 복수의 참여자들이 서로 영향을 주고받는 정도
③ 유지력: 새로운 거래의 지속 및 빈도
④ 커뮤니티: 프로젝트 관련 SNS 및 미디어 노출
⑤ 자산가치: NFT 시가총액

제2절 가상 세상의 유의사항

1. 드러나는 문제점

현재까지 메타버스로 인해 드러나는 문제점을 요약하면 다음과 같다. 첫째, 관계의 문제로 가상세계 안에서 맺은 인간관계가 현실에서 그대로 이어지지 않는다. 예를 들어 네이버의 제페토에서 팔로우하여 같이 게임을 하고 월드에서 여행하며 음성 대화를 하는 등 서로 친한 사이인 것 같지만 현실 세계에서는 그렇지 않은 경우가 있다. 둘째, 메타버스로 인해 일자리를 잃을 수도 있다. 가상세계 안에 진짜 사람과 구분이 안 되는 가상 인간을 구현하게 된다면 가상세계 안에서 사람들이 접속해 일자리를 가질 필요는 없을 것이다. 일례로 걸그룹 에스파를 들 수 있다. 에스파는 현실 세계의 인간 아이돌과 이들의 아바타인 가상세계의 아이돌이 함께 소통하며 교감한다는 스토리텔링을 가진 인간과 가상 인간이 함께 섞인 그룹이다. 만약 에스파 멤버에 아바타가 없었다면 현실 세계의 에스파 멤버가 더 늘었을지도 모른다. 셋째, 메타버스 안에서 자신의 아바타와 똑같은 아바타를 만들어서 사기에 이용할 수도 있으며 아바타를 이용해 왕따나 괴롭힘을 줄 수도 있다. 이는 SNS에서 이미 경험한 일이므로 사전에 충분한 대비책을 마련해 놓아야 한다. 넷째, 가상공간에서의 익명성과 함께 다른 사람들과 대화할 때 상대방의 얼굴이 보이지 않기 때문에 부끄러움을 잊어버리고 심할 경우 유아독존적인 행동을 할 수 있다.

2. 주요 부작용

우선 발생할 수 있는 부작용으로 메타버스로의 현실 도피를 들 수 있다. 메타버스의 세계가 자신의 이상향에 가까울수록 가상의 공간에 더 오래 머물고 싶어 할 것이다. 이러한 욕구는 현실에서의 삶이 불만족스러울 때 더 강하게 나타날 수 있다. 실제 자신이 영위하는 현실의 삶보다 가상공간에서의 삶이 더욱 가치 있다고 여겨 현실과 점차 거리를 두는 상황이 발생할 수 있다. 예를 들면 온라인게임에 중독되어 종일 방구석에서 게임으로 대부분 시간을 보내는 청소년들의 경우가 대표적이다. 또 메타버스 상에서 기존의 법과 규제들이 미처 생각하지 못한 새로운 형태의 범죄들이 발생할 우려가 있다. 앞으로 메타버스의 범위가 점차 확장되면서 범죄의 숫자도 같이 팽창할 우려가 크다. 이를 간단히 살펴보자.

1) 성범죄

가상공간에서 아바타를 이용해 상대방의 신체 부위를 만지거나 강제 성추행을 하는 듯한 행위가 이미 발생하고 있다. 이외에도 가상공간에서 미성년자를 대상으로 한 성범죄가 발생하고 있다. 2020년 4월 '제페토'플랫폼에서 게임 아이템을 주겠다는 유혹으로 미성년자의 신체 사진을 전송받고, 성 착취물을 제작한 사례가 있었다. 제페토 서비스의 이용자는 70%가 미성년자고, 여성의 비율도 70%가 넘는다. 메타버스의 익명성과 가상공간이 주는 타인에 대한 경계심 완화가 이러한 성범죄를 더욱 증가시킬 여지가 있다.

2) 해킹

해킹을 통해 메타버스 내의 가상 재화, 예를 들어 게임 아이템 등을 훔칠 수 있다. 메타버스 내에는 국경의 구분이 없다. 이러한 범죄가 전 세계의 다양한 나라에서 발생할 수 있고, 해킹한 범인을 추적해서 검거하기가 쉽지 않을 수 있다. 설령 범인을 검거했다 하더라도 어느 국가의 법을 적용해야 할지 모호한 부분도 존재한다. 역설적으로 메타버스의 주축인 블록체인 기술이 오히려 범죄에 동원된 아이템을 몰수하는 데 어려움으로 작용할 수 있다.

3) 저작권 침해

가상세계에서 상표권 및 저작권 침해와 같은 일들이 빈번하게 발생할 수 있다. 메타버스에서 현실 세계에 존재하는 특정 브랜드의 상표를 무단으로 사용하거나, 현실 세계에 존재하는 건축물의 디자인을 그대로 도용해서 메타버스에 재현하는 등의 사례가 이미 발생하고 있다. 2020년 6월 로블록스에서는 기업들에 2천억 원 규모의 손해배상청구소송을 당한 바 있다. 로블록스 공간 내에서 가상 음악 재생장치를 통해 음원이 무단으로 재생된 것이 저작권 침해라는 이유 때문이었다. 불법 음원을 사용한 것은 사용자들이지만, 로블록스가 이러한 사용이 가능한 환경을 제공하고 방치했다는 점에서 궁지에 몰리고 있다.

4) 집단 극화 현상

가상 환경에서의 소통은 집단 구성원들의 생각을 하나의 극단점으로 내몰리게 할 수 있는데 이를 집단 극화 현상이라고 한다. 가상공간에서는 자신과 비슷한 생각 및 경향을 가진 사람을 쉽게 만날 수 있고, 그런 사람을 가려서만 만날 수도 있기 때문이다. 즉, 자신과 같은 생각을 펼치는 사람들에 대해 더욱 적극적으로 옹호하게 되고, 반대 주장을 펼치는 사람들에게 더욱 날선 비난을 펼치게 되는 것이다. 이를 태도 극화라고 부른다. 가상공간의 익명성도 집단 극화 현상을 부추길 수 있다. 자신의 실명을 공개했을 때는 부담이 되는 주장들도, 익명이 된 상태에서는 신상 노출이라는 부담에서 벗어나고 더욱 강도 높은 주장을 펼치게 된다. 자신과 비슷한 생각을 하는 사람들에게 익명성의 장점을 활용해 남을 덜 의식하고 적극적인 옹호를 하게 되는 것이다. 한편, 메타버스에서 발생한 민감한 이슈나 갈등들은 현실 세계의 정치, 경제, 사회 상황과 관련해 문제를 일으킬 소지가 다분히 있으며 일부는 이를 악용하여 비윤리적인 사회적 결속을 조장할 수도 있다.

5) 정보 격차 문제

메타버스 공간에 대한 이해와 접근성이 부족한 고령층 혹은 저소득층은 메타버스 세계에서 점차 소외될 수 있다. 최근 코로나19로 인해 비대면 생활이 매우 확장된 상황에서 수많은 정보와 콘텐츠들이 10대들을 위한 메타버스 공간으로 점차 집중된다면, 소외된 세대에게는 정보의 격차가 발생할 수 있다. 한국지능정보사회진흥원의 '2020년 디지털정보 격차 실태조사'에 의하면 정보 취약계층(장애인, 고령층, 저소득층, 농어민)의 디지털정보를 다룰 수 있는 역량은 60%를 기록했고, 특히 고령층의 경우 약 절반 정도만 컴퓨터나 스마트폰 기기를 사용할 줄 아는 것으로 나타났다. 메타버스에서 일어나는 경제 활동 및 다른 이들과의 상호작용은 더욱 고도화된 역량을 요구한다. 가상자산, 전자지갑, NFT와 같은 개념을 이해하고 능숙하게 사용한다는 것을 노인층 및 저소득층에서 기대하기는 현재로선 매우 어려운 실정이다. 이는 곧 메타버스에서 발생하는 경제 활동에도 참여가 저조하게 되고 불공평한 자원의 분배가 발생할 여지가 있는 것이다. 이미 로블록스 내에서 가상 아바타 의상을 만들어 판매하는 방법으로 수익을 얻는 크리에이터의 수가 800만 명을 넘어선 것으로 추정하고 있다. 이런 정보의 격차 및 디지털 양극화는 빈부의 격차를 더욱 심화시키는 방향으로 갈 우려가 있다.

6) 사생활 침해

현실 세상에서 특정 사용자의 심박수, 뇌파, 시선 등과 같은 생체 데이터부터, 또 아바타를 통해 어떠한 가상 환경을 선호하고, 어떠한 공간에 얼마나 자주 머무는지에 대한 메타버스 관련 정보가 노출되게 된다면 사생활에 대한 침해가 발생할 수 있다. 이러한 개인의 구체적인 데이터가 무단으로 공유되고 해킹 및 다른 사이버 범죄에 사용될 수 있다.

제3절 NFT 거래 시 유의사항

1. 표절 여부 체크

누군가가 한 거래소에 올라온 작품을 똑같이 흉내 내어 다른 곳에 올리거나 작가에게 허락도 받지 않고 작가 몰래 올리는 일도 있다. 표절의 경우 거래소에서 적극적으로 대응하지 않으면 강제로 내릴 수 없다는 데 문제가 있다. 물론 표절인지 패러디인지를 어디까지 인정할 수 있느냐에 따라 달라질 수 있겠지만, 디지털 작품은 아날로그 작품에 비해 더 쉽고 빠르게 표절을 할 수 있다 보니 거래소에서는 작품을 등록할 때 고객들이 신뢰할 수 있는 책임감을 느껴야 하고, 구매자들은 작품을 구입할 때 좀 더 세심한 주의가 필요해 보인다.

2. 거래소 전산 인프라 체크

보통 NFT에서 핵심적인 정보는 블록체인 안에 담고, 무거운 정보들은 다른 서버에 저장해 놓는다. 이때 핵심적인 정보를 메타데이터라고 하는데 이를 블록체인 안에 담는다고 해서 온체인이라 하고, 무거운 이미지와 영상 등은 블록체인 밖에 담는다고 해서 오프체인이라 한다. 문제는 여기에서 발생한다. 메타데이터만 온체인에 담고, 실질적인 콘텐츠는 외부 서버인 오프체인에 담다 보니 만약 거래소가 파산하거나 해킹 등으로 서버에 문제가 생기게 되면 NFT 소유자들은 실체가 없는 메타데이터만 가지게 되는 것이다. 예를 들어 블로그에 사진을 업로드했다고 가정해보자. 이때 블로그에 올라간 사진은 고유의 주솟값을 가진다. 그런데 만약 주솟값을 가리키는 영문 주소나 숫자 하나가 잘못되어 변경되거나 폴더가 삭제되거나 해킹당한다면 원본 이미지는 영원히 찾을 수 없게 되는 것과 같다.

3. 프로젝트 적정가치 체크

NFT의 적정가치를 평가하는 방법은 기존 가상자산 가치평가 시 고려해야 할 사항과 거의 유사하며 이를 정리하면 다음과 같다. 첫째, 펀더멘털과 포지셔닝을 최우선으로 평가해야 한다. 일단 해당 홈페이지를 방문하여 프로젝트 개발팀의 개발 이력, 운영 실적, 커뮤니티 운영도 및 커뮤니티 참여자들의 개발팀에 대한 호감도 등을 파악해야 한다. 그리고 프로젝트가 어떤 카테고리로 분류되는 NFT인지, 프로젝트에 투자한 투자사가 어디인지 등을 고려한다. 둘째, 거래데이터를 살펴봐야 한다. 먼저 유동성 지표인 일일 거래량 및 주간 거래량 등을 통해 NFT의 유동성이 충분한가를 살펴본다. 또 평균 가격과 최고가 및 최저가의 거래가격을 살펴보고 NFT의 가격 상/하한선 등을 확인한다. 이후 거시적으로 가격이 우상향 성장세인지 우하향 내림세인지 등을 파악해야 한다. 그 외 거래 참여자 수의 총량과 변화량 사이에 상관관계가 존재하는지도 파악한다. 셋째, NFT 보유자 현황을 파악해야 한다. 총보유자 수는 얼마나 되는지, NFT를 보유하고 있는 보유자의 최장기간 보유 기간은 어느 정도이며, 고래가 보유 중인 NFT가 무엇인지 확인한다. 만약 프로젝트 NFT 홀더들의 성향이 투기적이라면 보유 기간이 짧을 것이고, 시장이 단순 과열된 상황인지 진정한 가치 성장인지를 판단해 볼 수 있다. 보통 총합 100만 달러 이상의 NFT를 가진 이들을 고래로 분류하는데, 프로젝트별 고래의 수, 고래가 보유한 자산의 규모와 가치를 추적하면서 프로젝트의 장·단기 흐름을 파악할 수 있다. 넷째, NFT 프로젝트에서 발행한 토큰의 시가총액 및 순위, 거래량, 발행량, 유통량, 가격 동향, 커뮤니티의 파워와 소셜 미디어의 팔로워 수 등을 파악해야 한다.

4. 기타 사항 체크

- 해킹: NFT 자체는 해킹의 위험이 적지만 거래소는 그렇지 않다. 해커들이 노리는 부분도 직접적인 NFT와 코인이 아니라 거래소와 개인 계정이다.

- 박제: NFT는 누구나 자유롭게 만들 수 있기 때문에 누군가의 발언뿐 아니라 연예인 등을 스토킹해서 그들의 사생활을 NFT로 만든다면 심각한 문제가 발생한다.

- 자전거래: 자전거래는 자신이 파는 상품에 대해 자신이 입찰해 금액을 올리는 걸 말하는데, 경매로 올라온 물건들의 경우 충분히 가능한 일이다.

5. NFT 관련 주요 이슈

1) 저작권 이슈

NFT는 기본적으로 메타데이터이기 때문에 몇몇 검증을 거치는 플랫폼들을 제외하면 디지털 이미지나 미술품 등을 NFT로 발행하는 데 큰 제약을 받지 않는다. 이에 따라 NFT를 구매하는 당사자는 NFT 판매자가 특정 저작물의 저작권 소유 여부를 확인할 방법이 없으며, 구매한 NFT에 대한 소유권을 주장하기 어려운 상황이 발생하곤 한다. 특히, 실물이 존재하는 자산에 대해서는 문제가 더욱 복잡해진다. 실제로 2019년 11월 블록체인 예술가 '트레버 존스'는 자기 작품 '사토시(Satoshi)'가 사전에 논의된 바 없이 오픈씨 플랫폼에 게재된 사실을 알고 오픈씨를 대상으로 즉각 고소 및 삭제를 요청한 적이 있었다. 또 2021년 2월에 NFT 거래플랫폼 '크로스(Cross)'에 올라온 미술품 중 48건의 작품들이 표절로 밝혀졌고, 원본은 크립토 예술거래 플랫폼인 'BCA(Block Create Art)'와 협업한 아티스트 작품으로 밝혀졌다. 국내의 경우 2021년 6월 '워너비 인터내셔널'은 김환기와 박수근, 이중섭의 실물 작품을 디지털 파일로 만들고 이것을 NFT로 발행해 경매에 올리려다 유족, 재단, 미술관 등의 반발로 계획을 철회하였다. 저작권 문제는 NFT에서 가장 중요하게 다뤄지는 이슈 중 하나로 아래 사례를 살펴보자.

> 〈사례〉
> A가 그림을 그립니다. A가 그림을 B에게 판매합니다. B가 그림을 디지털 파일로 변환하고 그림을 없앴다고 가정합니다. B는 이 디지털 파일을 C라는 마켓플레이스를 통해 민팅하고 C에 다시 게시했습니다. 그리고 D에게 판매했습니다.

우선 그림을 A가 그렸을 당시 소유권과 저작권이 모두 A에게 있었다. 저작권은 창작자에게 부여되는 권리이며 인간의 사상과 감정을 표현한 물체를 저작물이라 하는데 그것을 만든 사람은 저작권이라는 권리를 갖게 된다. 일례로 책을 쓴 작가는 책의 스토리와 구성, 그리고 문장에 대해 저작권을 갖지만, 서점에서 책을 산 사람은 책에 대한 소유권을 갖게 된다. A가 그림을 B에게 판매했을 때 B는 별도로 저작권을 양도받지는 않았다. 그렇다면 A는 저작권자, B는 소유권자가 된다. B는 이때 소유권에 대한 권리, 즉 한정된 장소에서 전시할 권리를 갖게 된다. 하지만 복제권이나 전송권, 2차적 저작물권을 갖지는 못한다. 복제하고 배포하고 전송하는 권리는 여전히 저작권자인 A에게 있는 셈이다. 다시 B가 그림을 디지털 파일로 만들었다. A가 저작권자이기 때문에 B는 디지털 파일로 만드는 순간 복제권을 침해할 수 있다. 그런데 B가 마켓플레이스에서 민팅을 했다. 그런데 민팅만으로는 저작권 침해 문제가 발생하지는 않는다. 하지만 그다음에 NFT를 마켓플레이스에 게시하면 이 과정에서 디지털 파일이 노출되는데 이는 저작권자의 전송권 등을 침해하는 것이 될 수 있다. 결국, 마켓플레이스에 올리기 위해 민팅하고 디지털 파일로 만드는 과정에서 B는 A의 저작권을 침해하게 된다. 따라서 이러한 NFT를 구매한 D는 저작권 침해물을 매수하는 것이 된다. D는 B가 진정한 저작권자인 것으로 알고 NFT를 구매했더라도 이후에 A가 저작권 침해라고 주장했고 이러한 사실을 D도 알게 되었다면, 그 이후 D는 배포 목적으로 소지할 수 없게 되고 저작권자에 대한 권리침해 행위를 중지해야 하므로 마켓플레이스에서 재판매를 할 수 없게 된다. 이럴 경우 NFT를 구입한 D는 손해를 보게 될 것이다. 결론적으로 NFT는 소유자와 저작권자 모두의 동의가 있어야 발행될 수 있고 정상적으로 유통될 수 있다.

2) 피싱과 해킹 이슈

〈사례〉

서희는 열린바다 마켓에서 무료 에어드롭 이벤트를 신청하기 위해 자신의 지갑 주소를 입력했다. 어느 날 열린바다의 계정에 들어갔더니 본인이 수집한 적 없는 NFT가 들어 있는 것을 발견했다. 혹시나 해서 사진을 클릭하고 프로젝트팀을 확인했는데 아무리 생각해도 들어본 적이 없는 프로젝트였다. 그런데 갑자기 매수제안이 들어왔다. 그래서 서희는 '내가 사지도 않은 공짜 NFT를 팔 수 있다'라는 생각에 너무 흥분한 나머지 승인을 위해 개인 키를 입력하였다. 그리고 이후 어느 날 지갑에 들어가 보니 서희의 토큰과 모든 자산이 다 사라진 상태이었다.

사례에서처럼 서희는 갑자기 지갑을 털렸는데 왜 이런 일이 생겨난 것일까? 우선 무료로 받은 NFT를 승인하면서 개인 키를 입력했는데 이것 때문에 지갑이 해킹당한 것이다. 통상 NFT 거래를 승인할 때는 개인 키를 입력하지 않는다. 그런데 개인 키를 요구하는 창이 열렸다면 이것은 내 개인 키를 탈취해가기 위한 속임수일 가능성이 크다. 〈사례〉에서 자기 계정에 갑자기 들어와 있던 NFT는 트로이목마 같은 것이다. 따라서 절대 한 번도 본 적이 없는 NFT가 내 계정에 들어와 있는 경우에 판매승인 시 개인 키를 입력하라는 메시지가 나온다면 피싱일 가능성이 큰 것이다. 통상 NFT 해킹은 관리자 계정을 해킹한 뒤 관리자를 사칭해 사용자를 피싱 사이트로 유도하는 이메일이나 메시지를 게시, 배포함으로써, 이에 속은 사용자가 자신의 가상자산 지갑에서 범인이 지정한 지갑으로 가상자산을 이동시키는 트랜잭션을 승인하는 방식으로 이뤄지는 전통적인 피싱 공격이다. 따라서 관리자 계정과 같은 특수 권한 계정은 반드시 이중 인증이나 다중 인증으로 보호할 필요가 있다.

3) 사기 이슈

NFT 거래소에서 빈번하게 일어난 사기 수법에는 크게 소수점 사기, 유사 프로젝트 사기, 지갑에 소매 넣기 등이 있는데 간략히 살펴보자. 우선 소수점 사기는 ','와 '.'을 헷갈리게 기재하여 높은 가격에 NFT 구매를 유도하는 수법으로 누구든 예외 없이 속도감 있는 경매과정에서 당할 수 있다. 두 번째, 유사 프로젝트 사기는 이름을 비슷하게 구성해 구매자들에게 진품이 무엇인지 혼돈을 주는 수법이다. 세 번째, 지갑에 소매 넣기는 타인의 지갑에 악성코드를 심은 NFT를 넣는 수법으로, 공짜로 들어온 NFT를 확인하려는 심리를 이용하여 지갑을 훔치는 사기 수법이다. 이외에도 2021년 10월에 크립토 펑크 #9998의 소유자가 전통적인 사기 수법인 자전거래를 통해 스스로 작품을 5억3천만 달러에 구매하면서 가격을 비싸게 올린 사건이 있었고, 2022년 2월에는 국내 프로 야구단 'SSG 랜더스' 엠블럼과 동일한 작품이 오픈씨에서 거래되며 저작권을 침해한 사건이 발생하였다. 또 2022년 4월에는 고양이 캐릭터를 NFT 거래소에 등록하고 이를 구매하면 암호화폐를 지급하겠다고 피해자들을 속여 2억여 원을 빼돌린 20대가 구속된 사건도 있었다.

6. NFT 관련 당면과제

NFT가 장밋빛 미래를 보여주고 있지만, 현실은 다르게 흘러가는 측면도 없지 않다. NFT의 의도가 디지털 창작자에게 고유의 소유권을 부여하고 거래를 활성화해 창작의 동기부여를 통해 많은 아티스트에게 긍정적인 영향을 끼쳐야 하지만, 실제로 NFT가 많은 아티스트에게 혜택을 주는지 아니면 선택된 소수에게만 혜택을 주는지 확인할 수 있는 데이터가 충분하지 않다. 또한, 원작자가 종종 알 수 없는 사람이 자기 작품을 NFT로 민팅하는 것을 보기도 하며, 자신이 허락하지 않은 NFT 마켓플레이스에서 자기 작품을 발견하기도 한다. 이러한 도난을 방지하는 것도 큰 숙제다. 실제로 해커들이 NFT를 훔쳐 재빠르게 팔아 이더리움으로 환전하고 코인 세탁까지 시도했다고 알려졌다. 또한, 원작자가 스마트 계약을 통해 로열티를 받아야 하는데 기술적 결함으로 이 프로세스가 완벽하지 않을 수도 있고, 스마트 계약 자체가 저작권과 관련한 법적 강제력과 구속력이 없어 분쟁의 소지도 있다. 게다가 NFT 발행이 무료가 아니고 이더리움 네트워크가 혼잡할수록 비용이 증가하는 점도 문제다. NFT의 변동성 또한 NFT 시장이 성장하는 데 극복해야 할 당면 과제이다. NFT를 거래하는 데 사용하는 화폐는 대부분 암호화폐인데 이의 심한 변동성으로 인해 NFT로 발행된 창작물의 가치 또한 급격히 변동하고 있다. 디지털 수집품의 투자가치도 염두에 둬야 한다. NFT화된 제품의 투자 금액을 회수하기 위해서는 잠재적 투자자들이 해당 디지털 수집품의 가치를 느끼고 그것을 구입해야 한다. 그러나 실제로 그렇지 않은 경우도 많다. 시간이 지남에 따라서 그 가치가 떨어질 위험도 있다. 투자 목적으로 NFT를 구매하였을 때는 구매자가 지불한 것보다 낮은 가격으로 재판매될 수 있고 아무도 원하지 않으면 전혀 재판매하지 못할 수도 있다는 사실과 더불어 암호화폐 가격의 급락이 NFT 창작물의 가치에 큰 영향을 미칠 수 있다는 사실에 주의하여야 한다. 또한, NFT를 구매한 이후 환불이 쉽지 않다는 점도 주의해야 할 부분이다.

참고문헌

1. 국내 전문서적

김상현·오세환·이새롬·김태하, 「핀테크와 금융혁신」, 홍릉 과학출판사, 2019.

방영민, 「금융의 이해」, 법문사, 2010.

서영수, 「최신 금융보험의 이해」, 교문사, 2010.

_____, 「금융과 리스크관리」, 교문사, 2012.

_____, 「투자 리스크관리 길잡이」, 이담북스, 2013.

_____, 「생활금융 리스크관리」, 울림, 2021.

_____, 「디지털 생활금융」, 한국학술정보, 2023.

심준식·우재현, 「빅데이터, 인공지능을 만나다」, 한국금융연수원, 2021.

이하일, 「알기 쉬운 실용금융」, 박영사, 2020.

임홍순·곽병권·박재훈, 「인공지능 인사이트」, 한국금융연수원, 2020.

정순채, 「사이버 산책」, 도서출판 정일, 2019.

주소현, 「재무설계를 위한 행동재무학」, 한국FPSB협회, 2009.

한국핀테크지원센터, 「헬로, 핀테크(개인신용정보 관리 및 활용)」, 한국핀테크지원센터, 2021.

_____, 「헬로, 핀테크(금융플랫폼·금융데이터)」, 한국핀테크지원센터, 2021.

_____, 「헬로, 핀테크(입문)」, 한국핀테크지원센터, 2021.

_____, 「헬로, 핀테크(지급결제·송금)」, 한국핀테크지원센터, 2021.

_____, 「헬로, 핀테크(보안인증·블록체인)」, 한국핀테크지원센터, 2021.

2. 국내 일반서적

강민정, 「리모트 워크: 언택트 시대 어떻게 일해야 하는가?」, 북샵, 2020.

김강원, 「KaKao와 Naver는 어떻게 은행이 되었나」, 미래의 창, 2020.

김동현·마정산, 「비대면 비즈니스 트렌드」, 정보문화사, 2020.

김태현, 「해외 ETF 백과사전」, 스마트비즈니스, 2020.

류종현, 「역발상전략 행동경제학」, 한국주식가치평가원, 2015.

류한석, 「빅씽, 디지털 경제로의 대전환」, 대성, 2023.

매경이코노미, 「메린이를 위한 메타버스의 모든 것」, 매경출판, 2021.

매경이코노미, 「코린이를 위한 코인의 모든 것」, 매경출판, 2021.

박경수, 「언택트 비즈니스」, 포르체, 2020.

박대호·황동규·찰리, 「초보자도 고수되는 가상화폐 완전정복」, 북오션, 2021.

박희용·장종희·양나영·김세진, 「언택트시대 생존방법」, 정보문화사, 2020.

서영수, 「금융과 리스크관리」, 교문사, 2010.

서영수, 「투자 리스크관리 길잡이」, 이담북스, 2013.

서영수, 「생활금융 리스크관리」, 올림, 2021.

서영수, 「생활에 필요한 보험의 이해」, 교문사, 2014.

수미숨(상의민)·애나정, 「미국주식 처음 공부」, 이레미디어, 2021.

안세익, 「변호사가 알려주는 비트코인 그리고 범죄」, 부크크, 2021.

염후권·최희송·김회송, 「알기쉬운 암호화폐 첫걸음」, 중앙 경제평론사, 2018.

유민호·임동민·아곤·한서희, 「NFT 투자의 정석」, 한스미디어, 2022.

윤상진, 「플랫폼 노믹스」, 포르체, 2021.

윤영진·황재진, 「웹 3.0과 메타버스가 만드는 디지털 혁명」, 제이펍, 2022.

이근주, 「핀테크 에센셜」, 도서출판 블록체인, 2020.

이임복, 「NFT, 디지털자산의 미래」, 천그루 숲, 2022.

이임복, 「메타버스, 이미 시작된 미래」, 천그루 숲, 2021.

인호·오준호, 「부의 미래, 누가 주도할 것인가」, 미지biz, 2020.

장세형, 「비트코인 블록체인 바이블」, 위키북스, 2021.

정석문, 「가상자산 밸류에이션에 대한 고찰」, 코빗, 2022.

정종기, 「놀면서 돈 버는 곳, 메타버스」, 어람, 2022.

정흥기, 「주식, 심리기법을 알면 이긴다」, 이가 출판사, 2021.

주종민, 「메타버스 - 가상세계와 새로운 부의 탄생」, 광문각, 2022.

표상록 외 4인, 「암호화폐 트렌드 2023」, 나비의 활주로, 2022.

한국경제TV 보도본부 방송 제작부, 「포스트 코로나 주식투자」, 베가북스, 2020.

홍기훈, 「NFT 미래수업」, 한국경제신문, 2022.

황호봉, 「해외주식 투자지도」, 원앤원북스, 2021.

3. 번역서적

마카베 아키오 지음, 김정환 옮김, 「투자자를 위한 경제학은 따로 있다」, 부키, 2011.

베서니 맥린 · 조 노세라 지음, 윤태경 · 이종호 옮김, 「모든 악마가 여기에 있다」, 자음
    과 모음, 2011.

비난트폴 외 지음, 박병화 옮김, 「사고의 오류」, 율리시즈, 2015.

윌리엄 H. 그로스 지음, 박준형 옮김, 「채권투자란 무엇인가?」, 이레미디어, 2011.

칼월렌람 지음, 이진원 옮김, 「주식투자의 군중심리」, 웅진씽크빅, 2008.

4. 기타

권세환, '가상자산 거래소를 바라보는 금융의 시선', KB금융지주 경영연구소, 2011년
    11월.

금융위원회 보도자료, '오픈뱅킹 시행 2년이 만든 디지털 금융혁신 성과', 2021.12.22.

매일경제, 「매경 춘추」, 2022.6.27.

송원섭, '안전벨트없는 코인시장, 강력한 시장안정화 대책을 마련하라', 민주연구원 정
    책브리핑, 2022-17호.

이성복, '국내 로보어드바이저 현황과 성과분석', 자본시장연구원 연구원 보고서, 21-05.

이소영, '미국의 스테이블코인 규제방안 주요 내용 및 시사점', 예금보험공사 금융리스
    크 리뷰, 2021년 겨울.

장보성, '스테이블 코인 현황 : 글로벌시장', 자본시장연구원 연구원 보고서, 22-28.

정보통신기획평가원 Spot Issue, 'NFT, 디지털 자산을 담아낼 그릇이 될 수 있을까?', 2022년 6월 22일.

하나 CEO 경영이슈, 'MZ 세대의 새로운 금융생활', 하나은행 하나경영연구소, 2022년 2월 9일 제3호.

하나 Knowledge +, '조각투자 이해하기', 하나은행 하나경영연구소, 2022년 제14호.

한국인테넷 진흥원, '2022년 상반기 사이버위협 동향보고서', 2023.

FEI 금융경제연구소, '금융 양극화 양상과 디지털 금융소외', 2021-12호.

뤼튼 AI : https://wrtn.ai/

금융감독원 : http://www.fss.or.kr/

한국금융연구원 : http://www.kif.re.kr

한국은행 : http://www.bok.or.kr

한국경제 : https://www.hankyung.com/

디지털 세상의
리스크 관리

초판인쇄 2023년 12월 30일
초판발행 2023년 12월 30일

지은이 서영수
펴낸이 채종준
펴낸곳 한국학술정보(주)
주 소 경기도 파주시 회동길 230(문발동)
전 화 031-908-3181(대표)
팩 스 031-908-3189
홈페이지 http://ebook.kstudy.com
E-mail 출판사업부 publish@kstudy.com
등 록 제일산-115호(2000. 6. 19)

ISBN 979-11-6983-857-3 93320